胡铭 汪世荣 主编

"枫桥经验"史料整理与研究 第四卷

枫桥经验
农村经济社会发展史料与研究

余钊飞 编著

商务印书馆
The Commercial Press

浙江省文化研究工程指导委员会

主　任

王　浩

副主任

彭佳学　邱启文　刘　非　赵　承
胡　伟　张振丰　任少波

成　员

高浩杰　朱卫江　梁　群　来颖杰　陈柳裕
杜旭亮　陈春雷　尹学群　吴伟斌　陈广胜
王四清　郭华巍　盛世豪　程为民　余旭红
蔡袁强　蒋云良　陈　浩　陈　伟　施惠芳
朱重烈　高　屹　何中伟　沈铭权　吴舜泽

浙江文化研究工程成果文库总序

  有人将文化比作一条来自老祖宗而又流向未来的河,这是说文化的传统,通过纵向传承和横向传递,生生不息地影响和引领着人们的生存与发展;有人说文化是人类的思想、智慧、信仰、情感和生活的载体、方式和方法,这是将文化作为人们代代相传的生活方式的整体。我们说,文化为群体生活提供规范、方式与环境,文化通过传承为社会进步发挥基础作用,文化会促进或制约经济乃至整个社会的发展。文化的力量,已经深深熔铸在民族的生命力、创造力和凝聚力之中。

  在人类文化演化的进程中,各种文化都在其内部生成众多的元素、层次与类型,由此决定了文化的多样性与复杂性。

  中国文化的博大精深,来源于其内部生成的多姿多彩;中国文化的历久弥新,取决于其变迁过程中各种元素、层次、类型在内容和结构上通过碰撞、解构、融合而产生的革故鼎新的强大动力。

  中国土地广袤、疆域辽阔,不同区域间因自然环境、经济环境、社会环境等诸多方面的差异,建构了不同的区域文化。区域文化如同百川归海,共同汇聚成中国文化的大传统,这种大传统如同春风化雨,渗透于各种区域文化之中。在这个过程中,区域文化如同清溪山泉潺潺不息,在中国文化的共同价值取向下,以自己的独特个性支撑着、引领着本地经济社会的发展。

从区域文化入手,对一地文化的历史与现状展开全面、系统、扎实、有序的研究,一方面可以藉此梳理和弘扬当地的历史传统和文化资源,繁荣和丰富当代的先进文化建设活动,规划和指导未来的文化发展蓝图,增强文化软实力,为全面建设小康社会、加快推进社会主义现代化提供思想保证、精神动力、智力支持和舆论力量;另一方面,这也是深入了解中国文化、研究中国文化、发展中国文化、创新中国文化的重要途径之一。如今,区域文化研究日益受到各地重视,成为我国文化研究走向深入的一个重要标志。我们今天实施浙江文化研究工程,其目的和意义也在于此。

千百年来,浙江人民积淀和传承了一个底蕴深厚的文化传统。这种文化传统的独特性,正在于它令人惊叹的富于创造力的智慧和力量。

浙江文化中富于创造力的基因,早早地出现在其历史的源头。在浙江新石器时代最为著名的跨湖桥、河姆渡、马家浜和良渚的考古文化中,浙江先民们都以不同凡响的作为,在中华民族的文明之源留下了创造和进步的印记。

浙江人民在与时俱进的历史轨迹上一路走来,秉承富于创造力的文化传统,这深深地融汇在一代代浙江人民的血液中,体现在浙江人民的行为上,也在浙江历史上众多杰出人物身上得到充分展示。从大禹的因势利导、敬业治水,到勾践的卧薪尝胆、励精图治;从钱氏的保境安民、纳土归宋,到胡则的为官一任、造福一方;从岳飞、于谦的精忠报国、清白一生,到方孝孺、张苍水的刚正不阿、以身殉国;从沈括的博学多识、精研深究,到竺可桢的科学救国、求是一生;无论是陈亮、叶适的经世致用,还是黄宗羲的工商皆本;无论是王充、王阳明的批判、自觉,还是龚自珍、蔡元培的开明、开放,等等,都展示了浙江深厚的文化底蕴,凝聚了浙江人民求真务实的创造精神。

代代相传的文化创造的作为和精神,从观念、态度、行为方式和价值取向上,孕育、形成和发展了渊源有自的浙江地域文化传统和与时俱进的浙江文化精神,她滋育着浙江的生命力、催生着浙江的凝聚力、激发着浙江的创造力、培植着浙江的竞争力,激励着浙江人民永不自满、永不停息,在各个不同的历史时期不断地超越自我、创业奋进。

悠久深厚、意韵丰富的浙江文化传统,是历史赐予我们的宝贵财富,也是我们开拓未来的丰富资源和不竭动力。党的十六大以来推进浙江新发展的实践,使我们越来越深刻地认识到,与国家实施改革开放大政方针相伴随的浙江经济社会持续快速健康发展的深层原因,就在于浙江深厚的文化底蕴和文化传统与当今时代精神的有机结合,就在于发展先进生产力与发展先进文化的有机结合。今后一个时期浙江能否在全面建设小康社会、加快社会主义现代化建设进程中继续走在前列,很大程度上取决于我们对文化力量的深刻认识、对发展先进文化的高度自觉和对加快建设文化大省的工作力度。我们应该看到,文化的力量最终可以转化为物质的力量,文化的软实力最终可以转化为经济的硬实力。文化要素是综合竞争力的核心要素,文化资源是经济社会发展的重要资源,文化素质是领导者和劳动者的首要素质。因此,研究浙江文化的历史与现状,增强文化软实力,为浙江的现代化建设服务,是浙江人民的共同事业,也是浙江各级党委、政府的重要使命和责任。

2005年7月召开的中共浙江省委十一届八次全会,作出《关于加快建设文化大省的决定》,提出要从增强先进文化凝聚力、解放和发展生产力、增强社会公共服务能力入手,大力实施文明素质工程、文化精品工程、文化研究工程、文化保护工程、文化产业促进工程、文化阵地工程、文化传播工程、文化人才工程等"八项工程",实施科教兴国和人才强国战略,加快建设教育、科技、卫生、体育等"四个强省"。作为文化建设"八项工程"之一的文化研究工程,其任务就是系统研究浙江文化的历史成就和当代发展,深入挖掘浙江文化底蕴、研究浙江现象、总结浙江经验、指导浙江未来的发展。

浙江文化研究工程将重点研究"今、古、人、文"四个方面,即围绕浙江当代发展问题研究、浙江历史文化专题研究、浙江名人研究、浙江历史文献整理四大板块,开展系统研究,出版系列丛书。在研究内容上,深入挖掘浙江文化底蕴,系统梳理和分析浙江历史文化的内部结构、变化规律和地域特色,坚持和发展浙江精神;研究浙江文化与其他地域文化的异同,厘清浙江文化在中国文化中的地位和相互影响的关系;围绕浙江生动的当代实践,深入解读浙江现象,总结浙江经验,指导浙江发展。在研究力量上,通过课题组织、出版资助、重点研究基地建设、加强省内外大院名校合作、整合各地各部门力量等途径,形成上下联动、学界互动的整体合力。在成果运用上,注重研究成果的学术价值和应用价值,充分发挥其认识世界、传承文明、创新理论、咨政育人、服务社会的重要作用。

我们希望通过实施浙江文化研究工程,努力用浙江历史教育浙江人民、用浙江文化熏陶浙江人民、用浙江精神鼓舞浙江人民、用浙江经验引领浙江人民,进一步激发浙江人民的无穷智慧和伟大创造能力,推动浙江实现又快又好发展。

今天,我们踏着来自历史的河流,受着一方百姓的期许,理应负起使命,至诚奉献,让我们的文化绵延不绝,让我们的创造生生不息。

2006 年 5 月 30 日于杭州

目 录

导 论 / 001

第一章　党委政府引领农村经济社会发展的"枫桥经验"研究 / **021**

1.1　党委政府经济管理的公告与办法史料辑录 / 022

1.2　党委政府引领农村经济社会发展的途径及方式 / 059

1.3　党委政府相关经济管理的公告与办法材料辑录 / 087

第二章　法检两院服务农村经济社会发展的"枫桥经验"研究 / **102**

2.1　以办案构筑经济社会保障网 / 103

2.2　以建议促进经济社会和谐体 / 138

第三章　自治组织参与农村经济社会发展的"枫桥经验"研究 / **174**

3.1　公社大队坚定信心发展集体经济 / 175

3.2　基层组织规范制度促进经济发展 / 178

第四章 商业主体带动农村经济社会发展的"枫桥经验"研究 / 213

4.1 枫桥、岭北等镇相关商业概况 / 214

4.2 商业发展调查报告辑录 / 306

4.3 "枫桥经验"与商业发展材料辑录 / 312

参考文献 / 320

编写说明 / 328

导 论[*]

枫桥是江南名镇，是浙江千百年来发达商品经济的缩影，其繁荣贯穿于小农经济时代、计划经济时代、市场经济时代。小农经济时代，传统村治与耕读文化相映生辉；计划经济时代，集体经济建设与乡村政权建设同步发展；市场经济时代，民营企业与乡村振兴全面发展。"枫桥经验"的形成、发展、创新与枫桥经济社会发展紧密关联。1963年是枫桥从小农经济走向集体经济的重要节点，中国传统村治和中国共产党对乡村社会的改造政策共同孕育了"枫桥经验"。在集体经济建设中进行社会改造，在社会改造中巩固集体经济，普遍运用说理教育的方式方法，直接助推了"枫桥经验"的产生。

"枫桥经验"形成于1963年的浙江省诸暨县枫桥区（今诸暨市枫桥镇），缘起于对"四类分子"的社会改造，是诸暨枫桥干部群众创造的化解矛盾的工作方法。其产生与当地的历史文化传统、经济社会发展紧密关联。"枫桥经验"崇尚说理斗争，依靠群众化解矛盾纠纷，最初是教育人、改造人的经验，经过不断发展创新，成为社会治安综合治理的典范和维护稳定的经验。[1] 1962年9月中国共产党第八届中央委员会第十次全体会议通过《农村人民公社工作条例（修正草案）》，对农村集体经济管理体制作出了比较系统的规范，开启了农村集体经济

---

[*] 本文作者为余钊飞与罗爱军，原以"'枫桥经验'形成渊源考"为题，发表于《浙江工业大学学报》（社会科学版）2023年第2期；本次选作导论，有部分改动。

[1] 金伯中：《论"枫桥经验"的文化底蕴》，《公安学刊》2004年第3期。

制度化法治化的先河。在随后的1963年,作为江南地区典型农村的枫桥,在小农经济走向集体经济的过程中,因地制宜、因时制宜、因人制宜开展社会改造,秉承以人为本、以德服人、以和为贵的村治传统,运用说理教育的方式,推动"四类分子"通过参加劳动自食其力并巩固集体经济以改造成社会主义新人,由此产生了著名的"枫桥经验"。

0.1 小农经济与枫桥村治传统

中国有悠久的村治传统,"皇权不下县"是传统中国政治的一大特色。传统中国的"乡绅之治"在乡村社会影响深远。古代乡村治理的权力体系具有二元性特征,即行政权与自治权并存,不仅一开始就包含自上而下的行政因素,且还具有乡村社会成员自我管理内部事务、寓于社会之中的自治权因素。[1]随着国家权力不断下沉和政权的内卷化,尽管在中国乡村以宗族、家族为基础的乡村治理模式受到冲击,但这类组织依然大范围存在,并在乡村治理中继续扮演着重要治理者的角色。[2]

0.1.1 小农经济在枫桥

小农经济是中国传统经济的典型模式,是一种以家庭或家族为组成单位,通过男耕女织方式进行的小土地分散经营。诸暨历来为农业大县,在春秋战国时期是越国的国都。越王勾践在位时以"劝农桑"为国策,呈现出"越地肥沃,其种甚嘉"之盛况;明清时期成为著名的江南"鱼米之乡",享有"诸暨湖田熟,天下一餐粥"之美誉。枫桥镇是枫桥江流域的最大聚集型村落。历史地看,枫桥人

---

[1] 于建嵘:《岳村政治:转型时期中国乡村政治结构的变迁》,商务印书馆2001年版,第107页。
[2] 于语和、雷园园:《村民自治视域下的乡村德治论纲》,《山东大学学报》(哲学社会科学版)2020年第1期。

多为东晋十六国时期、北宋时期南迁的士族后裔,从中原南下的北方士族依靠优越的自然环境、运用先进的生产技术,和当地人民一起兴修水利、垦荒播种,把会稽山区和泌湖湖区之间的枫桥开发成著名的农业兴盛之地,并随之推动了集镇的形成和传统商品经济的繁荣。会稽山区的毛皮、药材、竹木、笋干等土特产都集中在枫桥,由枫桥江转运。作为会稽郡属下的商业网点,枫桥在南朝时已出现集市的雏形。隋朝统一全国之时,杨素南下会稽,修驿道,在枫桥江建桥一座,枫桥之名确立,并成为著名的"婺越通衢"。唐末钱镠建立吴越国,南方政治稳定,经济持续上升,枫桥作为山区出入平原之孔道,其枫桥江流域商品集散地的功能日益显著。明清时期,枫桥镇各行各业繁荣兴盛,小农经济发展也进入顶峰时期。小农经济和集镇发展,为科举时代的枫桥奠定了重要的物质基础,唐以后枫桥耕读传家之风盛行。科举时代,诸暨人才辈出,据统计,在《诸暨县志》中有传记的人物自南朝刘宋至明清总数达531人,其中籍贯可考的有394人,其地区分配以枫桥镇居第一。在诸暨历史上,不论家境贫富,均喜子女读书识字,获取功名;私塾多为民间捐资创办,宗族一般均设学田,以资教兴学,书院、义塾、私塾、学堂等遍布全县,枫桥尤甚;建楼藏书蔚然成风。宋元明清四代,枫桥产生进士35人,举人68人。[1]南宋朱熹、明代王阳明等著名先贤均在枫桥讲学,理学、心学对枫桥传统文化的形成均产生重要影响;尊师重教、耕读传家的地方文化,培育了枫桥人高度的人文素养。此外,枫桥民风淳朴,公益义举兴盛。民间组织道路会、路灯会等,修路、造桥、建亭、设堂收养弃婴。百姓尽管贫富有别,但于义举则有钱出钱、有物捐物、有力出力,热心于公益事业,如出资办学、烧茶施粥、施棺义葬等,亦皆盛行。[2]由此,急公好义、爱说理、讲道理、重教育的传统,孕育和滋养了"枫桥经验"中"摆事实、讲道理、重教育"的文化基因。

---

[1] 陈炳荣:《枫桥史志》,方志出版社1998年版。
[2] 诸暨县地方志编纂委员会:《诸暨县志》,浙江人民出版社1993年版。

0.1.2 村治传统在枫桥

枫桥是典型的聚族而居的南方山区村落。从北方迁徙至枫桥的氏族聚族而居,带来了传统的中原文化,有强烈的尊祖敬宗观念和孝悌忠信的美德。一个自然村只有单一的姓氏,他们是同一祖先繁衍下来的子孙。村中建有祠堂,以维系和强化族人的宗法意识。祠堂的族长又称家长,拥有重要权力,为全族男女所尊敬。礼法合一的宗法伦理是传统中国维持基层社会秩序的主要规则,以"亲亲""尊尊"为核心的"忠""孝"思想贯穿其中;作为基层宗法伦理的执行者,乡绅族长是基层社会秩序的主要维护者。费孝通先生在其著述中以"双轨政治"为概念,探讨了中国传统社会存在的"皇权专制"与"乡村自治"双轨结构及二者的权力运行机制,即中国传统政治在中央集权层面,有从朝廷政令及所遣的官员到县衙为止的"自上而下"的轨道;在地方自治层面,则有与之平行的以士绅为主体的"自下而上"的轨道。[1]小农经济时代,百姓收入有限,民谚"公堂一点朱,民间千滴血"即反映出百姓一旦需要对簿公堂,则代价沉重。传统社会的民间纠纷大多集中在婚姻家事、争田夺地等"户婚田土钱债"之中,若处理不当,则易造成邻里老死不相往来、村庄械斗不断的局面。因此在传统中国的"双轨政治"结构中,敦睦教化以促宗族邻里和谐一直为中央王朝所肯定并为百姓所认可,即使矛盾纠纷进入县衙,"官批民调"依然是重要选择,乡绅与长老参与调处一直是基层社会化解纠纷的重要传统,以调解促和解成为基层纠纷化解的主要方式。中国传统社会中的"修身齐家""正己化人"等理念,在以耕读传家为特色的枫桥极其突出,枫桥人以此来处理人际关系,是源于他们的生活逻辑和生存经验。在地方治理方面,传统文化以地方风俗习惯的形式承载着百姓朴素的理想期许,规范着百姓的自我行为,彰显着枫桥人的智慧。如"己所不欲,勿

---

[1] 王务均、王洪才:《学术逻辑与行政激励:中国大学的双轨治理机制》,《大学教育科学》2022年第2期。

施于人"的待人处世之道,强调公平的朴素观念,强调社会关系中人与人之间的相互理解和支持,将"帮别人就是帮自己""吃亏是福"的理念贯穿于心,将人的价值放在社会中去认识,由此推动"治身"与"治心"相统一的自律成为习惯。在纠纷处理上,宗族间的纠纷主要按照家法、族规进行调解处理;家族长辈处理族内事务和纠纷的权限,官方予以认可和支持;邻里纠纷则通过当事各方各自邀请街邻、亲友、长辈或乡绅名士等出面说和、调停。[1]由此可见,以人为本、以德服人、以和为贵的传统深刻融入枫桥群众的历史血脉之中。从一定意义上讲,"枫桥经验"的产生更多的是对传统文化的认可和传承,更多的是群众对自我规范的不断坚守。

自清末变法修律以来,地方自治次第展开,近代乡村自治逐渐启蒙。民国时期,无论是山西村治,还是河北、山东的乡村建设实验,都体现着近代中国对乡村治理和建设的思考,但均未取得实质性成就。中国共产党领导下的陕甘宁边区制定了诸多关于基层治理和乡村建设的法律与政策,如1941年公布的《陕甘宁边区施政纲领》发扬了民主政治,在其第五、六、十四、十七条有较为明显的体现,1942年公布的《陕甘宁边区保障人权财权条例》为人权保障提供了基本的法律依据,1943年公布的《陕甘宁边区民刑事件调解条例》提倡民间调解纠纷并规定"凡民事一切纠纷均应厉行调解"等,这一系列立法成果高度重视发动群众自行解决矛盾、化解矛盾,蕴含了中国共产党的先进执政理念,深刻体现了群众路线,走出了党领导下依靠群众推动乡村建设的新道路。上述乡村治理和乡村建设的历史变迁,是"枫桥经验"核心理念"矛盾不上交"的重要根基所在,即各地的矛盾纠纷以及治理中存在的困难,应充分发挥群众智慧和力量,尽量在当地解决。

---

[1] 赵晓耕:《中国法律思想史》,北京交通大学出版社2014年版,第214页。

0.2 集体经济建设与枫桥社会改造

1949—1956年是新民主主义阶段向社会主义阶段过渡的特定历史阶段。随着社会主义"一化三改造"工作的逐渐完成,社会主义公有制逐步确立,全民所有制和劳动群众集体所有制在城乡开始确立并逐步巩固。在小农经济改造方面,党和国家采取了以合作化、集体化为方向的农村经济社会改造。[1]新中国成立初期,诸暨以小农经济为主的经济结构依然占据主导地位。随着人民政权的逐步稳固,社会生产和生活逐渐进入正轨。1952年诸暨县开始构建相应的集体经济和国有经济,公有制经济主要分布于县城和重要集镇。1958年《中华人民共和国户口登记条例》实施后,城乡出现体制性分野,工业化和城市化进入起始阶段,与国有经济对应的单位制和与集体经济对应的人民公社体制逐步形成。广大农村居民主要是依靠其所处的生产队、生产大队、人民公社来进行管理。

0.2.1 社会改造之对象:四类分子

"枫桥经验"形成之初的重要成果即依靠群众开展对"四类分子"的社会改造,通过劳动将其改造成为自食其力的社会主义新人,实现"矛盾不上交,就地解决"。从当时社会背景审视,其关键在于将不劳而获、坐享其成的地主等群体改造为自食其力的劳动者。如何审视"食利者"(renter,指靠租金过活的人),是政治经济学中的重要命题。18、19世纪的古典经济学家十分重视以地租为主要形式的"租金"这一概念。[2]"租金"与"食利者"密切联系,靠馈赠或遗产从前人继承而来的财富取得的租金,正是食利者奢华生活的来源。[3]近代中国劳动观念

---

[1] 徐勇:《现代化中的乡土重建:毛泽东、梁漱溟、费孝通的探索及其比较》,《天津社会科学》1996年第5期。
[2] 18世纪,"租金"这一概念指的是单笔资本所产生的年度收入。
[3] 赵修义:《租金、承袭制与社会公正》,《探索与争鸣》2015年第3期。

的形成与现代有关"生产"的观念密不可分。¹蔡元培主要受严复"群学"思想和无政府主义思想影响,于1918年发表了题为"劳工神圣"的演说,指出凡出劳力有益于自己和他人的都是"劳工",自食其力的劳动对个体人格的养成、群体的强盛以及理想世界具有重要价值,自食其力,才有自由和平等。²上述观点逐渐推动了近代劳动观念的转变。"食利者"作为通常意义上的剥削者,逐渐成为社会改造的重点对象。中国共产党在早期革命过程中,在毛泽东思想的指导下高度重视对农村生产力和生产关系的调查研究,特别注重对地主阶级这一食利者群体的系统研究。1941年8月中共中央在延安作出了《关于调查研究的决定》,时任中央政治局委员、中央书记处书记兼中宣部部长张闻天率团在1942年进驻米脂县杨家沟进行调查,其所著《米脂县杨家沟调查》对绵延三百年的马氏地主集团深刻剖析,对地主经济特征进行了系统总结,并对农村的公私合营工商业、集市、物价、租赁、借贷等农村经济进行系统研究,成为中国共产党注重调查研究、牢固树立群众观念、走群众路线的典范之一。这些调查研究传统一直为党的各级干部所秉承,特别是在事关农村土地改革的重大工作上,中国共产党在社会改造政策上进行了独立自主的探索,走出一条与苏联有着显著差异的农村土地改革道路。

1950年1月,中共中央下达《关于在各级人民政府内设土改委员会和组织各级农协直接领导土改运动的指示》,在新解放区分批实行土改的准备工作。新解放区土地改革的基本内容,是没收地主阶级的土地,分配给无地少地的农民,把封建剥削的土地所有制改变为农民的土地所有制。对于地主分子也分给一定数量的土地,让其在劳动中改造为新人。1950年6月颁行的《中华人民共和国土地改革法》成为指导土地改革的基本法律依据,各地政府都派出土改工

1　19世纪末,近代思想家陈炽最先把劳动与"生财"的概念相联系,用中国传统"生财"来表述"生产"的含义;梁启超进而把劳动与"生利分利"结合,派生出(生产性)劳动与(非生产性)剥削等范畴。
2　马学军:《自食其力与合群互助:蔡元培"劳工神圣"思想释义》,《社会学研究》2020年第3期。

作队深入农村领导土改运动,在走访贫困户、培养积极分子、逐步发动群众的过程中,建立了以贫雇农为核心的农民协会,作为土改执行机关。1950年7月,中共诸暨县委、县政府根据《土地改革法》部署土地改革运动,经过组织农会、培训干部、划分阶级、没收与征收土地、合理分配等阶段,诸暨在1951年7月完成了土改工作,农民获得土地所有权,生产力得到空前解放。经农民协会的组织和土改工作队的认定,依据人们在社会经济政治关系中的地位,将农民划分成地主、富农、贫雇农等不同的阶级成分。[1] 1950年8月政务院通过《关于划分农村阶级成分的决定》,据此划定了阶级成分,"四类分子"这一特殊群体开始形成,直到1979年才有重大转变。[2] 在此期间,对"四类分子"进行社会改造主要采取管制和监督改造两种形式,让其在劳动中改造成新人。1963年6月,按照中央指示,时任中共浙江省委书记处书记林乎加率省委工作队,进驻诸暨枫桥区的7个公社,开展社会主义教育运动试点工作,总结出枫桥把"四类分子"改造成社会主义新人的"枫桥经验",就是长期改造"四类分子"的典型经验。

0.2.2 社会改造之路径:群众路线

马克思曾以"一袋马铃薯"来形容19世纪中叶的法国农民,孙中山也以"一盘散沙"来描述中国农民在公共生活中合作秩序的缺失,而作为延续千年的中国小农经济主体的中国农民,亦有着"善分不善合"的标签。[3] 在"枫桥经验"形成过程中,良好的干部与群众关系起到了重要作用。1953年4月,中共浙江省委印发的《省委1953年党建工作计划》分门别类地提出了吸收新党员的指标和具体工作措施。为发挥示范作用,省委要求各县都建立基点乡党支部,以此带动

---

[1] 于建嵘:《岳村政治:转型期中国乡村政治结构的变迁》,商务印书馆2001年版,第229页。
[2] 1979年1月29日,中共中央作出的《关于地主、富农分子摘帽问题和地、富子女成份问题的决定》指出,除极少数坚持反动立场,至今还没有改造好的以外,凡是多年来遵守法令、老实劳动,不做坏事的地、富、反、坏分子,经群众评审,县委批准,一律摘掉帽子,给予人民公社社员待遇。
[3] 张芸、罗大蒙:《合作化初期农民合作的影响因素及其行为逻辑:基于1952—1956年川东N县的考察》,《福建江夏学院学报》2018年第2期。

面上的支部建设工作。1953年共吸收新党员19 846名。[1]此举扩大了干部人数，有力扩大了党的执行基础，使得大量基层干部从群众中来并到群众中去，有力保障了群众路线的展开。1956年12月，浙江省委在部署农村增产节约运动时指出："在制订增产指标中，应当采取自下而上与自上而下相结合的办法。首先在各乡各社和各个小队中发动群众因地制宜地订出指标数字，然后由县集中起来，分别不同类型地区，互相交流经验，提出增产计划指标，这些指标数字，要允许乡和社适当机动并留给发挥积极性的余地，以利于因地制宜和实事求是，反对自上而下硬搬硬套的做法。"[2]基层党政干部在具体工作方法上强调实事求是、因地制宜，赋予了基层干部在具体工作中高度灵活性。至此，相当数量的基层干部来自一线劳动者，干部参加集体生产劳动是党的优良传统，也是培养和锻炼干部，保持劳动人民本色，密切党群、干群关系，克服主观主义、官僚主义、命令主义的重要途径。[3]到1963年，浙江坚持参加集体生产劳动的农村党支部书记和生产大队干部就有11万名，其中80%以上的干部全年劳动120天以上；省、地、县机关干部从1963年6月中旬开始，落实"劳动日"制度及企业干部实行下车间、矿井、商店劳动制度。[4]许多单位根据机关工作特点，结合自己业务，与有关基层单位挂钩参加劳动；有的参加社会公益劳动。干部在劳动时，和群众谈生产、拉家常，了解基层情况，并帮助基层解决生产、工作中存在的问题。[5]干部参加劳动一方面有利于集体经济建设，另一方面源于农村一线生产生活的经验，确保基层干部在政策执行过程中能够做到制度执行与实践创新相结合。

一部"枫桥经验"发展史，也是一部枫桥党员干部严于律己、甘于奉献，不断

---

[1] 金延锋：《历史新篇：中国共产党在浙江（1949—1978）》，浙江人民出版社2011年版，第311页。
[2] 金延锋：《历史新篇：中国共产党在浙江（1949—1978）》，浙江人民出版社2011年版，第377页。
[3] 金延锋：《历史新篇：中国共产党在浙江（1949—1978）》，浙江人民出版社2011年版，第544页。
[4] 金延锋：《历史新篇：中国共产党在浙江（1949—1978）》，浙江人民出版社2011年版，第546页。
[5] 金延锋：《历史新篇：中国共产党在浙江（1949—1978）》，浙江人民出版社2011年版，第546页。

做好群众工作并为社会主义建设全力奋斗的历史。枫桥干部参加集体生产劳动的新风,改善了干群关系,改进了机关领导作风,增强了干部的群众观点、劳动观点和实践观点,获得了广大劳动人民群众的拥护和爱戴,促进了农业生产和集体经济的发展。枫桥镇在此期间诞生了两位全国人大代表:第五届全国人大代表、原枫溪大队党支部书记陈友棠同志,和群众一起开创出最初的"枫桥经验";第七、八届全国人大代表,全国劳动模范梁焕木同志,一生心系三农,主持征天水库建设,用"自力更生、艰苦奋斗、团结务实、开拓创新"的征天精神,有力推动了枫桥水利建设和集体经济发展。

0.2.3 社会改造之成果:集体经济

1943年,毛泽东同志在中共中央招待陕甘宁边区劳动英雄大会上发表题为"组织起来"的讲话,指出:"在农民群众方面,几千年来都是个体经济,一家一户就是一个生产单位,这种分散的个体生产,就是封建统治的经济基础,而使农民自己陷于永远的穷苦。克服这种状况的唯一办法,就是逐渐地集体化;而达到集体化的唯一道路,依据列宁所说,就是经过合作社。"[1]合作社有着其独特的经济作用和政治作用。毛泽东认为,在当时的条件下改造小农经济,团结广大农民群众改善其政治经济地位,走上社会主义集体经济道路的最好途径就是合作社。[2]诸暨具有发展种植业和养殖业的优越的自然条件,历来以粮、畜、茶、茧为主产,是浙江省农业重点县。浙江省土地改革完成后,省委于1953年1月发出《关于加强农村基层组织建设的指示》,明确提出党的基层组织在农村中的基本任务是领导农民开展互助合作运动,发展农业生产,使之成为乡村组织的领导核心。[3]土改和互助合作化使得农村生产关系发生重大变革,水利设施得到普遍兴

---

[1] 毛泽东:《毛泽东选集》第三卷,人民出版社1991年版,第931页。
[2] 冯蕾:《中国农村集体经济实现形式研究》,新华出版社2016年版,第105页。
[3] 金延锋:《历史新篇:中国共产党在浙江(1949—1978)》,浙江人民出版社2011年版。

修,有效提高了农村生产力,改善了农业生产条件。实践中,农民协会(简称"农会")在农业合作化进程中发挥了重要作用,村一级重大事项都必须经过农会研究,在群众大会上讨论才能决定。农会真正成为人民群众办事的基层群众自治组织,为革除封建的土地制度、领导互助合作、发展农业生产和推动农村社会主义建设做了大量工作,为改革开放以后的村民自治工作打下了重要历史基础。

基于农业和农村工作的复杂性,党内长期从事农村工作的无产阶级革命家邓子恢等同志有着清醒认知。邓子恢强调,农村的生产资料所有制结构不是单一的公有制结构,应当允许部分个体经济的存在,允许社员有一定的小自由、小私有。[1] 1961年3月,有着扎实调查研究基础、贴近农村实际的《农村人民公社工作条例(草案)》出台,确立以生产队为人民公社基本核算单位的新制度,有力地推动了农村体制和政策调整的贯彻落实,极大地调动了农村生产的积极性。[2] 1963年《枫桥区栎江公社新山大队第二生产队经济情况的调查》报告显示,全队有贫农16户、下中农4户、上中农7户、地主1户,共98人;自1961年下半年以来,除了按照"农业六十条"规定分配自留地以外,生产队还创造了"劳力地""潜力地"[3] 等概念。由此,枫桥集体经济中社员的个体收入逐渐增加,生活水平有了一定的提高。1962年9月通过的《农村人民公社工作条例(修正草案)》在事实上确立了农村集体经济体制,规定农村人民公社是社会主义的互助、互利的集体经济组织,实行各尽所能、按劳分配、多劳多得、不劳动者不得食的原则;与农村集体经济相配套的农村财务管理体制也同步完善,如要求公社管理委员会的财务工作建立预决算制度,生产大队必须严格执行财务计划,生产队要有专人负责管钱、管账、管物资。[4] 纵深到枫桥一线农村,农村集体经济与财务管理

---

[1] 杨基龙:《邓子恢对如何办好和巩固农业合作社的深邃见解》,《党史研究与教学》1992年第5期。
[2] 金延锋:《历史新篇:中国共产党在浙江(1949—1978)》,浙江人民出版社2011年版,第537页。
[3] "劳力地"是由全大队按统一标准分配,按照劳力多少,把一部分集体地分给社员私人种;"潜力地"是社员利用"见缝插针",搞"十边地"的机会,大量开垦的荒地。
[4] 徐勇:《国家化、农民性与乡村整合》,江苏人民出版社2019年版。

制度渐成体系,生产大队的政治经济权能增加,具备将"四类分子"改造成新人并融入集体经济之中的相应权能。集体经济建设中的劳动力缺乏和长期共同生产生活的近距离观察,是当时枫桥多数生产大队党支部书记力主将"四类分子"就地参加劳动监督改造的重要原因。改造工作的进行,为集体经济建设提供了劳动力。

0.3 集体经济与基层群众自治组织之发展

基层群众自治制度是我国基本政治制度之一,其发展有着深厚的历史基础。我国现行宪法第 111 条的规定,对治安保卫委员会、人民调解委员会等组织的组织化、法制化奠定了重要基础,是对 1952 年《治安保卫委员会暂行组织条例》、1954 年《人民调解委员会暂行组织通则》以来治保、调解等工作的高度肯定和吸纳。[1] 村庄的管理需尊重地方文化风俗,立足地方经济社会发展现实条件。在"枫桥经验"形成前,枫桥因地制宜创设相关机制,在枫桥干部群众的努力下形成了良好的村庄管理制度和集体经济管理体制,强化了村级组织力量,促进了治安保卫、人民调解、水利建设等工作的开展。特别是生产大队一级党支部和集体经济组织功能的不断完善,其内设的治保会、人民调解委员会以及区域性水利会得到了长足发展,有力保障了村集体经济的发展和村社会秩序的稳定。

0.3.1 治安保卫委员会

居委会、村委会是我国宪法明确规定的与人民调解委员会相并列的基层群众自治组织内设机构。同时,依据《治安保卫委员会暂行组织条例》,在城市的

---

[1] 我国现行《宪法》第 111 条第 2 款规定:"居民委员会、村民委员会设人民调解、治安保卫、公共卫生等委员会,办理本居住地区的公共事务和公益事业,调解民间纠纷,协助维护社会治安,并且向人民政府反映群众的意见、要求和提出建议。"

机关、工厂、企业、学校中也可建立治安保卫委员会。治安保卫委员会既有保卫基层治安的基础使命,也有巩固人民民主专政的社会主义国家的重大政治使命,是中国特色社会主义基本政治制度的重要内容之一。1951年6月,根据中共中央的指示精神,诸暨开始逐渐建立各级治安保卫委员会。随后几年,各工厂、企业等单位内部也建立了一批治保会。1958年7月,诸暨全县共有各级治保会1 136个,治保干部7 954人。治保组织在联系发动群众,维护社会治安,防奸、防特、防火、防盗和反映社会动态等方面发挥了很好作用,成为人民公安机关的有力助手。1949年5月诸暨县解放后,在枫桥本地党政组织和公安机关的领导下,在对"四类分子"进行监督改造的过程中,枫桥本地的人民治保会首先确立了"集体承包、专人负责、大家监督",建立了"四类分子"档案等监督改造制度,创立了依靠群众监督改造"四类分子"的良好工作基础。[1] 各地治保会广泛建立安全值日制度,加强安全防范,检查爱国公约的执行情况,监督改造地、富、反、坏分子,对维护城乡社会治安秩序起到了重要作用。1960—1962年,根据公安部关于普遍轮训基层治保干部的指示,诸暨县先后对各级治保会进行整顿,加强思想教育,提高业务水平,端正工作作风,清除不纯分子,并选拔一批政治可靠、群众信任、有工作能力的人员充实治保队伍。

1951—1978年,治保会的主要功能在于改造"四类分子",维护新生的基层政权稳定和社会安定。1963年,公安部颁布《治安保卫委员会细则(试行草案)》,针对当时社会治安形势,进一步明确各级治安保卫委员会的职责任务,加强思想教育。治保干部在教育改造中发挥着重要作用。1965年4月,诸暨县枫桥派出所集中全区122名生产大队治保主任,总结监督改造"四类分子"和教育不良分子的经验,研究如何更好地既保证安全,又"矛盾不上交";在会上,包村、魏家坞、五宜等大队的治保主任分别作了关于改造"四类分子"、教育小

---

[1] 赵义:《枫桥经验:中国农村治理样板》,浙江人民出版社2008年版。

偷、改造迷信人员的情况汇报。由此可见,当时的治安保卫组织的工作是在公安部门强有力的指导下开展的,改造"四类分子"是其工作重点,保障集体经济稳步发展是其重要目标。

0.3.2 人民调解委员会

人民调解在我国拥有深厚的历史基础和群众基础。有学者认为,即使在今天的中国,成文的民法仍然是相对笼统的,大多数的民事纠纷仍然是在法庭外通过其所发生的社区来调解的。[1]调解组织是及时调解处理民间纠纷、便利群众、增进团结、有利生产的良好组织形式。在乡土社会,村级调解无疑是化解矛盾纠纷的"第一道防线",不仅人熟、地熟、情况熟,且省时、省钱又省力。1950年,诸暨县部分乡镇开始建立人民调解组织,调处民间纠纷。1951年,全县141个乡镇均建立调解委员会,在12个区和城关镇各设1名调解员,并召开调解干部会议以培训调解骨干。1954年政务院发布的《人民调解委员会暂行组织通则》对调解委员会的性质作出了规定,调解委员会是群众性的调解组织,调解员不仅要调解案件,也不可忽视生产工作,并未提及调委会的补贴或报酬事宜。实践中,人民调解员的工作积极性主要依靠政治鼓励和适度的工分补贴予以支撑。[2] 1955年,诸暨全县基层调解组织共调处一般民间纠纷和轻微刑事案件5 194件。1961年"农业六十条"贯彻后,社员的生产积极性有所提高,所有权观念得以增强,集体与集体之间因山林、土地、水利、农具而引发的纠纷大幅上升,个人与个人之间的房屋、债务等权益纠纷也迅速增多。对这些问题进行及时、恰当的处置,将有利于调节社会关系、调动积极因素,以巩固集体经济,发展工农业生产。[3]如何解决这些矛盾纠纷,是基层法院思考的重要问题,人民调解工作

---

[1] 黄宗智:《清代的法律、社会与文化:民法的表达与实践》,上海书店出版社2001年版,第10页。
[2] 何永军:《乡村社会嬗变与人民调解制度变迁》,《法制与社会发展》2013年第1期。
[3] 《关于调解工作的基本总结和今后任务的报告》,1963年,诸暨市人民法院藏,档案087-014-002-018。

的重要性开始凸显。到1962年9月,全县基层调解组织发展到827个,有调解干部4534人。诸暨法院归纳了1962年出现的生产纠纷的特点:一是群众性的集体与集体之间的纠纷多,涉及面广;二是因生产纠纷而酿成群众性的哄闹、互殴、械斗的事件较多,对生产和治安危害大;三是该类纠纷的形成和发展具有地区性和季节性。据此,诸暨法院提出了领导干部亲自动手、健全调解组织、发动群众制定公约等解决方案。[1]上述方案表明,基层司法机关能够全面正确处理人民内部矛盾,因地制宜化解矛盾。

基于人民调解组织的重要性,1964年浙江省人民委员会发布了《关于结合社会主义教育运动整顿和建立治保、调解组织的通知》,要求进一步加强调解委员会的领导,密切结合社会主义教育运动,切实把公社、大队两级调解组织有计划地、有步骤地、普遍地进行整顿健全,把那些政治立场坚定、阶级观点鲜明和密切联系群众并且有社会经验的贫下中农组织起来,充实调解组织;要求大队建立3—11人的调解委员会或调解小组,公社可吸收部分大队调解主任组成调解委员会,做到治保和调解在组织上分开,不兼双职,以利于充分发挥这两个组织的作用,进一步活跃民间调解工作。[2]人民调解在基层的重要作用从枫桥钟瑛村保存的调解档案中可见一斑。此外,在应对生产纠纷方面,如枫桥区东和公社采取工作队和公社干部、大队调解干部、知情群众"四结合"的办法调解解决,纠纷的解决增强了人民内部团结,促进了创业运动的发展。[3]人民法院逐渐强化对人民调解工作的指导。如诸暨法院在1965年提出,培训是提高广大调解人员政策业务水平的好方法[4],并多次召开会议对此予以专门指导。[5]由此可见,基层

---

[1] 《对当前生产纠纷情况和处理意见的报告》,1962年,诸暨市人民法院藏,档案087-013-001-031。
[2] 《关于当前群众性纠纷殴斗事件的情况和今后意见的报告》,1964年,诸暨市档案馆藏,档案087-015-001-007。
[3] 《东和公社全党办调解为实现农业发展纲要服务》,1965年,诸暨市档案馆藏,档案087-016-001-037。
[4] 《关于以公社为单位训练调解干部的情况和体会》,1964年,诸暨市档案馆藏,档案087-015-001-004。
[5] 诸暨县地方志编纂委员会:《诸暨县志》,浙江人民出版社1993年版。

人民调解委员会化解了大量人民群众在生产生活中产生的矛盾纠纷,在事实上保障了集体经济的发展和农村社会秩序的稳定。推广"枫桥经验"后,诸暨全县各级人民调解组织得到加强,在党政机关领导下,调解干部的政策业务水平提高,大量民事纠纷解决在基层。据诸暨法院不完全统计,1964年公社、大队调解委员会解决的各种纠纷达5 966件,对增进人民内部团结、减少和预防纠纷与犯罪的发生以及巩固集体经济、巩固和发展生产作出了积极贡献,调解委员会深受群众欢迎,调解干部被称赞为"熟悉情况,办事公道,又快又好"[1]。

0.3.3 水利会

水利是农业的命脉,兴水利才能促生产。自古以来,由于水旱灾害频繁,人们与之抗争不息。20世纪50年代,浙江农村在开展增产节约运动中,积极推广农业先进技术,改进耕作制度,同时加强农田水利建设,为农业生产提供保障。"一五"期间,针对浙江的自然特点,省委、省政府(省人委)提出了"防洪防旱并重,平原山区兼顾"的治水方针,依靠互助合作的力量,实行民办公助、合理负担的政策,广泛开展了群众性的治水活动。对浦阳江等多灾河流,也开始进行治理。面对"一五"期间发生的严重自然灾害,浙江省各级党委和政府组织干部下乡,发动农民采用各种措施积极与严重的自然灾害作斗争,保证了农业的增收。[2] 1951年,枫桥等地开始按管理范围组建水利会。水利会为民间自治组织,各湖畈设主任1人,工作人员2—3人。[3] 中共诸暨县委和县人民委员会大力引导农民在山区和半山区修建小型水库,蓄水防旱。广大农民由于集体修建水库,也促进了农业合作化运动的发展。在大小水库的所在地,大部分建立了管理养护委员会,组织成员由群众按照公道、能干的条件推选。有些较大的水库还根据需

---

1 《诸暨县人民法院工作报告》,1963年,诸暨市档案馆藏,档案087-014-002-028。
2 金延锋:《历史新篇:中国共产党在浙江(1949—1978)》,浙江人民出版社2011年版,第246页。
3 浙江征天集团有限公司编:《征天水库·集团志(1988—2020)》,方志出版社2020年版。

要设置了专职的管水员;他们根据水库蓄水量和各个季节农作物需水情况,统一管理蓄水和放水,保证了合理用水,避免了俭水、抢水等纠纷,提高了水库抗旱的能力。征天水库下游是枫桥江,水库安则枫桥安,水库危则枫桥危。20世纪60年代,征天水库建设者在枫桥人民公社的领导下,组织发动群众,靠锄挖肩挑完成大坝主体工程,建成浙江省第一座中型水库,农业基础条件得以改善,使灌区40个村1.8万余亩农田实现旱涝保收。[1]征天水库灌区有青龙畈、西畈、栎新畈、山塘畈等四个湖畈。水利会承担管理范围内堤防、涵闸、堰坝、渠系的安全运行和维修养护职能,同时也化解了大量农业生产过程中的水利纠纷。水利纠纷的发生有季节性和地区性。从季节看,大部分发生在抗旱、排涝和春、冬农闲期间;从地区看,大多发生在两县、两区、两社、两队之间的结合部和丘陵地带。[2]水利会作为由湖民自觉联合起来的区域性群众自治组织,在宣传水利法规,制订区域水利规划,实施工程建设,对区域内工程进行维修、保养、管理,组织当地群众进行防洪抢险救灾、引潮灌溉,协调区域内的水事纠纷的过程中起到了积极的作用。诸暨县人民法院于1963年对当地水利纠纷的处理出具了总结报告,反映了当时水利纠纷中存在的十大问题,并指出"水利管理制度不健全,争种库沿田和争夺车鱼等而闹纠纷的,应整顿水利组织制度,其库沿田和鱼等项收入归水利会收入,作为修理水利开支之用,如收入很少,水利会又无专人管理,可在不妨碍抗旱防洪的前提下,经有关大队协商,委托种库沿田的队管理,其少量的收入给该队做管理之报酬",同时要求强化水利会建设,从有利于巩固集体经济、有利于人民内部团结、有利于发展农业生产的基点出发,及时妥当地处置水利纠纷,达到"处理一案,预防一方"的治理效果。[3]

"枫桥经验"的产生有深厚的历史文化基础和一定的经济社会发展物质基

---

[1] 中国共产党浙江省委员会办公厅:《1955年浙江农村工作经验汇编:诸暨领导群众修建小型水库的经验》,浙江人民出版社1956年版,第191、195页。
[2] 《关于处理水利纠纷的总结报告》,1963年,诸暨市人民法院藏,档案087-014-002-015。
[3] 周长海:《诸暨市水利会——农村小型水利工程管理模式探讨》,《中国水利》2006年第11期。

础。小农经济和村治传统塑造了枫桥以人为本、以和为贵、以德服人的人文主义情怀,为"说理教育"奠定了思想文化基础。新中国成立以后,在小农经济转型到集体经济的历史变迁过程中,中国共产党高度重视社会改造和集体经济发展,将"四类分子"改造融入集体经济建设之中,在集体经济建设中不断发展治安保卫委员会、人民调解委员会、水利会等基层群众自治组织。在这一历史进程中,各级基层党组织和各级政权能够认真区分"敌我矛盾"和"人民内部矛盾"。如治安保卫委员会的工作重点在正确处理"敌我矛盾",即加强对"四类分子"的改造,把"四类分子"改造成自食其力的社会主义新人;人民调解委员会、水利会的工作重点在正确处理"人民内部矛盾",即全面化解基层群众在生产生活过程中的矛盾纠纷。治安保卫委员会、人民调解委员会、水利会等基层群众自治组织在处理这两类矛盾的过程中,能够充分相信群众、依靠群众、发动群众予以解决,实现了"矛盾不上交,就地解决"的工作目标,既有力推进了基层政权建设,也有效保障了集体经济的建立与巩固,为"枫桥经验"的诞生作出了历史铺垫。随着社会主义市场经济的全面发展,枫桥等地更加重视农村经济社会的全面发展,高度重视"三农"工作、市场主体建设工作、水利等基础设施建设,在社会主义新农村建设和美丽乡村建设中取得令人瞩目的新成就。

所以,《"枫桥经验"农村经济社会发展史料与研究》在编写过程中本着尊重史实的原则,注重运用抽象与具体相统一、历史与逻辑相统一、历史与结构相统一的历史方法论来进行文献选择与辑录,把引领、服务、参与、带动农村经济发展的主体作为一个具体的整体完整地呈现出来。在史料选择方面,主要侧重于诸暨市本地党委政府、法检两院、自治组织、商业主体等四大主体引领、服务、参与、带动诸暨市农村社会经济发展的史料编纂。

诸暨市委、市政府深入推进乡村振兴战略,持续深化农业农村改革,以推进农业现代化。本书编写组通过走访诸暨市图书馆、诸暨市档案馆等相关单位,挖掘诸暨市工会、诸暨市商业局、诸暨市农业局、诸暨市供销社、诸暨市公安局、诸暨市政法委等党政机关引领诸暨农村经济社会发展的相关机制史料,包括相关单位促进农村经济社会发展的途径方式、制度方法等史料辑录和相关文件资料,较为全面地展现了诸暨农民及广大农业工作者在诸暨市委、市政府的引领下奔向农业富村的轨迹和取得的丰硕成果。

诸暨市人民法院、市人民检察院深化运用"枫桥经验",以法律为依据,以调解为手段,以办案构筑经济社会保障网,以建议促进经济社会和谐体,为诸暨农村经济社会发展注入和谐基因。诸暨市人民法院、市人民检察院坚持审慎的态度,切实维护农民合法权益,依法妥善审理好涉农经济发展等各种新型市场主体和市场要素的案件,促进金融服务农村实体经济。本书编写组通过诸暨市人民法院、市人民检察院的院藏档案史料收集与分类整理,围绕20世纪60年代至今的农村经济社会发展线索,从案例以及工作报告、工作方案、会议纪要等方面梳理,较为全面地体现诸暨市人民法院、市人民检察院在服务农村经济社会发展中扎实的司法保障服务。

基层群众自治制度是我国基本政治制度之一,其发展有着深厚的历史基础。在"枫桥经验"形成前,枫桥因地制宜创设相关机制,在枫桥干部群众的努力下形成了良好的村庄管理制度和集体经济管理体制,强化了村级组织力量,促进了治安保卫、人民调解、水利建设等工作的开展。特别是生产大队一级党支部和集体经济组织功能的不断完善,其内设的治保会、人民调解委员会以及区域性水利会得到了长足发展,有力保障了村集体经济的发展和村社会秩序的稳定。本书编写组通过实地走访枫桥镇水利会、枫桥镇治安保卫委员会、枫桥镇人民调解委员会、枫溪村等地,以及查阅相关公社大队在20世纪60年代的史料,呈现出当地基层自治组织在"两类矛盾"的处理过程中,能够充分相信群众、依靠群众、发动群众予以解决,实现了"矛盾不上交,就地解决"的工作目标,既有力推进了基层政权建设,也有效保障了集体经济的建立与巩固,为"枫桥经验"的诞生作出了历史铺垫。

农村商业体系,或农村商贸流通体系,是以农村市场为背景,以农村生产资料、生活资料及农产品为主要流通对象的。在改革开放时期,诸暨市深入贯彻"枫桥经验",形成了农村商业体系的多元化格局。除国有商业和供销社外,各种集体、个体、私营、股份制以及外资进入农村市场,农村市场上涌现出一大批专营或兼营的农村商贸主体,包括个体商户、经营大户、农民经纪人等,加快了农村商业体系的建设与发展,带动了诸暨的农村经济社会发展。本书编写组主要围绕诸暨市枫桥镇、岭北镇和店口镇的个体经济、集体经济、私营经济、国营经济、股份制经济等商业经济展开,并且收集"枫桥经验"商业发展相关的调查报告史料辑录,例如《诸暨市工商行政管理志(1988—2013)》《征天水库·集团志(1988—2020)》等较为全面地展现了诸暨市"枫桥经验"农村经济社会发展的商业面貌的资料。

本研究所录史实,具有重要的参考价值和借鉴意义。鉴古观今,彰往昭来,希望能够对有志于研究和发展诸暨农村经济社会发展的学者作出新的贡献。

第一章
党委政府引领农村经济社会发展的"枫桥经验"研究

提要：中华人民共和国成立后，特别是改革开放以来，党和政府把农业作为国民经济的基础产业，出台了一系列富民政策，诸暨农业迎来了艳阳天。诸暨市委、市政府不断改善农业环境，坚持科教兴农，调整产业结构，发展效益农业，推进农业现代化。近年来，诸暨深入推进乡村振兴战略，持续深化农业农村改革，大力开展美丽乡村建设，全力打造现代农业，广大农民和农业工作者艰苦奋斗，开拓进取，农业生产发展喜人，形成了粮食、生猪、茶叶、蚕桑、珍珠、香榧、食用笋、板栗、优质水果、出口蔬菜等农业十大主导产业，先后被国家命名为全国大型商品粮基地县（市）、全国茶综合利用基地县（市）、全国瘦肉型猪生产基地县（市）、全国财政支农科技成果应用试点示范县（市）和"中国珍珠之乡""中国香榧之乡"。在推进农业农村共同富裕的进程中，诸暨谱写了一篇农业高质高效、乡村宜居宜业、农民富裕富足的华美篇章。

本章通过走访诸暨市图书馆、诸暨市档案馆等相关单位，挖掘诸暨市工会、诸暨市商业局、诸暨市农业局、诸暨市供销社、诸暨市公安局、诸暨市政法委等党政机关引领诸暨农村经济社会发展的相关机制史料，包括相关单位促进农村经济社会发展的途径方式、制度方法等史料辑录和相关文件资料,较为全面地展现了诸暨农民及广大农业工作者在诸暨市委、市政府的引领下奔向农业富村的轨迹和取得的丰硕成果。本章所录史实,具有重要的参考价值和借鉴意义。

1.1　党委政府经济管理的公告与办法史料辑录

1.1.1　关于县级机关、企业、团体相互索取与供应计划资料的暂行办法[1]

为使县级各业务部门便于相互索取和供应有关计划资料,克服过去对计划资料供应上的重复和混乱现象,便于保守国家机密,特拟定本规定。

本县县级各机关、企业、团体相互索取与供应计划资料时均应依照本办法办理。

计划资料的范围仅以计划数字为限,统计数字仍按统计规定手动办理。

计划资料的索取与供应,一般应以供应单位现有的计划资料为限,并由索取单位抄取,如需请供应单位代为加工者,则应与供应单位协商解决。

计划资料的索取供应,分别按照下列程序办理:

(1) 领导机关向被领导机关索取计划资料时,后者应供应。

(2) 同一系统各业务部门间,相互对计划资料的索取,由本系统主管部门处理。

(3) 不同系统的业务部门之间,对计划资料的索取,按下列规定办理:

1. 县府各科局与人民银行、县社等单位间相互索取或了解计划资料时,由县计委供应或转介绍。

2. 县府所属公司、企业、不同单位的业务部门间的计划资料索取,应先向本

---

[1]《关于县级机关、企业、团体相互索取与供应计划资料的暂行办法》,1955年,诸暨市人民政府藏,档案J086-W1955-2-0012-038。

系统主管科局联系,如确无事项资料时,可由主管科局×书证明后,送由县计委供应或转介绍。

3. 本单位内部各部门与本系统外业务部门间,相互索取计划资料时,应首先内部联系,由本单位综合计划部门供应或转介绍,不得直接向外索取或供应。

4. 县级各业务部门对本系统以外的乡镇业务单位索取资料时,应由县主管部门或县领导单位供应或转介绍;县业务部门向外县本系统以外的业务部门索取资料时,需经县府或县计委介绍至当地计委供应或转介绍,县业务部门向省级非直属上级单位索取计划资料时,由县计委审核,并介绍至省计委办理。

为加强对计划资料的保密与管理,一般不得用电话传达计划数字,每一单位只能一次索取同时期、同性质、同指标、同数字的计划资料。

各单位索取计划资料时,须依据本单位正式介绍函件,详细填明资料名称、资料时间、主要指标及索取资料的用途等。

县计委对各单位的索取资料文件,应根据实际需要情况进行审查,凡非业务必需的资料,则不予供应。全面性的或重要的计划资料,索取单位首长×责签名盖章方可供应。

凡县级各单位定期性需要有关计划资料,可双方协商签订计划资料供应合同,×经县计委审查同意后执行。

县计委需要各项计划与统计资料时,得随时向各单位索取,为有利工作各单位应及时提供。

1.1.2 关于在经济纠纷案件执行过程中,当事人自愿达成和解协议后,一方当事人不履行,可按原生效法律文书执行的批复[1]

最高人民法院对一个经济纠纷案件的批复,主要内容为:在经济纠纷案件

---

1 《关于在经济纠纷案件执行过程中,当事人自愿达成和解协议后,一方当事人不履行,可按原生效法律文书执行的批复》,1989 年,诸暨市人民法院藏,档案 087-039-007-011。

执行过程中,当事人自愿调解达成协议,是当事人对自己权利的处分,只要确系出于自愿,且不违反法律或者损害国家、集体或第三人的合法权益,人民法院应按民事诉讼法(试行),第一百八十一条规定处理。如果一方当事人不履行和解协议或者反悔的,对方当事人申请执行的,人民法院应按原生效的法律文书执行。但是和解协议已经履行完毕当事人又申请按生效法律文书执行的,人民法院不予准许。

1.1.3 关于表彰农村基本路线教育先进工作组和优秀工作队员的决定[1]

各区、镇、乡党委,市级机关各部门党组织:

我市从去年八月开始,采取分级试点、逐步推开的办法,在全市农村普遍开展了党的基本路线教育,到今年一月上旬已基本结束。全市农村基本路线教育铺开后,市委派出三百一十名市级机关干部,帮助各乡镇开展工作。市级机关下乡工作组深入基层,密切配合当地党委、政府,紧紧依靠广大农村党员、干部和群众,按照市委的要求,发扬艰苦、踏实的工作作风,为加强村级组织建设,巩固发展壮大集体经济献计出力,各项工作取得了可喜成果,涌现出一批先进工作组和优秀工作队员。经市委研究,决定予以表彰。

附:先进工作组、优秀工作队员名单。

中共诸暨市委办公室
一九九一年一月十五日

---

[1] 《关于表彰农村基本路线教育先进工作组和优秀工作队员的决定》,1991年,诸暨市人民政府藏,档案J086—W1991-1-0002-128。

1.1.4 枫桥镇暂住人口管理若干规定[1]

教育管理

1. 派出所加强对用工单位负责人和协管员的管理培训,开展有关法律知识宣传,每年至少二次进行业务培训。

2. 各村、企事业单位,要关心帮助外来暂住人员,实行情感式管理。外来人员集中的企业单位,应建立外来人口学校等,加强对外来人员的思想教育、法制教育和业务培训,组织一些健康有益的活动,充实外来人员的业余生活,全面提高外来人员的素质。

3. 切实保护外来人员的合法权益。对侵犯外来人员合法权益的,有关职能部门要严肃处理。用工单位应按规定及时支付外来人员的工资等,防止劳务纠纷的发生。对发生的劳资纠纷,劳动部门要及时受理解决,依法公正处理。

4. 学校要为外来人员的子女入学提供方便,除规定的费用外,不得征收其他费用。

5. 用工单位要切实加强外来人员的计划生育工作,派出所及暂住人口协管员要积极协助计生部门做好工作,发现外来人员违反计划生育规定的,要及时通知镇计生办处理。

6. 年终各用人单位一般应统一放假时间,外来人员集中的企业单位,放假时要把外来人员护送上车,确保安全返乡,对留在本地过节的,妥善安排好生活。

7. 派出所应切实加强外来人员的信息工作,建立信息网络,提高防范能力。

8. 加大管理力度,对违反《浙江省暂住人口管理条例》的单位和人员,以及其他违法犯罪的外来暂住人员,派出所要严肃查处,切实维护社会稳定。

---

[1]《枫桥镇暂住人口管理若干规定》,1999年。

1.1.5 关于积极参加农村"三个代表"重要思想学习教育活动的通知[1]

本省各级人民检察院：

中央决定在农村有计划、有步骤地开展"三个代表"重要思想学习教育活动以来，我省检察机关积极参加当地党委组织的农村"三个代表"重要思想学习教育活动，深入基层，扎实工作，取得了一定的成效。现就进一步抓紧抓好当前学习教育活动工作通知如下：

充分发挥检察职能，为维护农村稳定和经济发展服务。进行"三个代表"教育和维护农村稳定，都是为农村经济发展服务的重要措施。发挥检察职能，维护农村稳定，是检察机关贯彻"三个代表"思想的实际行动，也是检察机关为农村经济发展服务的最重要的措施。要依法打击破坏农村改革和发展的各种犯罪，特别是严厉打击农村流氓恶势力犯罪，要结合乡级机构改革，注意发现和查处国家工作人员的职务犯罪。要正确区分两类不同性质的矛盾，处理好群体性的上访，处置好群体性事件，化解矛盾。要结合办案，进行法制宣传，提出预防和减少犯罪的意见、建议，报告党委和有关部门，促进社会治安综合治理和预防职务犯罪措施的落实。

1.1.6 关于发展壮大村级集体经济的若干意见[2]

各镇乡党委、政府，各街道党工委、办事处，市级机关各部门，市属企事业单位：

为进一步发展壮大我市村级集体经济，加强农村基层组织建设，夯实新农村建设基础，促进农村经济社会的持续健康发展，根据上级有关文件精神，现就

---

[1]《关于积极参加农村"三个代表"重要思想学习教育活动的通知》，2001年，诸暨市人民检察院藏，档案J086-W2001-3-0042-145。

[2] 中共诸暨市委办公室、诸暨市人民政府办公室：《关于发展壮大村级集体经济的若干意见》，2009年12月28日印发，市委办〔2009〕110号。

进一步发展壮大村级集体经济提出如下意见:

一、总体要求

以科学发展观为指导,认真贯彻党的十七届三中、四中全会精神,大力推进城乡统筹发展,按照深化改革、创新机制、拓宽路子、规范管理的要求,以增强村集体经济实力为目标,以经济薄弱村为重点,充分发挥村级组织在发展村级集体经济中的主体作用,合理开发利用集体土地、自然资源等,加快发展集体物业经济、现代农业和农村二三产业,建设公共事业,促进农民就业创业,努力使村级集体经济实力明显增强,管理日趋规范,为加强农村基层组织建设、加快推进社会主义新农村建设提供强大支撑。

二、发展方向

(一)多渠道发展物业经济。鼓励在符合土地、规划、产业等相关政策的前提下,利用集体建设用地和经依法批准的村级留用地,以自主开发、合资合作、产权租赁、物业回购、使用权入股等方式,建设标准厂房、市场、店面、乡村宾馆等除商品房以外的村级物业项目。

(二)多途径发展特色经济。鼓励村集体对集体统一经营的各类土地或通过流转的土地,开发村集体所有的现代规模农业项目;鼓励村集体利用土地、山林等资源优势,开发现代农业项目或农家乐休闲旅游项目;鼓励村集体以土地、资产、资金、知识产权等参股领办农民专业合作社,在为农民提供种苗供应、技术指导、耕种管理、产品销售、商标使用等服务中获取收入;鼓励村集体充分利用集体所有的"四荒"(荒山、荒水、荒地、荒滩)、经济林和水面等资源,通过租赁、入股等方式参与产业开发。

(三)多形式发展合作经济。鼓励联合开发,以强弱村联合或村企联合等形式,合作建设物业项目;支持村集体将土地征用补偿款等集体资金入股收益稳定的重点建设项目,年终以不低于银行贷款利率的标准进行定率或按股分红。探索在政府主导下,在三产项目国有土地公开出让时,设置条件,以成本价回购一批三产用房,用于经济薄弱村发展集体经济。

三、扶持政策

（一）财政扶持政策

1. 设立村级集体经济专项发展资金。从 2010 年起,市财政每年专项安排集体经济发展资金,对由村集体为主体开发建设的经济项目给予必要的支持。对年经常性收入 10 万元以下的集体经济薄弱村新建的物业项目,年固定收益在 3 万元以上的,给予建筑面积每平方米 200 元的资金补助,最高不超过 10 万元。对按规划建设的标准厂房,建筑面积在 1 000 平方米以上、年固定收益在 6 万元以上的,经验收合格,建成厂房全部在二层及以上每个点补助 15 万元,建成厂房全部在三层及以上每个点补助 25 万元。

2. 对兼顾村级集体经济发展的农业产业化、农业基础设施、土地整理、宅基地复垦、扶贫开发、农业综合开发等项目,财政支农资金要优先予以立项扶持或奖励。村集体参与组建的有关中介服务组织发展到一定规模时,可享受农民专业合作社、农业龙头企业的有关优惠政策。

3. 对村统一规划建设的集中居住小区、民工公寓等物业项目,相关部门要简化报批程序并按规定给予相关的税费减免优惠。

4. 各镇乡(街道)也要按规定安排一定数量的专项资金,扶持村级集体经济发展和村级组织运转。

（二）土地优先政策

1. 完善和落实好村级发展用地政策。结合村庄规划和新农村建设,每年为行政村安排不少于 100 亩的农转用指标用于村级集体经济发展项目建设。健全村级集体经济发展留置土地使用管理制度,留用地政策适用范围扩大到中心镇,除城镇规划重点控制区外,村集体经济发展优先安排落实用地指标。

2. 盘活非农建设土地资产。对村集体使用符合年限条件及规划、建设要求的建设用地,给予补办集体建设用地土地使用权证。并允许其对地上建筑物、构筑物依法进行改造,依法将集体非农建设用地以租赁、入股、联营等方式开展经营,以实现集体土地资产的最大值。引导高速公路、国道沿线的村集体将广告位租赁给广告公司,获取收入。在保障住房困难农户宅基地和群众自愿、民主决策前提下,在不违背"一户一宅"政策的同时,允许采取招标等公开方式进行宅基地有偿选位,收益归村集体所有或补偿给地段较差的农户。

3. 鼓励开展土地整理和村庄整治。村集体通过土地整理和村庄整治增加的土地,归村集体管理使用;村在土地整理、村庄整治和建设用地复垦中获得的折抵指标和复垦指标,优先用于本村建设和发展,多余的允许在全市范围内有偿调剂。

4. 探索推进集体建设用地使用权流转。在城镇工矿建设用地规划范围外,凡符合土地利用总体规划、依法取得、领有权证的非公益性、非公共设施及非农村宅基地的集体建设用地,可以采用出让、转让、出租、转租方式有偿使用和流转。对依法取得的农村集体经营性建设用地,鼓励村集体公开规范地以使用权入股、联营、租赁等形式,参与开发经营。集体建设用地不得用于除保障性住房外的商品房开发。适宜开发房地产项目的,可征归国有土地,土地拍卖所得绝大部分返还给村集体用于新农村建设。按照"初次分配基于产权,二次分配政府参与"的原则,合理确定不同所有权属农村集体土地收益的分配比例。

5. 加强用地保障和用地服务。在村物业项目建设用地,特别是欠发达村异地集中建设物业项目用地,实行优先供地,尽快申报。对直接用于农村生产但未破坏耕作层的畜禽舍、温室大棚及农村道路、农田水利用地,均可作为农村用地,作为农用地办理用地手续,规模化畜禽养殖用地不得占用基本农田。对农村公共设施、公益事业、流通基础设施等农村建设用地,在安排新增用地计划时,将有关用地指标和宅基地一并单列,挂钩周转指标优先配套。

(三)金融支持政策

1. 鼓励金融机构优先为村集体经济生产性发展项目提供配套贷款,上浮利率最高不超过基准利率的25%。

2. 对低收入农户集中村的集体经济发展项目的贷款,其资金来源、利率、额度、年限按照《浙江省扶贫小额信贷实施暂行办法》办理。

3. 鼓励金融机构开展村集体统管的山林、矿产、水面、"四荒"资源、农业固定资产的抵押贷款,探索集体房产和集体经营性建设用地使用权抵押贷款的有效途径。鼓励村经济合作社参股小额贷款公司,支持小额贷款公司发展成为村镇银行,鼓励有条件的农村专业合作社开展信用合作,积极发展各类农民资金互助组织。

4. 完善农业和小企业贷款风险补偿机制,加大对村集体经济组织的融资支持力度。重点扶持村单独或联合在镇乡(街道)工业功能区内,或在同时符合村庄规划和土地利用总体规划的本村存量土地上实施物业经济创收项目,经审核同意可享受财政贷款贴息和专项补助。

四、规范管理

(一)完善经营体制。按照稳定和完善农村基本经营制度的要求,认真贯彻落实《浙江省村经济合作社组织条例》,建立健全村经济合作社组织,推进村经济合作社规范化建设。按照"归属清晰、权责明确"的原则,重点推进城中村、城郊村、园中村及年集体经济收入较高村的村经济合作社股份合作制改革,加快建立适应市场经济要求的村集体资产管理体制和分配机制,进一步完善股份经济合作社内部的治理机制。积极推行经营者抵押承包等有效方式,降低资产经营风险。

(二)强化资产管理。建立健全农村集体资金、资产、资源"三资"管理制度,规范和完善村级集体经济民主管理,健全财务管理制度,严格财务运行监督,确保集体资金、资源、资产的安全和完整。坚持"三年一轮审"制度,充分发挥村级财务计算机监管网络作用。完善会计委托代理制,全面推行代理会计职业化、专职化,为会计代理服务站提供独立的办公场所和必要设施,其办公经费和代理会计工资列入镇乡(街道)财政预算。继续抓好以财务公开为重点的村务公开制度。继续加大力度,切实完善行政村规模调整后资产融合工作。

(三)化解不良债务。全面清理村级债权、债务和担保,对不良债务通过收欠还债、核销减债、拍卖还债等多种途径进行有效化解。村级公益事业建设必须量力而行,不能盲目攀比,更不得搞"政绩工程"和"形象工程",凡列当年新农村建设的项目,必须报镇乡(街道)审批后方可组织实施。村级各类组织不得擅自出借资金,不得为外单位和个人提供经济担保,坚决制止盲目举债,防止发生新的不良债务。对村级债务已达到一定规模的村,要实行动态监测,落实化解不良债务的目标责任制。

五、组织领导

(一)强化组织领导。成立发展村集体经济联席会议制度,由分管市领导任组长,相关部门负责人参加,定期研究发展壮大村级集体经济工作。联席会议下设办公室,负责日常事务。各镇乡(街道)都要建立工作领导小组,把发展壮大村级集体经济作为新农村建设的突出任务来抓,形成一级抓一级的工作机制。

(二)强化工作合力。继续实行市级领导联系、部门结对帮扶和农村工作指导员派驻制度。市级结对部门要及时研究制定帮扶工作计划,明确帮扶目标、任务和主要措施,并确定1名分管领导和1名联络员专门负责此项工作,开展对村级集体经济发展"一村一策"的工作指导,切实做到"不发展、不脱钩"。

(三)强化责任考核。把村级集体经济发展与深化村级资产融合工作一并纳入镇乡(街道)年度目标责任制考核,镇乡(街道)每年要确定发展村集体经济的计划目标,分解责任,落实任务,努力在三年内基本消灭集体经济薄弱村。市委、市政府每年对帮扶工作先进单位和发展壮大集体经济成绩显著的镇乡(街道)给予表彰奖励。

中共诸暨市委办公室
诸暨市人民政府办公室
2009年12月28日

1.1.7 关于印发镇乡(街道)"三资"管理、村级公务"零招待"、村级工程监管考核细则的通知[1]

各镇乡党委、政府,各街道党工委、办事处,市级有关部门:

根据《关于2013年镇乡街道岗位目标责任制的考核意见》(市委〔2013〕17号)文件要求,市纪委会同市农办、审计局、公管办等部门对"三资"管理、村级公务"零招待"、村级工程监管责任制考核内容进行了细化,现将有关细则印发给你们,请认真执行落实。

2013年镇乡(街道)"三资"管理考核细则

一、考核依据

依据《关于2013年镇乡街道岗位目标责任制的考核意见》(市委〔2013〕17号),"三资"管理未按要求落实的,每村各扣1分。

二、考核标准

(一)资金管理

1. 报账不及时,凭证上传不及时不规范,"三资"情况未按要求公开的,各扣0.1分。

2. 设立账外账的,每起扣0.5分。

3. 原始票据内容不真实、形式不规范、用途不明确、手续不齐全的,扣0.2分。

4. 村级收款收据领用未验旧换新并及时核销,收款收据没有入账,存在有村(社区)以外单位领用情况的,各扣0.1分。

5. 库存现金超额或结报后有抵库票据的,扣0.2分。

6. 存在坐收坐支现象的,扣0.2分。

---

[1] 中共诸暨市纪委、农办、审计局、公管办:《关于印发镇乡(街道)"三资"管理、村级公务"零招待"、村级工程监管考核细则的通知》,2013年印发。

（二）资产资源管理

1. 资产处置,资源发包（租赁）未经民主决策或决策程序不规范的,每起扣0.2分。

2. 资产处置、资源发包（租赁）未实行公开招投标或限额以上应进分中心招投标而未进的,每起扣0.5分。

3. 资产处置、资源发包（租赁）未签订合同或合同不规范的,每起扣0.3分。

4. 资产处置、资源发包（租赁）价格明显低于市场价格或发包年限不符合规定的,每起扣0.2分。

5. 违规提供经济担保的,每起扣0.3分。

（三）信访发生

1. 反映到市里涉及"三资"管理的群众信访,由市里交办镇街查实的,每起扣0.2分;规定时限内未进行查处的,每起扣0.5分;由市有关部门直接查实的,每起扣0.5分。

2. 因负面事件绍兴以上（含）领导批示,经市调查属实或被市有关部门查处的,扣1分。

3. 因违反"三资"管理规定而导致赴京上访或赴省以上（含）集访的,扣1分,不纳入本考核。信访统计截止时间为当年11月底。

1.1.8 关于大力推进高效生态农业建设的若干政策意见[1]

各镇乡人民政府,各街道办事处,市政府各部门,市属各企事业单位:

发展高效生态农业是实现农业和农村经济可持续发展的必然选择,是现代农业的主攻方向,也是提升农业产业化经营水平的主要目标。为大力推进我市高效生态农业建设,全面实现农业增效、农民增收和增强农产品竞争力,经研

---

[1] 诸暨市人民政府:《关于大力推进高效生态农业建设的若干政策意见》,2006年1月25日印发,诸政发〔2006〕3号文件。

究,特制定如下政策意见:

一、加快特色农林基地建设,着力培育十大块状农业

继续深化农业结构战略性调整,按照"做强特色产业、做优传统产业、做大新兴产业"的总体要求,重点培育和发展十大块状农业。对当年改造和新发展的重大项目和重点基地,给予以下扶持。

1. 推进国际珠宝城建设,加紧项目报批和外资引进,当年协议外资3 000万美元全额到账,在用地上给予倾斜支持。

2. 实施农产品深加工区项目,向省争取到土地指标,完成当年投资计划任务,给予项目组织单位按实际投资额的2%奖励。

3. 连片50亩以上的香榧基地,每亩补贴350元(实生苗减半补贴,散种视情补贴);对上年连片种植、验收合格的100亩以上重点香榧基地,及时进行护育管理,保有率在85%以上的,每亩补贴护育费80元。

4. 连片100亩以上的大棚草莓、吊瓜等示范基地,每亩补贴100元。

5. 连片50亩以上的葡萄、提子、樱桃、杨梅基地,每亩补贴100元。

6. 年销售5 000头以上的瘦肉型猪养殖场,供港补贴2元/头,供沪、杭补贴1元/头。

7. 连片30亩以上的优质无性系良种茶园,每亩补贴200元;老茶园改造,连片100亩以上的,每亩补贴100元;发展、改造桑园,连片50亩以上的,每亩补贴100元。

8. 连片100亩以上的笋竹两用林(毛竹)基地,每亩补贴100元;食用笋(雷笋、象牙笋),连片50亩以上的,每亩补贴150元。

9. 连片50亩以上的出口蔬菜基地,每亩补贴150元。

10. 连片50亩以上的银杏、山核桃基地,每亩补贴100元(实生苗减半补贴)。

11. 连片100亩以上的花卉基地,每亩补贴100元。

12. 连片50亩以上的药材基地,每亩补贴100元。城市一级规划管理区

(90平方公里)范围内多年生经济作物不列入扶持范围。

二、扶持农业规模(龙头)企业,提高农业产业化水平

按照"扶大、扶强、扶优、扶特"的要求和"分类培育,重点扶持"的原则,对每年认定的市级农业规模企业、苗子企业以及绍兴市级以上农业龙头企业,纳入重点扶持对象给予培育,以增强农业企业的市场竞争力和对农户的带动力。

1. 对当年度实缴税费800万元以上,且比上年增长10%以上的农业龙头企业,授予政府特别奖(具体参见企业创强争先奖励政策)。

2. 对珍珠、香榧、茶叶、瘦肉型猪、竹木、家禽等特色农产品加工企业主导产品销售额5 000万元以上且国内市场占有率处于全省同行业第一的,授予政府特别奖(具体参见企业创强争先奖励政策)。

3. 对当年实际投资额在300万元以上且位于全市前三位的农业企业,给予5万元、3万元和1万元奖励。

4. 对当年收购当地农产品500万元以上且位于全市前三位的农业龙头企业,给予3万元、2万元和1万元奖励。

5. 对茶叶加工企业无公害改造实行补贴,达到浙江省茶叶加工场所基本技术标准要求(浙DB33/T479—2004)的,每家补贴3万元。

6. 对当年获国家级原产地域保护范围、原产地标记产品的,分别奖励10万元、5万元;获中国驰名商标、名牌产品和省著名商标、名牌产品的,享受政府特别奖;对在国内外农产品展示展销活动中取得优异成绩的农产品品牌予以每个0.5万元奖励。

7. 对获得ISO9000质量体系认证的农业龙头企业,奖励1万元;获得ISO14000环境管理体系和HACCP食品安全体系认证的农业龙头企业,分别奖励2万元。

8. 对农业规模企业和农业"苗子"企业的农业投资(技改)项目给予优先立项,在征地、用电上给予倾斜,在信贷上给予支持,农业担保公司搞好担保服务。

三、加强农产品安全,提高农业综合生产能力

稳定发展粮食生产,实施优化产业工程,进一步推进粮食生产机械化,保证粮食安全与优质蔬菜供应。

1. 切实保护基本农田,鼓励农民的种粮积极性,稳定粮食生产能力。对建立百亩以上早稻示范方、新品种、新技术晚稻示范方和冬种连片示范方的给予补贴。

2. 对粮食部门收购的用于储备粮轮换的"订单"粮食,实行加价收购;严格储备粮和最低周转粮库存管理制度,提高粮食加工和应急供应能力,确保粮食供应安全。给粮食加工点和供应点给予补助(补助家数、规模和标准由粮食局会同财政局提出,报市政府审定)。

3. 设立蔬菜专项扶持资金,今年重点扶持新建1 500亩专业蔬菜基地(专项扶持办法另行制定)。

4. 农机推广按上级要求,市财政及时配套资金。

四、加快农业科技推广应用,提高农业的市场竞争力

科技进步是推动农业结构调整的根本动力,是建设高效生态农业的重要保证。要加快农业科技引进,加快生产技术导入,推进标准化生产发展,提高农业整体素质和水平。

1. 每年评选推广应用农业新品种、新技术优秀项目实施单位10个,每个奖励2万元。

2. 对新发展连片20亩以上的设施农业,市财政给予每亩1 000至2 000元的补贴(蔬菜基地除外)。

3. 对制订农产品国家和地方标准的,分别奖励2万元、1万元。

4. 对认定为绿色农产品基地的镇乡(街道),省级每项奖励2万元,绍兴市级每项奖励1万元。对认定为绿色食品、森林食品、有机食品的企业,国家级奖励2万元、省级1万元;对认定为绍兴市级绿色农产品的企业,奖励0.5万元。

5. 市科技三项经费不少于25%用于对农业科技企业创新,农业新品种、新

技术、新设施的引进,农业成果推广转化等工作(具体参见另行制定的市科技创新专项扶持政策)。

五、加强农业服务体系建设,增强社会化服务功能

实施组织带动战略,建立稳定的利益联结机制,引导龙头企业和农民兴办农民专业合作组织,促进农民组织化水平提高。

1. 完成农民信箱任务镇乡(街道),每个补助15元。对建立镇乡(街道)农产品检测站的,每个补助1万元。

2. 鼓励发展农业专业合作经济组织,每年评选十佳农业专业合作经济组织,每家奖励2万元;新办市级以上农业专业合作经济组织,每家补贴开办费1万元。

3. 加快畜牧兽医体制改革,平稳完成任务的,每个镇乡(街道)奖2万—3万元。

4. 各镇乡(街道)要结合事业单位机构改革,积极引导和鼓励事业编制人员领办、创办农业社会化服务组织、农业中介组织、农业龙头企业和特色农业基地。

六、切实加强生态林建设和自然保护区工作,大力发展生态林业经济

积极做好退耕还林工作,改善生态环境,重点建设城镇生态、流域生态、通道生态、平原生态、景区生态五大生态区域。

1. 对列入省级以上自然保护区和重点生态公益林(小区、森林公园)建设的,市财政落实相应配套补偿金。

2. 对获得省级"绿化示范村"称号的,每个村奖励2万元;获得绍兴市级"绿化生态村"称号的,每个村奖励1万元;对获得市级"绿化生态村"称号的,每个村奖励0.5万元。

各镇乡(街道)要切实加强对农业工作的领导,认真抓好特色农业镇乡(街道)创建、农业规模(苗子)企业培育和农产品市场开拓等工作。有关部门要根据各自职能,发挥优势,形成合力,共同推进我市高效生态农业建设。凡申请扶持的项目,由镇乡(街道)年初报农口有关部门立项,市农业产业化领导小组办公室汇总,经市农业产业化领导小组核准后报市政府批准给予扶持。扶持项目分半年度、年终两次组织验收,并分别给予补贴和奖励(具体细则另行制定)。

本意见有关政策自2006年1月1日起施行,原有关农业发展扶持政策与本意见不一致的,以本意见为准。

1.1.9 关于印发《诸暨市农村产权交易管理办法(试行)》的通知[1]

各镇乡人民政府,各街道办事处,市政府各部门,市属各企事业单位:

《诸暨市农村产权交易管理办法(试行)》已经市政府同意,现印发给你们,请结合实际,认真贯彻执行。

二〇一七年十一月三十日

(此件公开发布)

诸暨市农村产权交易管理办法(试行)

第一章 总则

第一条 为培育和发展我市农村产权交易市场,规范农村产权交易行为,促进农村经济发展和农民增收,特制定本办法。

第二条 凡在诸暨市域范围内进行的农村产权交易活动,适用本办法。

第三条 农村产权交易应当遵守法律、法规、规章和有关政策,以服务"三农"为宗旨,并坚持以下原则:

(一)公开、公平、公正原则;

(二)节约、集约利用农村资源原则;

(三)农民自主、村民自治,保护农村集体经济组织和农民对农村产权的占

---

[1] 诸暨市人民政府办公室:《关于印发〈诸暨市农村产权交易管理办法(试行)〉的通知》,2017年11月30日印发,诸政办发〔2017〕116号文件。

有、使用、收益等合法权益原则;

(四)不改变土地集体所有性质,不改变土地用途、地类性质,不损害农民土地承包权益原则。

第四条 农村产权可实施的交易品种有:

(一)农村集体经营性资产;

(二)农村土地承包经营权;

(三)农村林地承包经营权和林木所有权、使用权;

(四)农村集体所有的"四荒"(荒山、荒沟、荒丘、荒滩)使用权;

(五)农(林)业生产设施设备所有权或使用权;

(六)涉农知识产权;

(七)涉农股权;

(八)地票;

(九)农民私人房屋;

(十)其他依法可交易的相关产权。

具体进农村产权交易中心交易的项目由各相关业务主管部门审核认定。法律、法规和规章另有规定的,从其规定。

第五条 农村产权交易产品的承包(租赁)期限:

(一)集体所有的荒山、荒沟、荒丘、荒滩等农村土地的承包期限最长为70年;

(二)集体林地承包期限最长为50年;

(三)大田及其他自然资源承包期限原则上不得超过30年(具体以第二轮土地承包期限为准);

(四)农村集体房屋、农民私人房屋租赁期限不超过20年;

(五)农村土地承包经营权流转期限不得超过承包期的剩余期限。

第二章 组织机构

第六条 市成立农村产权交易工作领导小组,负责统筹协调全市农村产权交易工作,其办公室设在市农办,具体负责做好农村产权交易政策制定和综合监督管理等工作。

市农办、农林局、国土资源局、市场监管局、科技局、水利局等行业主管部门负责各自职责范围的农村产权交易的行业指导和监管工作。

第七条 市农村产权交易中心设在市公共资源交易中心,是市级农村产权交易平台,主要职责为:

(一)执行有关农村产权交易法律、法规、规章和政策,维护交易双方合法权益;

(二)负责受理权限内的农村产权交易的委托申请、提供交易场地(设施)、依法组织公开交易、出具产权交易凭证;

(三)负责发布农村产权交易的信息、公告;

(四)负责对各镇乡(街道)招标办(农村产权交易中心)平台建设的业务指导和技术支撑;

(五)负责农村产权交易情况的统计、分析、反馈及相关资料的存档工作;

(六)农村产权交易工作领导小组赋予的其他职责。

第八条 镇乡(街道)农村产权交易中心与招标办合署办公、一体交易。镇乡人民政府(街道办事处)负责做好本区域内农村产权交易中心的机构设置、制度配套、人员配备(其中至少有1名农业线工作人员)、窗口、平台建设等工作。各镇乡(街道)招标办(农村产权交易中心)负责本区域内农村产权交易信息的收集登记、资料审核及组织开展权限内的农村产权交易活动和管理工作,并定期上报交易情况。

第九条 市农办、农林局、国土资源局、市场监管局、科技局、水利局等行业主管部门根据各自行政监管职能,履行以下职责:

(一)制定相关农村产权项目交易细则;

(二)审核进场交易的相关农村产权交易项目;

(三)对农村产权交易过程进行监督;

（四）受理交易各方投诉,办理农村产权鉴证、交割、权证过户、变更登记等手续。

第十条 市农办负责承包土地经营权和集体经济组织股权交易的业务指导;市农林局负责农(林)业生产设施设备及林地使用权流转和林木所有权、使用权交易的业务指导;市国土资源局负责农村集体建设用地使用权交易的业务指导和符合规定的农村住房的所有权交易的业务指导;市市场监管局负责各类市场使用权交易的业务指导;市科技局负责涉农知识产权交易的业务指导;市水利局负责农村集体山塘、水库使用权交易的业务指导;市公管办负责对交易程序和中介机构的监管,协助行业主管部门对进场交易活动进行管理;市财政局负责农村产权交易工作的经费保障。

第三章　交易方式和程序

第十一条 农村产权交易可采用招标、拍卖、竞价、协议及其他合法的方式进行。具体交易方式,分别由市、镇两级交易中心遵循相关法律法规和政策规定确定。林地承包经营权以及林木所有权和使用权的交易按照《浙江省林权流转和抵押管理办法》(省政府令第292号)执行。

第十二条 农村集体产权交易活动按照交易底价或评估价的大小,实行市、镇乡(街道)分级负责制。市农村产权交易中心受理单项评估价或底价200万元以上农村集体产权交易申请;各镇乡(街道)农村产权交易中心受理农村个人产权、单项评估价或底价200(含)万元以下的农村集体产权交易申请。

各类市场及其摊位交易由镇乡(街道)农村产权交易中心负责。特殊情况的农村集体产权交易由镇乡(街道)视情况审定负责。

第十三条 农村产权交易按下列程序进行:

(一)申请和委托。农村集体产权交易由村级组织提出申请,农民个人产权交易由当事人提出申请。农村集体产权交易按照分级管理原则办理有关委托手续。进入市公共资源交易中心(市农村产权交易中心)交易的,应委托相应的中介机构进行操作;进入镇乡(街道)农村产权交易中心交易的,一般直接委托镇乡(街道)招标办(农村产权交易中心)进行操作。

(二)公告。农村产权交易信息统一在市公共资源交易中心网站公开发布,同时在本村村级公开栏公布。公告时间不少于7日,法律法规有特别规定的,从其规定。

(三)审查。报名的意向受让方,应接受市公共资源交易中心(市农村产权交易中心)或各镇乡(街道)招标办(农村产权交易中心)的资格审查。

(四)交易。在公告期限满后,产生两个及以上符合条件的意向受让方的,由交易机构按照公告载明的交易方式组织交易;只产生一个符合条件的意向受让方的,可以由双方协商成交并签约,或按挂牌价与买方报价孰高原则直接签约。农民个人产权可自主选择竞价或协议交易。

(五)签约。交易双方达成协议后,应当签订交易合同,并报负责交易的农村产权交易中心备案。

第十四条　农村集体产权交易的价格,应以不低于评估值的价格为转出底价;无评估价的(法律、法规、规章规定必须评估的除外),根据市场价格确定转出底价。农村集体产权转让应按规定经本集体经济组织成员(代表)大会讨论同意。农民个人产权转让价格由转让者自行确定。

第十五条　在交易中心公开交易的农村产权,转让方与受让方达成转让意向后,签订农村产权交易合同,由交易中心登记后出具《农村产权交易凭证》,有关行业主管部门(单位)根据产权交易合同和《农村产权交易凭证》依法办理权属变更登记或鉴证手续。

第四章　交易行为规范

第十六条　农村产权交易过程中,有下列情形之一的,应中止交易:

(一)产权存在权属争议的;

(二)转让方或与产权有直接关系的第三方提出正当理由,并经产权行政主

管部门审核同意的;

(三)因不可抗力致使产权交易活动不能按约定的期限和程序进行的;

(四)其他依法应当中止交易的情形。

第十七条 农村产权交易过程中,出现下列情形之一的,应终止交易:

(一)中止期限届满后,仍未能消除影响交易中止的因素,导致交易无法继续进行的;

(二)转出方或与产权有直接关系的第三方向产权行政主管部门提出终止交易书面申请,并被审核同意的;

(三)产权已被设置抵押、诉讼保全或被强制执行的;

(四)其他依法应当终止产权交易的情形。

第十八条 委托中介机构代理的交易项目按相关规定收取费用,由镇乡(街道)招标办(农村产权交易中心)操作的交易项目免收交易服务费。

第五章 监管和争议处理

第十九条 市农办、公管办应当依据本办法规定,对产权交易活动进行监督和管理,对违反产权交易规范的,移送有关部门进行处理。

第二十条 村(股份)经济合作社等村级组织有关人员在组织集体产权交易过程中,存在以下行为之一的,视情节轻重,给予警告、教育、通报批评、扣减年度奖金等处理;造成集体经济损失的,相关责任人依法进行赔偿;情节严重涉嫌犯罪的,依法移送司法机关追究刑事责任。

(一)擅自对集体产权交易标的进行处置,规避公开交易的;

(二)采用提供虚假资料、隐瞒事实真相等不正当手段实现产权交易的;

(三)不按规定进行民主决策,徇私舞弊交易集体产权。

第六章 附则

第二十一条 本办法自2018年1月1日起施行。原相关规定与本办法不一致的,以本办法规定为准。

附件:诸暨市农村产权交易操作规程(试行)

第一章 总则

第一条 为规范农村产权交易行为,保障交易各方合法权益,根据《中华人民共和国土地管理法》《中华人民共和国农村土地承包法》《农村土地承包经营权流转管理办法》《中华人民共和国农村土地承包经营权证管理办法》和《中华人民共和国物权法》《中华人民共和国森林法》《浙江省林权流转和抵押管理办法》《诸暨市农村产权交易管理办法(试行)》及相关法律、法规、规定,结合工作实际,制定本规程。

第二条 诸暨市范围内进行的农村产权交易活动以及农村产权交易当事人、农村产权交易工作人员应遵守本规程。

第三条 农村产权交易遵循规范操作、诚实信用和公开、公平、公正的原则。

第二章 交易主体

第四条 交易主体是指参与农村产权交易的转出方、受让方。交易转出方是指将其拥有的产权发包、流转给受让方的农村集体经济组织或个人。交易受让方是指在交易活动中承受转出方产权的自然人、法人和其他组织。

鼓励农村个人产权在农村产权交易中心进行交易。凡通过农村产权交易中心交易的个人产权项目,由农村产权交易中心出具《农村产权交易凭证》,各行业主管部门依据《农村产权交易凭证》办理权属变更登记或进行鉴证,《农村产权交易凭证》经行业主管部门或其下属管理机构盖章后即起到鉴证作用,不再另行出具证明文件;取得《农村产权交易凭证》的农村产权项目,各行业主管部门给予办理鉴证手续。法律、法规和规章另有规定的,从其规定。

第三章 交易客体

第五条 交易客体为:

(一)农村集体经营性资产;

(二)农村土地承包经营权;

（三）农村林地承包经营权和林木所有权、使用权；

（四）农村集体所有的"四荒"（荒山、荒沟、荒丘、荒滩）使用权；

（五）农（林）业生产设施设备所有权或使用权；

（六）涉农知识产权；

（七）涉农股权；

（八）地票；

（九）农民私人房屋；

（十）其他依法可交易的相关产权。

第六条 下列产权不得在交易机构交易：

（一）法律、法规规定和规章明文禁止的；

（二）权属不清或处分权限有争议的；

（三）已实施抵押、担保、质押和司法、行政、仲裁等强制措施的；

（四）合法契约约定期限内不得交易的；

（五）委托方提交文件不全或弄虚作假的。

第四章 交易程序

第七条 农村集体产权交易由村级集体经济组织提出申请，农民个人产权交易由当事人提出申请，按照分级管理原则办理有关委托申请（详见附表）。

申请时应提交以下材料：

（一）农村产权交易申请书；

（二）标的物权属的证明文件；

（三）转出方的资格证明或者其他有效证明；

（四）准予农村集体产权交易的有关文件或会议纪要；

（五）评估机构出具的《评估报告书》或标的物底价依据；

（六）交易标的物的情况介绍；

（七）其他应提交的农村产权交易资料。

第八条　农村产权交易可以采用招标、拍卖、竞价、协议及其他有利于竞争的方式进行,由受理申请的交易中心遵循相关法律法规和政策规定确定。产权交易涉及优先权情形的,按照有关法律规定执行。

第九条　经申请受理后,办理有关委托手续。进入市公共资源交易中心(市农村产权交易中心)交易的,应委托相应的中介机构进行操作;进入镇乡(街道)交易的,一般直接委托镇乡(街道)招标办(农村产权交易中心)进行操作。

第十条　交易中心根据交易当事人的要求,采取多种形式发布农村产权交易信息。

(一) 在市公共资源交易中心网站公开发布农村产权交易信息;

(二) 在有关媒体(报纸、电视、广播、网络)发布农村产权交易信息;

(三) 在本村村级公开栏发布交易村集体产权交易信息;

(四) 其他方式。

信息发布时间一般不少于7日,法律法规有特别规定的,从其规定。

第十一条　对农村产权交易项目有受让意向的单位和个人,须在信息公告期限内向市公共资源交易中心(市农村产权交易中心)或各镇乡(街道)招标办(农村产权交易中心)提交报名申请。报名时应按公告要求提交相关证明材料。

第十二条　市公共资源交易中心(市农村产权交易中心)或各镇乡(街道)招标办(农村产权交易中心)负责对产权交易公告规定时间内收到的申请进行审查。申请人按规定交纳保证金并通过资格审查后,方能取得交易资格。

第十三条　市公共资源交易中心(市农村产权交易中心)或各镇乡(街道)招标办(农村产权交易中心)按照拟订的交易规则组织实施。交易成交后,由市公共资源交易中心(市农村产权交易中心)或镇乡(街道)招标办(农村产权交易中心)出具中标通知书。

第十四条　市公共资源交易中心(市农村产权交易中心)或镇乡(街道)招

标办(农村产权交易中心)将交易情况通过网站及公告栏进行公示,公示时间为3个工作日。

第十五条　农村产权交易成交后,交易双方签订书面合同(一式六份),并按照分级管理原则报相应的农村产权交易管理部门备案。市公共资源交易中心(市农村产权交易中心)或镇乡(街道)招标办(农村产权交易中心)根据合同出具《农村产权交易凭证》。

第十六条　受让方可按交易合同的约定将交易价款划付至转出方账户,转出方向受让方出具收款凭证。交易双方持《农村产权交易凭证》和交易合同到相关行业主管部门办理产权变更登记或鉴证手续。

第十七条　市公共资源交易中心(市农村产权交易中心)或各镇乡(街道)招标办(农村产权交易中心)自出具交易凭证之日起5个工作日内将该交易项目的文件资料整理归档,并定期向市农村产权交易管理领导小组办公室报告农村产权交易情况。

第五章　争议处理与法律责任

第十八条　产权交易过程中发生纠纷、投诉的,由农村产权交易中心按照交易项目(品种)的行业管理归口,交由相关行政职能部门(单位)负责处理,重大事项由市农村产权交易管理领导小组办公室负责协调。已签订《农村产权交易合同》的,应根据合同约定申请仲裁或向人民法院提起诉讼。

第十九条　交易双方及相关工作人员在产权交易活动中,有恶意串通、弄虚作假、滥用职权、徇私舞弊、操纵交易市场、扰乱交易秩序及其他有损于公平交易等行为的,对负有直接责任的主管人员或直接责任人员,依法追究法律责任;给集体、第三人造成损失的,应当承担赔偿责任。

第六章　附则

第二十条　本规程自2018年1月1日起执行。原相关规定与本规程不一致的,以本规程为准。

附表：

1. 诸暨市农村产权交易申请受理表（市级以下农村集体产权适用）（略）

2. 诸暨市农村产权交易申请受理表（市级适用）（略）

3. 诸暨市农村产权交易申请受理表（农村个人产权适用）（略）

4. 诸暨市农村产权交易凭证（略）

1.1.10 关于推进全市农贸市场改造提升工作的实施意见[1]

各镇乡人民政府，各街道办事处，市政府有关部门：

为全面落实全省乡村农贸市场星级创建行动计划，加快实现我市农贸市场改造提升全覆盖步伐，切实改善全市农贸市场购物环境，进一步提升城市形象，增强人民群众获得感，结合我市实际，特制定本意见。

一、指导思想

结合文明城市创建和美丽乡村建设小城镇综合整治行动，以"保供给、保物价、保安全"为关键，以规范化和信息化建设为抓手，进一步推进全市乡村农贸市场硬件升级和业态、管理方式创新，努力营造一个整洁、有序、安全的消费环境，促进城乡农贸市场建设发展与经济社会发展相协调。

二、总体工作目标

按照"科学规划、合理布局、属地管理、部门监管"的原则，在各镇乡（街道）组织开展农贸市场改造提升攻坚、"放心农贸市场"扩面和"智慧农贸市场"试点工作。通过三年努力，使全市农贸市场硬件改造实现全覆盖，规范化管理水平大幅提升，为人民群众提供一个方便快捷、干净整洁、安全放心的交易场所。

三、政策措施

农贸市场改造提升时间为三年（2017—2019年）。市政府每年安排专项

---

[1] 诸暨市人民政府：《关于推进全市农贸市场改造提升工作的实施意见》，2017年7月24日印发，诸政办发〔2017〕60号文件。

资金,用于市场改造、市场创建和后续规范管理奖励,奖励对象为市场举办单位。

(一)继续完善硬件设施。用三年时间(2017—2019年),鼓励全市尚未改造的农贸市场进行改造提升,农贸市场改造达到一星级标准的奖励150元/平方米,单个项目奖励总额最高不超过20万元;达到二星级标准的奖励200元/平方米,单个项目奖励总额最高不超过60万元;达到三星级标准的奖励300元/平方米,单个项目奖励总额最高不超过100万元;达到四星级及以上标准的奖励400元/平方米,单只项目奖励总额最高不超过150万元。奖补按市场营业场所建筑面积计算。农贸市场建造中已享受过政府奖补政策的,再次实施改造升级的,按星级差别,补足差额部分。新建农贸市场符合城乡规划并达到相应星级标准的,参照上述奖励标准执行。

(二)积极打造样板市场。根据省创建放心农贸市场(2017—2019年)计划,鼓励农贸市场争创省级放心农贸市场和智慧农贸市场,积极打造城区及集镇农贸市场样板。对成功创建省级放心农贸市场的按该年度省补标准奖励。对实施智慧农贸市场改造的,补贴项目决算额的50%,最高不超过30万元。

(三)切实强化长效管理。督促各农贸市场建立完善商品质量、卫生保洁、消防安全、市场准入、食品安全监管制度、经营户管理制度、信用分类等各项管理制度,健全农贸市场长效管理考核办法,切实巩固提升改造成果。对考核优胜单位给予奖励(设置一等奖、二等奖、三等奖若干名,分别奖励15万元、10万元、5万元)。

四、工作要求

(一)加强组织领导。各镇乡(街道)和相关部门要充分认识该项工作的重要性和紧迫性,按照各自工作职责,认真做好农贸市场改造提升工作。

(二)明确标准要求。各市场举办单位要按照《浙江省农贸市场建设技术规范》《浙江省星级文明规范市场标准》和《浙江省放心农贸市场创建标准》等要求,制定切实可行的改造提升方案,精心组织实施,确保落实到位。

(三)创新监管方式。各镇乡(街道)和相关部门要各司其职、紧密配合、加强指导,积极探索市场监管新机制,立足长效,推进市场专业化、精细化管理,进一步提升市场管理水平。市农贸市场改造提升工作领导小组办公室要制订完善季度考核制度,实行市场改造提升和长效管理年度考核排位通报,排位前三位(或后三位)的镇乡(街道)岗位目标责任制年度考核加(扣)分按《诸暨市考核工作领导小组关于明确将"零增地"扩建厂房等工作列入排位考核的通知》(诸暨发〔2017〕2号)文件执行。

二〇一七年七月二十四日

1.1.11 关于2008年度推进社会主义新农村建设的政策意见[1]

指导思想

紧扣"创业创新、富民惠民"主题,扎实推进惠及全市农民的新农村建设,努力开创城乡经济社会发展一体化新格局。

政策依据

中央2008年1号文件:在工作部署、财力安排和干部配备等方面全面体现"重中之重"要求。

全省农村工作会议精神:进一步增加新农村建设投入,切实做到"三个明显高于",即2008年财政支农投入增量要明显高于上年,固定资产投资用于农村增量要明显高于上年,土地出让收入用于农村建设增量要明显高于上年。

市委全会要求:扎实推进新农村建设,着力提升城乡一体化水平。

---

[1] 中共诸暨市委、诸暨市人民政府:《关于2008年度推进社会主义新农村建设的政策意见》,2008年2月3日印发,市委〔2008〕17号文件。

基本原则

以人为本、注重民生。一切为了诸暨的发展、一切为了诸暨的利益、一切为了百姓的福祉,切实解决农民群众最关心、最紧迫、最现实的民生问题。

整合资源、形成合力。创新工作载体和平台,以系列工程为抓手,促进"三农"政策、资源和力量整合,提高政策资源的效率。

基础抓起、逐步推进。既考虑政策涵盖面,整体推进新农村建设,又突出工作重点,体现导向性。

激励先进、激发活力。政策原则坚持以奖代补,政策兑现坚持实事求是,体现政府支持与工作实绩挂钩,政府主导与农民主体结合。

政策意见

一、发展现代农业

市财政安排1 700万元资金,其中农业产业化1 200万元,低收入农户奔小康和欠发达镇乡帮扶500万元,重点支持:

1. "星级特色农业镇乡"创建。鼓励镇乡(街道)开展"基地、龙头企业、农产品品牌、专业合作经济组织、特色经济增长与发展"为主要内容的"五星"创建,促进农业主导产业集群化发展(原资金渠道列支)。

2. 实施"强龙兴农"工程。进一步激励和支持农业龙头企业推进科技创新、扩大生产规模、健全利益联结机制、培育知名品牌、提高带动和竞争能力。

3. 培育优势特色农林产业。大力发展珍珠、香榧、茶叶、生猪、水果、食用笋、药材、花卉、出口蔬菜等各类特色农林产业,鼓励发展毛竹生产、设施农业、蔬菜基地以及供港、供沪瘦肉型猪养殖场等,积极促进"农家乐"等休闲观光农业。

4. 构建农业服务平台。大力提高农业科技自主创新能力,加快推进农业标准化建设,健全农业各类服务体系建设。

5. 确保粮食生产和安全。切实稳定粮食生产,发展种粮大户,提高粮食加工和应急供应能力。

6. 加强农业基础设施建设。加强以农田水利为重点的农业设施建设,努力提高农业综合生产能力。

7. 扶持低收入农户和欠发达镇乡、村加快发展。

二、改善农村环境

市财政安排14 550万元资金,重点支持:

(一)村庄基础设施配套工程

1. 农村饮用水建设。市财政安排1 500万元,加强农村饮用水水源项目建设,动工30座,验收通过20座,解决2万农民的饮水安全。

2. 农村联网公路建设。市财政安排800万元,完成建设里程150公里。

3. 村庄"三线"改造。市财政安排150万元,扎实开展30—50个村"三线"整治,创建5个新农村电气化镇乡、78个新农村电气化村。

(二)农村环境综合整治工程

1. 生活垃圾整治。市财政安排4 000万元,完成店口垃圾焚烧处理厂建设,巩固完善"户集、村收、镇运、市处理"运行机制;鼓励专业保洁,落实专人保洁,50%镇乡整镇成片开展专业保洁,全部镇乡落实专人保洁;建设10个绍兴市环境整治示范村、50个诸暨市环境整治示范村。

2. 生活污水整治。市财政安排1 500万元,以饮用水水源地污水整治为重点,建池5 000个,受益5万户,促进农村生活污水有序排放,无害化处理。财政补助比例提高到市镇村5∶3∶2。

3. 清水河塘整治。市财政安排800万元,以镇乡村所在河道、池塘为重点,完成15公里清水河道、100个村庄池塘整治,其中100万元用于河道保洁。

(三)"新村建设"工程

市财政安排5 500万元,其中600万元用于完成全市村庄规划编制;4 900万元用于建设 2 个样板村、13 个省和绍兴市全面小康示范村、30 个诸暨市级新村。计划用 10 年时间,使全市村庄都整治一遍。

(四)农村生态建设保护工程

1. 村庄绿化建设。市财政安排 300 万元,大力实施房前屋后、河边塘沿绿化,绿化村庄 100 个,绍兴市级以上绿化示范村 10 个。

2. 生态公墓建设。按照"保护生态环境、节约土地资源、突出社会效益"原则,完成 100 个村的建设任务(资金原渠道解决)。

3. 完成 10 家废弃矿山治理复绿工作(部门资金列支)。

4. 白塔湖湿地自然保护区、杭坞山森林公园保护(专项资金列支)。

三、提高农民素质

市财政安排 6 775 万元,重点支持:

1. 农民素质培训。市财政安排 600 万元,完成培训 1.9 万人,培训后转移就业 4 000 人。

2. 农民健康工程。市财政安排 6 175 万元,进一步完善农村新型合作医疗制度,完善农村公共卫生网络,着力构建"小病在社区,大病进医院"的医疗服务格局。

3. 农村文明建设。引导文明新风,深入开展文化、体育等群众活动,丰富活跃农村文化生活(文化政策资金列支)。

四、促进社会和谐

市财政安排 2 100 万元,重点支持:

(一)农村社区公共服务工程

1. 农村新社区建设。市财政安排 1 000 万元资金,以中心村为重点,着力启动建设 100 个融行政议事、文化娱乐、公共服务、教育培训于一体,空间布局相对集中的农村新社区村公共服务中心。

2. 农村文化阵地建设。市财政安排 600 万元资金,建成 10 个镇乡、198 个村文化活动中心。文化、卫生、体育、教育等获得绍兴市级以上荣誉称号的镇村也给予奖励。

(二)农村社会综合管理工程

1. 加强基层组织建设。抓好村级换届,推进村干部职业化,加强农村指导员建设(资金单列)。

2. 推进农村四大管理。切实加强土地管理,稳步推进土地承包流转。加强农村财务管理,深化村级会计代理制。加强农村规划管理,提高规划执行刚性。推进村级议决事管理,促进农村民主化建设。

(三)"双百结对"工程

企业出资3 000万元,部门落实500万元,市财政配套奖励500万元,充分引导和鼓励工商企业、社会人士参与新农村建设,全面落实政府部门和事业单位结对新农村建设活动。

五、提供工作保障

市财政安排300万元资金,重点用于工作突破性奖励:

1. 落实领导责任。各级各部门要把新农村建设摆到更加突出的位置来抓,在工作部署、财力安排和干部配备等方面全面体现"重中之重"的要求。镇乡(街道)要实行党政"一把手"负责制,落实党群副书记和分管农业的副镇(乡)长具体负责这项工作。部门要密切配合、通力协作,促进各部门职能向农村延伸。要加强新农村建设的综合考核工作,把统筹城乡建设新农村的实际成效作为党政领导班子政绩考核的重要内容。

2. 培育中心镇与扶持陈璜地区发展。全面落实培育中心镇和扶持陈璜地区发展政策,积极发挥中心镇吸纳农民创业就业和服务农村的功能,着力推动欠发达镇乡加快发展和低收入农户增收致富。

3. 发展壮大村级集体经济。积极鼓励探索村级集体经济发展壮大的实现途径,鼓励村集体以股份合作方式建设标准厂房、农民工宿舍和农村服务业用房,支持村一级发展物业经济、乡村旅游业和服务业,继续推进农村社区股份合作制改革。本政策的实施细则,由农办牵头会同有关部门制订。

1.1.12 关于2018年度实施农业产业振兴战略的若干政策意见[1]

各镇乡人民政府,各街道办事处,市政府各部门:

为深入推进乡村振兴战略,进一步调优农业产业结构,促进一二三产深度融合,提升现代农业产业化发展水平,按照市委、市政府总体部署,结合我市发展实际,制定以下若干政策意见。

一、夯实粮食生产能力基础

(一)稳定粮食生产能力。在落实上级专项资金的基础上再增加600万元资金,提高政策激励效应,确保粮食等主要农产品有效供给。重点用于规模种粮补贴、农机购置和报废补贴、各类粮食生产示范方、社会化服务奖励以及保障粮食安全供应等环节。

(二)提升粮食生产功能区能力。在整合上级专项资金基础上再增加80万元资金,重点支持粮食生产功能区、旱粮示范基地和标准农田质量提升工程建设。对列入粮食生产功能区基础设施建设计划的,给予500元/亩财政补助;对择优开展重点建设的粮食生产功能区,其基础设施建设按每亩不超过2 000元标准给予补助,生产设施按不超过投资额的70%给予补助;对列入省级旱粮示范基地项目建设的,按不超过投资总额的70%给予补助;对当年实施的标准农田质量提升工程,按省定标准继续给予配套补助。

二、推进现代农业园区建设

(三)加快推进国家现代农业产业园建设。强化统筹整合,在中央财政奖补1亿元的基础上,整合各类相关资金1.5亿元用于产业园建设,重点支持产业园

---

[1] 诸暨市人民政府:《关于2018年度实施农业产业振兴战略的若干政策意见》,2018年4月26日印发,诸政发〔2018〕18号文件。

基础设施、公共服务设施、产业提升融合、创新驱动与绿色发展。

（四）继续推进农业"一区一镇"建设。以市"十三五"农（林）发展规划为引导，按照"集聚、特色、精品"要求，加快省、市两级现代农业园区和特色农业强镇建设。在落实省各项专项资金的基础上再增加458万元资金：其中150万元作为茶叶产业发展专项资金，扶持茶叶产业转型升级。对当年新建（提升）连片200亩以上无性系良种茶园，30亩以上（以村经济合作社为主体申报的蔬菜专业村要求100亩以上）蔬菜基地，50亩以上精品水果基地，100亩以上林业干果、木本油料、中药材基地，30亩以上鲜切花基地，在基础设施、生产设施、加工储藏设施、检测设施、互联网设施等方面，采取项目立项形式给予财政补助，补助标准按投资总额的50%确定；扶持藤茶类药用茶基地建设繁育中心和检测中心，机械设备按投资总额的40%给予补助，最高不超过50万元；对300亩以上竹林开展道路建设，新建1公里以上的给予5万元补助。

三、推进农林产业绿色发展

（五）推进农业面源污染综合整治。落实500万元资金重点扶持"两区"污染防治、农业污染源普查、农业废弃包装物无害化回收处置、沼气后续服务及废弃沼气池处理、无害化处理中心扩容提升改造和畜禽综合减臭新技术示范应用等项目（与污染治理不重复奖补）。

（六）加强动植物疫病防控。落实985万元资金实施农作物重大病虫害预测预警、绿色防控示范和外来植物疫情防控，松材线虫病防控和陆生野生动物疫情监测点建设及古树保护，病死动物无害化处理、动物疫病防疫（协检员工资）、规模场智能化监控系统建设与维护等项目。

（七）加强农业生态保护和修复。落实1 065万元资金，实施山水林田湖生态保护和修复工程。重点用于生态公益林补偿地方配套，"彩色健康森林"建设及森林抚育,林业二类资源调查,种质资源保护,森林风景、草地资源调查,森林防火体系建设,国家森林城市、"森林诸暨"建设,珍贵树种发展,发展绿色水产以及全域美丽场园评选。

(八)提升农产品质量安全。实施优质农产品标准化提升工程,落实170万元资金,重点用于优质农产品评比、农产品区域公共品牌培育和"龙井茶"证明商标、"东白雾"公用商标和短柄樱桃地理标志的管理使用;建设农业标准化示范基地5家,经认定的,每家奖励5万元;建设农产品合格证示范点5家,经认定的,每家奖励2万元;认证为绿色食品的,每个奖励3万元;完成绿色食品续展的,每个奖励1万元;认证为无公害农产品的,每个奖励2万元;农业"两区"整体认定为无公害农产品产地的,每个奖励3万元;认证为农产品地理标志的,每个奖励5万元;完成农业标准制(修)订的,国家级、省级每个奖励3万元,绍兴市级和诸暨市级每个奖励1万元。

四、推进一二三产深度融合

(九)强化农业新型经营主体扶持。落实180万元资金,其中30万元用于加强农民合作社规范化建设,对当年新认定为一星、二星(省级)、三星(国家级)级农民合作社的,每家分别奖励1万元、2万元、3万元;30万元用于扶持发展示范性家庭农(林)场,对当年新认定为诸暨市级、绍兴市级、省级示范性家庭农(林)场的,每家分别奖励1万元、2万元、3万元;50万元用于扶大扶强省级、绍兴市级农业龙头企业,开展一产领域"凤凰行动"和"国千"、"省千"等人才引进;50万元用于扶持地方高粱白酒产业转型升级;20万元用于支持大学生农创客创业创新,对获得省级百名"农创客"领军人才、优秀农创客、农创客示范基地的每名(个)奖励3万元,获得绍兴市优秀农创客每名奖励2万元,诸暨市级优秀农创客每名奖励1万元,奖励从高不重复。

(十)拓展农产品营销方式。积极发展农产品电子商务,推进农业现代化与信息化融合发展。落实190万元资金,主要用于组织各类农产品节会营销。其中50万元用于组团参加上级政府的境内外各类农业展会;50万元用于组织举办农博会、茶叶、葡萄、蓝莓等展销节会;30万元用于参加森博会和香榧公共品牌推介等活动;60万元用于扶持农产品网络节会,探索农村电商营销新模式,对列入年度计划并当年建成运营且以综合性展示(展销)本市农产品为主的,展示(展销)面积在100平方米以上的给予3万元奖励,展示(展销)面积在200平方米以上(含)300平方米以下的给予6万元奖励,展示(展销)面积在300平方米以上(含)的给予10万元奖励。

(十一)大力发展休闲农业和乡村旅游。落实100万元资金,用于农家乐(民宿)提升项目、绍兴市级以上农家乐创建点建设及农家乐宣传推广。

五、创新农林产业发展模式

(十二)深化农业改革创新。深入推进财政支农体制机制改革,强化农业抗风险能力。落实资金672万元,其中450万元对参加政策性农业保险的农户给予保费地方配套;20万元用于林地变更工作、集体林权制度改革;202万元用于年度其他农业发展。

(十三)强化农业科技应用。落实资金150万元,其中110万元用于省、市农业科技示范基地建设和农技推广基金会农业科技项目建设;40万元用于农业气象防灾减灾体系建设。

六、附则

上述政策意见要根据实际情况另行制订细则(其中农林水立项管理项目由市农林局、财政局、水利局联合制订项目申报指南)。

2018年4月26日

1.2 党委政府引领农村经济社会发展的途径及方式

1.2.1 市委组织部引领农村经济社会发展

1.2.1.1 关于建立村级班子动态评估制度的通知[1]

各镇乡、街道党(工)委：

为扎实推进农村"先锋工程"建设，充分发挥村级班子在推进社会主义和谐社会和新农村建设中的骨干作用，进一步提高村级班子的凝聚力和战斗力，决定建立村级班子动态评估制度。现将有关事项通知如下：

一、主要目标

通过对村级班子开展定期的排摸和评估分类，全面掌握村级班子建设现状，对村级班子建设中存在的共性和个性问题，做到早发现、早介入、早解决，全面建设"团结、实绩、廉洁"的村级班子，进一步强化班子核心、夯实基层基础，为构建社会主义和谐社会和新农村建设提供坚强的组织保证。

二、评估内容

1. 团结状况评估。指村级班子特别是主职干部是否"合心、合力、合拍"。所谓合心，是指上下团结一心，村干部能够摒弃地方主义、宗族主义，顾全大局、团结合作、相互尊重、相互包容，心往一处想。所谓合力，是指工作中能够相互补台不拆台，以新村的建设发展为己任，认真做好资产融合、矛盾调处、理顺群众情绪等工作，为村级发展出谋划策，劲往一处使。所谓合拍，是指节奏协调一致，职责明确、任务落实、步调一致，不相互推诿、不阳奉阴违。

2. 实绩状况评估。指村级班子特别是主职干部是否"肯干、会干、实干"。

---

[1] 中共诸暨市委组织部：《关于建立村级班子动态评估制度的通知》，2007年6月12日印发，诸组〔2007〕19号文件。

所谓肯干,是指有事业心、有责任感,珍惜自己的工作岗位,千方百计、满腔热情地履行工作职责。所谓会干,是指有思路、讲方法,对建设社会主义新农村有目标、有计划、有措施,善于做群众工作、化解群众矛盾。所谓实干,是指工作有进展、有成效,能够按照既定的工作目标,脚踏实地地抓好落实,努力让群众满意。

3. 廉洁状况评估。指村级班子特别是主职干部是否"公开、公平、公正"。所谓公开,是指党务、村务、财务公开,重大事项事前、事中、事后公开,制度健全、执行到位、载体多样、渠道畅通。所谓公平,是指能够严格按照法律法规和规章制度处事待人,不搞亲亲疏疏、不搞小团体利益。所谓公正,是指公道正派、敢抓敢管,能够自觉抵制各种诱惑,严于律己、廉洁自律。

三、方法要求

1. 要评估在前,突出及时性和准确性。各镇乡、街道党(工)委要根据上年工作情况和当前存在的主要问题,按照一、二、三类进行评估分类,在每季度末对各村级班子进行一次专题排摸和评估分类,并建立起包括班子基本情况、村级经济、队伍建设等内容的动态管理档案(见附件1),档案实行一村一档,并根据季度评估情况实行一季一调整,保证评估的及时性和准确性。评估汇总表(见附件2)于每季度末上报市委组织部。

2. 要指导在前,注重针对性和重点性。各镇乡、街道党(工)委要根据每季度的评估分类情况,及时制定对策措施,对一些苗头性、倾向性问题做到早准备、早提醒,尽量解决在萌芽状态。市委组织部将及时总结、推广各镇乡、街道党(工)委的经验做法,并根据工作需要,对三类班子的转化和二类班子的提高提出针对性的指导意见,努力提高全市村级班子建设的整体水平。

3. 要应对在前,体现主动性和前瞻性。各镇乡、街道党(工)委要及时加强联点、联村特别是专职驻村人员的力量,通过走访谈心等多种手段摸清真实情况。对班子建设相对薄弱的行政村,要及早拟订调整方案;对先进村、典型村既要及时总结经验做法,又要注意排摸分析潜在的矛盾、问题和工作不足,提出针对性措施,增强工作的主动性和前瞻性。

实行村级班子动态评估制度是加强村级班子建设的有效举措。各镇乡、街道党(工)委要统一思想,加强领导,健全机制,切实把这项制度落到实处。评估分类及其他台账资料要注意保密,避免引起负面影响。

附件:1. 诸暨市村级班子建设评估表及填表说明(略)
   2. 镇乡、街道村级班子建设评估汇总表(略)

2007 年 6 月 12 日

1.2.1.2 关于做好"经济薄弱村、矛盾突出村"集中整转工作的通知[1]

各镇乡、街道党(工)委,市级机关有关部门党组织:

为扎实推进党政领导班子"树新形象、创新业绩"主题实践活动,集中解决一批当前影响农村发展稳定的突出问题,推进社会主义新农村建设,为明年村级组织换届选举打好基础,根据《市级领导班子"走进矛盾、破解难题"专项行动实施方案》的要求,决定在全市开展"经济薄弱村、矛盾突出村"(含城中村改造后的新社区,下同)集中整转活动。现将有关事项通知如下:

一、整转的主要对象

整转对象主要是三类:一是集体经济比较薄弱但有一定的发展村级经济的条件和基础的经济薄弱村;二是村级班子软弱涣散,干群关系紧张,积累问题较多,影响社会稳定的矛盾突出村;三是城中村改造后管理困难的新社区。经前阶段摸排上报,全市共确定 33 183 个行政村作为整转主要对象。

二、整转的目标任务

计划通过 4 个月时间进行集中整治,基本解决这些村目前存在的突出问题。

---

[1] 中共诸暨市委组织部:《关于做好"经济薄弱村、矛盾突出村"集中整转工作的通知》,2007 年印发,诸组通〔2007〕18 号文件。

对经济薄弱村,要帮助理清发展村级经济的思路,尽力解决发展村级经济过程中存在的主要困难和问题;对矛盾突出村和城中村改造后的新社区,要抓住重点,有针对性地解决好影响发展稳定的突出问题,切实加强村级和社区组织建设。在取得阶段性成果的基础上,要带动面上带有普遍性问题的解决,建立健全村级集体经济发展壮大、加强基层组织建设的长效机制,推进社会主义新农村建设,为明年的村级组织换届奠定基础。

三、做好整转工作的有关要求

1. 要加强组织领导。成立"经济薄弱村、矛盾突出村"集中整转工作领导小组,由陈玲芳任组长,何君君、俞志法、袁志刚任副组长,办公室设在组织部。各镇乡、街道要切实加强组织领导,凡有整转任务的镇乡、街道都要建立由党(工)委书记负总责的工作领导小组,实行主要领导包村责任制,扎扎实实抓好整转工作,把"经济薄弱村、矛盾突出村"集中整转工作作为当前的一项重要工作抓紧抓好、抓出成效。

2. 要认真组织实施。要根据市委、市政府的统一部署和要求,结合本地实际,制定具体的实施方案。要在前一阶段初步摸排的基础上,结合村级班子动态评估工作,组织专门力量,进一步摸清各个村存在的主要问题,并进行汇总分析,根据每一个村涉及的具体问题落实整改措施、制定具体的工作方案,明确解决的基本要求、阶段性工作目标和完成时限。要根据问题的性质和整改方案采取不同措施,逐步予以妥善解决。要按照所有问题都在9月底前解决或取得阶段性成果的要求,安排好工作进度,保证7、8、9三个月各完成整转任务数的三分之一。

3. 要强化督查考核。市委组织部将建立整转工作台账,建立挂牌销号制度和办结反馈制度,将不定期开展专项督查,及时组织工作交流,掌握进展情况,将对各镇乡、街道落实情况逐一进行考核验收,汇总和通报有关情况,协调解决工作中遇到的困难和问题。同时对工作中的先进典型将及时总结推广,对工作不力、成效不明显的单位要予以批评教育,并把整转工作的情况作为年终岗位目标考核的内容。市委组织部将对整转工作的进展情况,每半个月进行一次汇总统计并适时进行通报。

各镇乡、街道"经济薄弱村、矛盾突出村"集中整转工作的实施计划和整转工作情况汇总表请于7月10日前报市委组织部。各镇乡、街道在整转工作的有关情况特别是好的做法和经验也请及时上报市委组织部。

1.2.1.3　关于建立村干部报酬基本保障制度的意见[1]

为进一步加强村干部队伍管理,建立健全村干部保障激励机制,规范行政村规模调整后村级基本的日常运行机制,增强村级组织的服务功能和镇乡、街道的调控能力,促进农村经济社会发展,维护农村稳定,根据省委《关于认真落实"三真"要求切实加强基层干部队伍建设的意见》(浙委办〔2005〕40号)等文件精神,现就建立村干部报酬基本保障制度提出如下意见:

一、基本原则

1. 基本保障与基本运行相结合。市财政将每年切出专项资金,用于为村干部报酬提供基本保障。各镇乡、街道要抓好配套建设,建立健全村级基本的工作运行机制和日常的管理服务机制,认真落实村干部创业承诺和实绩公示制度、村两委会集中学习办公制度、两委会干部轮流值班制度、文书定期上班制度等。

2. 因地制宜与分类实施相结合。镇乡、街道作为市拨村干部报酬基本保障资金的具体管理使用者,要根据各自实际和行政村的人口规模、自然村分布及村干部的职责分工等,合理确定村干部的报酬待遇,做到分类实施、逐步提高。同时,要结合镇乡、街道财政和村级集体经济状况,做好三级统筹、分级负担的工作。

3. 报酬待遇与绩效评估相结合。各镇乡、街道要制订详细的村干部岗位目

---

[1] 中共诸暨市委办公室、诸暨市人民政府办公室:《关于建立村干部报酬基本保障制度的意见》,2008年8月28日印发。

标责任制考核办法,并与村干部创业承诺的兑现情况、村级班子动态评估和"双述双评"情况等结合起来,体现"多劳多得、少劳少得、不劳不得"的工作导向和奖优罚劣、奖勤罚懒的激励作用。

二、实施办法

1. 发放标准。村两委会主职干部报酬实行年薪制,年薪由基础报酬和绩效报酬两部分组成,一般每人每年不低于 4 800 元。村文书及其他村级干部可参照村主职干部报酬标准实行年终一次性补贴或实误实记发放误工补贴等形式。具体标准和发放形式由各镇乡、街道自行确定。对连续任村主职 10 年以上的退职干部,继续给予适当补助,一般每人每年不低于 480 元。

2. 补助方式。市财政补助资金按以下方式发放到各镇乡、街道:主职干部按每村两职,即村党组织和村委会的主职干部,每职每年 4 800 元的最低标准实施补助;连续任村主职 10 年以上的退职干部,按照镇乡、街道类型,城市社区型、工业主导型、工业成长型镇乡街道的每人每年补助 240 元,城郊经济型、生态经济型镇乡的每人每年补助 480 元;对村文书及其他村级干部的报酬保障,按照镇乡、街道类型和农业人口规模,城市社区型、工业主导型、工业成长型镇乡街道的每个农业人口每年补助 5 元,城郊经济型、生态经济型镇乡的每个农业人口每年补助 8 元(具体补助金额见附件)。各镇乡、街道要统一在财政账户设立"村干部报酬专用科目",便于资金拨付和管理。

3. 实施时间。本意见从 2008 年村级组织换届后开始执行。市财政资金一般于每年 8 月底前拨付到位。

三、工作要求

1. 要提高认识。加大市级财政补助力度,建立村干部报酬基本保障制度,是对村干部"真正重视、真情关怀、真心爱护"的具体体现。各镇乡、街道要高度重视,在继续大力倡导敬业奉献的同时,努力通过建立村干部报酬的基本保障制度,进一步调动村干部的创业创新热情,加快社会主义新农村建设步伐。

2. 要科学实施。各镇乡、街道要严格按照本意见提出的基本原则和具体要求,结合实际,在深入调查研究的基础上,周密制定村干部报酬的具体实施办法并认真贯彻执行。

3. 要加强监管。市级有关部门要切实加强对市拨资金的监督和审计,确保专款专用,发挥效用。

各镇乡、街道要进一步加强对村级财务的监督管理,对擅自提高报酬标准、违规发放误工补贴或福利的,要坚决查处,并追究主要负责人和相关责任人的责任。

中共诸暨市委办公室
诸暨市人民政府办公室
2008 年 8 月 28 日

1.2.1.4　关于实施农民素质培训工程的意见[1]

实施农民素质培训工程,是自觉实践"三个代表"重要思想,深入贯彻落实党的十六大、十六届三中全会和中共中央一号文件精神的有力举措,是全面贯彻落实市委十三届六次全会要求,切实解决"三农"问题,增加农民收入的有效途径,也是统筹城乡经济社会发展,率先全面建成小康社会,率先基本实现农业和农村现代化的重要保证。根据中央和省、绍兴市有关文件精神,结合诸暨实际,特提出如下意见:

一、充分认识实施农民素质培训工程的重要性和紧迫性

(一)实施农民素质培训工程是解决"三农"问题的需要。"三农"问题的核心是农民问题,农民是农业和农村经济发展的主体。以增加农民收入为核心,

---

[1] 中共诸暨市委、诸暨市人民政府:《关于实施农民素质培训工程的意见》,2004 年印发,市委〔2004〕21 号文件。

全面提高农民的创业致富能力,把新一代农民培养成为掌握现代科学技能、有较强市场经济意识和竞争力的知识型农民,这是摆在各级党委、政府面前的一项十分紧迫的任务。党的十六大提出了全面建成小康社会的奋斗目标,诸暨作为经济相对发达地区,要加速实现"三个提前"、全面推进"两个率先",必须提高农民、培训农民、转移农民、富裕农民。所以,我们一定要站在战略的高度,充分认识到实施农民素质培训工程的重大意义。

(二)实施农民素质培训工程是农业接轨国际的需要。我国加入WTO后,要求传统农业向接轨国际转型,结构调整向"绿色、优质、安全"方向发展,农业面临着全新的机遇和挑战,迫切需要农民进一步提高科技知识水平,积极发展现代农业,全面提高农产品的市场竞争力。所以,农民素质高、农民数量少,是农业接轨国际、发展现代农业、提高农村经济效益的重要保证。

(三)实施农民素质培训工程是统筹城乡经济社会发展的需要。随着工业化、城市化进程加快,统筹城乡协调发展,推进城乡一体化已是势在必行,迫切要求提高农民素质和就业创业能力,加快农民向非农产业转移步伐。实施农民素质培训工程,就是要通过建立和健全农民素质培训体系,大力加强对农民的思想道德教育、科学文化教育、民主法制教育和职业技能培训,从根本上提高农民的综合素质,进一步解放和发展农村社会生产力,不断推进农村社会文明进步。各级党委、政府必须从实践"三个代表"重要思想的高度,把实施农民素质培训工程作为统筹城乡经济社会发展、全面建成小康新农村的重大战略举措,认真抓好落实。

二、实施农民素质培训工程的目标任务和工作重点

总体要求:以"三个代表"重要思想和党的十六大、十六届三中全会精神指针,按照市委十三届六次全会的要求,紧紧围绕统筹城乡协调发展,加快实现城乡一体化这一目标,建立健全农民素质培训体系,培养具备良好思想道德品质、有较高科学文化素质和一定专业技能的新型农民,强化农民的市场主体意识、开拓进取意识和现代文明意识,增强农民的就业致富能力、市场竞争能力和自主发展能力,全面提高农村劳动者素质,努力推进我市全面建成小康社会建设。

目标任务:从2004年开始,每年培训农民2万人,到2007年,全市培训农民达到8万人。其中:被征地农民和转移农民培训每年0.45万人,四年达到1.8万人;本地用工培训每年0.5万人,四年达到2万人;农业技术培训每年0.6万人,四年达到2.4万人;预备劳动力培训每年0.45万人,四年达到1.8万人。

工作重点:主要面向8个欠发达镇乡的农民和被征地农民。被征地农民、转移农民培训和本地用工培训,以具有初、高中文化程度、有务工意向的中青年和失土农民为主,着力提高其转岗工作能力和就业竞争力;农业科技培训以从事农业生产为主的农村劳动者为对象,包括创建特色农业镇乡的农民,因人施教使其掌握一二门农业实用技术,提高科技致富能力;法制培训主要是对广大农民工开展基本权益保护、法律知识培训,提高其遵守法律法规和依法维护自身权益的意识;预备劳动力培训以各类职业技术学校学生为主,为其今后就业打下良好基础。

三、建立农民素质培训体系和运行机制

(一)建立培训体系。主要是建立市、镇乡(街道)、村三级联动的农民素质培训体系。在利用好现有培训中心、职业技校、农函大、镇乡(街道)成校、义务教育学校等传统培训载体的同时,积极开发利用电视专频、电脑网络、多媒体等现代培训载体,开展多渠道、多形式的培训,并逐步完善这些载体。加强培训基地建设,在利用好现有各类职校和镇乡(街道)成校的同时,按照统筹安排、合理规划的原则,选择若干镇乡(街道)建立企业用工与劳动力就业技能培训相结合的培训中心,同时鼓励有条件的企事业单位开办农民教育培训学校或班级。农业科技培训基地重点放在镇乡、村,委派农技人员开展农村实用技术培训。通过上述措施,逐步推进农民素质培训的体系化、规范化、专业化、规模化和制度化建设。

（二）建立培训机制。坚持"四结合"原则，即培训与市场需求相结合，积极推行"订单培训"，走"先培训后就业、以培训促就业、定向培训定向就业"的路子；培训与用工单位相结合，促进企业参与，并鼓励和支持用工企业开展岗前培训；培训与配套服务相结合，促进服务到位，对培训合格的农民发放合格证书，确保各项服务工作到位；培训与项目建设相结合，促进培训下乡，实现培训农民与打造先进制造业基地、推进农业产业化经营、欠发达镇乡帮扶和全面小康新农村建设等工作的有机结合。

（三）建立投入机制。按照"需求单位出单、培训单位接单、政府买单"的要求，以受培训农民人均经费不低于300元的标准，建立农民培训专项资金。经费来源可从征地调节资金或土地出让金净收益中提取一部分，按标准不足部分在财政预算中给予安排。农业、劳动、科技、教育等部门和镇乡（街道）要积极筹集资金，努力增加对农民教育培训的投入。市级机关其他部门要本着"有人出人、有钱出钱、有力出力"的原则，尽力为联系镇乡（街道）提供人力、财力、智力等方面的支持，帮助镇乡（街道）开展对农村富余劳动力的教育培训。积极引导和鼓励农民参加教育培训。凡属低保对象、残疾人、欠发达镇乡农民、低收入农民和城市化过程中出现的失土农民，以及第一次参加培训的农民，一律给予免费培训。

（四）建立考核机制。建立农民素质培训考核制度，把实施农民素质培训工程作为专项考核内容列入镇乡（街道）和部门年度考核指标体系，任务分解落实到部门、到镇乡（街道）、到村、到人，以强化对农民素质培训工作的考核。建立督查通报制度，每季对各镇乡（街道）和有关部门农民素质培训工作完成情况进行通报。建立总结评比制度，对教育培训工作的先进单位和个人予以表彰奖励。

四、积极探索培训提高农民素质的有效途径

实施农民素质培训工程，在抓好专项培训的同时，还要积极探索实践，寻找多种途径，促进农民素质的全面提高。

（一）进一步发展农村文化教育事业。要多渠道、多形式开展对农民的教育培训,建立和健全劳动预备制度。继续坚持农村基础教育与职业技术教育相结合的方针,加强农村初、高中毕业生实用技术教育。要充分发挥农村各类专业合作经济组织的作用,切实加强对会员、社员的教育培训。农业龙头企业要有计划地对基地农户及企业员工进行农业科技知识培训,全面提高农产品质量和员工的素质。

(二)有组织地推动农村富余劳动力就业。各镇乡(街道)要结合农村市场信息体系建设,拓展服务领域,做好农村富余劳动力转移就业的信息服务工作,并有计划、有重点、有目的地组织农村富余劳动力就业。有关部门要密切配合,积极为就业劳动力提供政策、法律咨询服务和法律援助,帮助他们提高法律知识水平和自我保护能力。

(三)大力发展农村二、三产业。要引导农民树立"洗脚上田","洗脑进城"的观念,跳出农门,走出家门,拓宽就业门路,积极发展个体私营经济,拓展商业经营网点,在创业实践中提高素质。加强对从业人员的教育和服务,引导他们遵循市场规律,提高抗御市场风险的能力。

(四)进一步加强农村精神文明建设。积极设计文明建设载体,花大力气建设和完善一批硬件设施,优化生活环境,推动精神文明建设。广泛开展各类健康有益的活动,通过民主法治村、文明村、文明家庭建设等活动提高农民素质。有关职能部门要通过送文化下乡、送书下乡、送法下乡等活动,培养农民的高尚情趣,倡导科学、文明、健康、向上的生活方式和行为习惯。

五、加强领导,确保农民素质培训工程顺利实施

(一)建立组织,加强领导。为切实加强对实施农民素质培训工程的领导,建立市实施农民素质培训工程领导小组,由市委、市政府分管领导任组长和副组长,有关部门负责人为成员。领导小组下设6个办公室:综合办公室,设在市农办,负责推进农民素质培训工程的综合协调工作。失地农民和转移农民培训办公室以及本地用工培训办公室设在市劳动和社会保障局,市经贸局、技监局等部门配合,负责失土农民和转移农民的培训以及本地用工培训的实施工作。农业实用技术培训办公室,设在市农业局,林业局等相关部门配合,负责实用农业技术培训的实施工作。法制培训办公室,设在市司法局,负责法律知识培训的实施工作。劳动力预备培训和农民成人学历教育办公室,设在市教育局,负责劳动力预备培训和农民成人学历教育的实施工作。各镇乡(街道)都要建立相应组织,由主要领导挂帅,并明确分管领导,切实加强对这项工作的领导,扎扎实实推进我市农民素质培训工程。

(二)明确分工,落实责任。各有关部门要明确职责,合理分工,形成合力,抓好落实。教育部门要利用师资力量和生源优势,发挥对农民教育培训的主渠道作用,抓好在校生(预备劳动力)"3+X"实用技术培训;农口部门要利用农业技术讲师团的优势,实施对农民的技术培训,并颁发"绿色证书";劳动和社会保障、经贸部门要利用各自的职能优势抓好被征地农民和转移农民的就业培训以及本地用工培训;科技部门要积极组织"科技下乡"活动,扩大远程科技教育培训规模,配合有关部门搞好实用技术培训;财政部门要积极筹措资金,为顺利实施农民素质培训工程提供保障;其他部门都要结合自身的特点,积极配合,主动参与农民素质培训工作。各镇乡(街道)要根据年度培训计划,负责就地培训场地落实,组织发动学员按时参加各类培训,对学员进行跟踪服务,并建好培训台账和学员档案。

(三)注重结合,提高效率。实施农民素质培训工程,要与加强农村基层组织建设结合起来,激发广大农民建设社会主义新农村的信心和决心;要与大专院校、科研院所联姻结合起来,丰富和充实教育培训的内容;要与打造先进制造业基地结合起来,定向培养各类实用专业技工;要与现代生态农业示范园区建设结合起来,充分发挥园区、基地的示范辐射作用;要与推进欠发达镇乡帮扶工作结合起来,努力提高就业创业致富能力。

1.2.2 工会引领农村经济社会发展

诸暨县人民政府关于在政府工作中发挥工会民主参与和社会监督作用的通知[1]

工会是我国工人阶级最广泛的群众组织,是国家政治体制中重要的社会团体。各级政府及行政组织,应当尊重法律规定的工会的地位和权利,充分发挥工会的民主参与和社会监督作用。

一、各地、各有关部门在研究制定本地区、本部门经济和社会发展计划、重大方针政策和各项改革方案时,应根据需要请同级工会的负责同志参加。

二、各级政府在制定劳动、工资、物价、住房、社会保障、劳动保护、文化教育等涉及职工利益的政策时,应请地方工会或相应产业工会参与,认真听取工会的意见。有些涉及职工利益的政策措施,必要时可由政府部门与工会联合发布。

三、政府及各行政组织设立的涉及职工利益的专门机构,应请同级工会组织参加。

四、各企业主管部门要进一步贯彻执行《中华人民共和国全民所有制工业企业法》,帮助企业行政理顺与工会的关系,保障工会组织依法独立自主地开展工作。进一步建立、健全职工代表大会制度,认真落实职工代表大会的五项职权,引导职工正确行使民主权利,积极承担各项义务,充分调动职工群众的积极性,为改革和四化建设作贡献。

五、各级政府及有关部门要加强同各级工会的协商对话和联系,认真听取职工的意见、建议和要求,共同协商解决涉及职工利益的重大问题。对国家行政机关及其工作人员侵犯职工利益和违法乱纪行为,工会有权监督、批评以至举发和控告,有关部门应当认真对待和处理。

六、要保障工会的经费、财产及文化福利设施依法进行管理,任何组织和个

---

[1] 诸暨市总工会编:《诸暨市工会志》,内部资料,1995年,第327页。

人不得侵占、挪用或改变其隶属关系。

1989 年 7 月 25 日

1.2.3　行政管理局引领农村经济社会发展

1.2.3.1　农、工、商业管理[1]

农村工作与农业生产

一、减租减息与土地改革

民国十六年（1927）九月，西乡农民在中共诸暨临时县委领导下，开展减租减息斗争，受到土豪劣绅的顽固抵制，乡民们召开代表大会，联合起来进行示威和斗争。十七年（1928）六月下旬，根据中共诸暨县委关于开展减租减息的决议，共产党员宣侠父、金城等领导组织了"陶朱乡农民减租会"，作出了实行"二五"减租的决定。并组织农民数百人，进城向政府请愿。民国诸暨县政府被迫答应请愿条件，取得了斗争的胜利。二十七年（1938）八月，天佑乡农民提出了实行真正"二五"减租（将原定租额减 25%），废除大斗、大斛、大秤剥削，实行长年 8 厘计息的斗争目标，开展减租减息斗争。三十三年（1944）十一月，明镜、泌湖、长宜等乡联合开展减租减息斗争，取得了共减缴租谷 23.5 万斤的胜利。三十四年（1945）七月，路西县抗日民主政府，公布《减租缴租减利增资及保障佃权办法》。同月，金萧支队诸暨办事处印发了《卅四年度减租减息暂行办法》和《诸暨东北区农会减租条例及实施办法》。此后，减租减息斗争在全县相继开展。

1949 年诸暨解放后，10 月，县人民政府根据浙江省人民政府及绍兴专员公署关于集中力量进行反霸、减租、秋征的指示精神，有领导有计划地在全县开展减租减息、倒租倒息的斗争，并把反霸，打击土豪劣绅恶势力同发动农民完成秋粮征收有机地结合起来。

---

[1]《诸暨行政管理志》编纂委员会编：《诸暨行政管理志》，内部资料，1992 年，第 114—123 页。

1950年7月,县成立以县长王林秋为主任的"诸暨县土地整理委员会",对全县土地面积、农户、人口进行清查编册,结合开展"反黑地"(地主、富农隐瞒土地)的斗争,为开展土地改革做准备。9月,省、县组成土改工作队,按照《中华人民共和国土地改革法(草案)》和"依靠贫农,团结中农,中立富农,打击地主,消灭封建剥削制度,发展农业生产"的总路线,在大侣、安平、民镜乡进行试点。11月起,在全县全面展开。至1951年6月,土改中的主要工作划分阶级成分、没收征收土地、合理分配等胜利结束。7月起,进行土改复查和领发土地证工作。复查中纠正错划阶级成分555户,重新没收征收土地2 852亩,收回干部多得土地119亩及农家具109件,并结合整顿基层组织。

二、农业生产

1. 水利

明万历年间知县刘光复,在位三任,时近九年。他深入诸邑各地,在了解地势、水势灾情、民情的基础上,提出了"诸暨疾苦,无甚于水"的结论,并提出了"怀、捍、摒"相结合的治水对策,依靠民众,对浦阳江进行调蓄、疏浚、培埂、开渠等治理。其中筑堤埂长达75 964丈(折227 895米)。还编写了治水专著《经野规略》四卷,堪称诸暨历史上从实际出发作出兴农决策的典范。

民国时期,兴农之策主要有:民国十七年(1928)三月,县成立疏浚浦阳江委员会,疏浚了甲塘湾等九处淤沙。民国三十五年(1946)六月大水后,在省建设厅水利局帮助下,兴建防洪工程15处,还修复了一些堤埂缺口,培修了一些堤埂险段。同年十一月,省在诸暨成立浦阳江水利参事会。民国三十七年(1948),截直了湄池湾。

1949年,新中国成立以后,诸暨县人民政府把恢复和发展粮食生产作为发展农业的重点和基础,并把兴修水利作为农业生产的命脉。同年10月,县人民政府水利办事处,就拟订了《整治浦阳江流域水患计划纲要》,提出了上游地区以蓄水为主,中游地区以整理为主,下游地区以泄洪为主的治策(后简化为"上蓄、中分、下泄")。1950年秋冬开始,县政府在山畈地区发动群众修建山塘水库,贯彻"小型为主,蓄水为主,群众自办为主"的方针和"民办公助""合理负担"的原则。1951年秋,县政府决定动工截直江西湖湾和拓宽湄池湾工程。1952年6月,成立浚江捞沙委员会。12月,动工兴建高湖分洪闸(即三十六洞,1954年改建)。是年,县政府在总结水利建设开展中的经验教训后,提出了先小后大,先易后难,费省效宏,当年受益"的原则。并在同山和视北等乡继续进行试点。1954年,副县长何文隆,在深入调查研究的基础上,总结了同山乡"依靠群众,自力更生修建山塘水库"的经验,并通过召开现场会等形式加以推广,推进了全县群众性大规模水利建设。1956年,县政府决定兴建安华水库,使水利工程由小型为主向大中小结合发展。1958年,诸暨被评为浙江省水利建设先进县。先后有14个省及56个兄弟县到诸暨考察参观。县长何文隆被誉为"人民的好县长",出席了全国群英会。此后,县政府继续发动群众,坚持不懈,使水利建设取得重大成就。至1989年,全市共兴建了大中小型水库1 099座,山塘17 196个,总库容量达到4.3亿立方米,总蓄水量为2.5亿多立方米。浦阳江河道截弯取直退堤34处,培固堤埂500多公里,在中游兴建了高湖分洪工程。还建造了较大排灌水渠26条,总长88 040米,筑灌溉在1 000亩以上堰坝18座,电力排涝站66座,小水电站92座,累计完成土石方16 537万立方米,投放劳动力16 233.4万工,国家和群众投资13 635.1万元,使全市农田、人民群众生命财产及县境内浙赣铁路路段增强了安全保障系数。但在治水中,结合治山重视不够,致使水土流失严重,塘库河道泥沙淤积日增。治水本身,也还存在"上蓄不彻底,中分有困难,下泄阻力大"的问题。其中下游蒋村湾截弯取直工程,多次要求兴建而得不到解决。洪涝灾害,仍是农业稳定发展的主要制约因素。

1.2.3.2 政府机关运用和发扬"枫桥经验"创新发展农村消费维权工作[1]

编者按：自 2005 年以来,我省积极推进农村消费维权监督网建设并实现全省全覆盖。随着形势的发展,农村消费维权工作日益繁重,面临许多新情况、新问题,要求对现有的维权机制进行不断地创新完善。近年来,诸暨市工商局认真学习借鉴"枫桥经验",赋予新内涵,实现了农村消费维权监督网的组织网络化、维权机制的规范化、教育培训的常态化和维权方法的多样化。6月22日,省工商局在诸暨召开现场会,推广诸暨学习"枫桥经验"深化农村消费维权监督网的经验做法。现将该局的有关做法予以刊发,希望各地学习"枫桥经验"精髓,与时俱进,推进全省消费维权工作再上新台阶。

枫桥是诸暨市经济较为发达的乡镇,常住人口 9.6 万,综合实力位列全省乡镇第 24 位。1963 年,枫桥干部群众创造了"发动和依靠群众,坚持矛盾不上交,就地解决,实现捕人少,治安好"的"枫桥经验",经毛泽东批示后在全国综治战线推广。"小事不出村,大事不出镇,矛盾不上交"是"枫桥经验"的精髓。近年来,随着经济发展、社会转型,农村消费水平不断提高,消费结构、消费方式产生显著变化,消费纠纷成为农村重要矛盾之一。诸暨市工商局运用和发扬"枫桥经验",以维护和保障民生、促进社会和谐为工作目标,积极探索新形势下"依靠群众、社会参与、预防为主、就地解决"的农村消费维权新机制,提升维权效能,取得了一定社会成效。

一、"三网"联动推进,实现农村消费维权的社会化常态化

该局把消费维权纳入新时期拓展"枫桥经验"、加强社会综治管理的重要内

---

[1]《诸暨市工商行政管理志》编纂委员会编:《诸暨市工商行政管理志(1988—2013)》,方志出版社 2019 年版,第 522—524 页。

容,建立起工商主导、城乡一体的社会化消费维权网络。

一是融入农村社会管理综治网。枫桥镇建立了全省第一个乡镇综治中心,镇村两级社会综治网完善畅通。枫桥镇调处的各类民情纠纷中,消费纠纷占31%。借助综治网联控联调,可以有效防范和化解消费矛盾。该局与镇党委政府联系沟通后,镇党委政府也认为消费维权是社会管理的重要部分,支持该局把消费维权纳入发展和创新"枫桥经验"的内容,列入综治中心的12项基本职能之一。在此基础上,该局在镇综治中心建立消费维权联络站,镇党委分管政法的副书记担任站长,工商、消保委分会派驻工作人员,镇指派一名干部担任联络员,消费维权全面融入社会综治工作大平台。

二是健全村级消费维权自治网。枫桥镇党委政府为加强村级消费维权工作,专门下发了《关于加强农村消费维权工作的通知》,28个行政村、2个社区均建立了消费维权联络点,与村(社区)社会矛盾纠纷调解室合署办公,形成了"村两委负总责、社会矛盾调委当骨干、群众参与做主人"的消费维权自治机制。维权点由兼任社会矛盾调解室主任的村支书负责,在村两委成员中聘用调解员51名,其中有各级人大代表9名。

三是完善企业消费维权自调网。枫桥工商所在21家大型商场超市、公共服务企业等设立消费维权点,实施先行和解制度,公布投诉电话,设立投诉专柜,开通"一站式退换货"通道,使消费者享受到便捷的服务,降低消费维权成本,实现自调促自律、和解促和谐的目的。

二、推行"五统一"模式,实现农村消费维权制度化规范化

村级维权点建立之初,存在机构虚设、业务不熟、保障不力等问题,作用一时难以发挥。对此,该局确立了"设施有用、制度实用、机构管用、群众受用"的工作标准,加强村级维权组织建设,提升运行水平。

一是基础设施一个样。村级消费维权点规范化建设做到"十个一":有一块联络点牌子,有一处固定调解工作室、有一台工作电脑,有一部申诉举报电话,

有一套日常工作制度,有一本消费维权监督员证,有一套工作台账,有一本维权通讯录,有一张信息化联络网,有一处消费维权宣传栏。

二是工作保障一标准。村级维权点办公场所、办公设备等硬件设施,由综治中心要求各村按统一标准配备。维权点活动经费、联络员津贴在市财政拨付的社会综治费中列支。2009年枫桥镇综治经费为327万元,每个村级联络员可享受3 000元至5 000元的津贴。

三是纠纷调解一机制。枫桥所牵头建立了工商主导、社会协同、村社助调、分级负责的消费纠纷调处机制,把消费纠纷分为简易、较难和疑难三大类,分别采用不同的调处模式。简易纠纷由村联络点负责调解;村联络点调解不成或较复杂的纠纷,在工商所指导下调解;疑难纠纷由镇联络站牵头调解,工商、镇、村调解组织参加,有关部门、社会人士参与。与分级调处机制相配套,还建立法律援助团、专家咨询团,联合解决疑难投诉,提供法律咨询、帮助代理诉讼。

四是信息传导一张网。该局和枫桥所开发设立了"枫桥工商消费维权网",发布维权法律法规,及时传达上级有关文件、信息;利用网络部署阶段性维权工作,实现工作联动;开展网上业务培训,进行业务指导。

五是绩效考核一个口。对村级消费维权工作的绩效考核,归口镇平安创建考核范围,由镇综治中心牵头进行日常督查和年终考核。考核结果与行政村综治工作的年度考核挂钩,作为衡量行政村工作实绩的依据之一。

三、推出服务指导措施,实现消费纠纷早预防早化解

该局按照关注民生、教育在先、促进和谐的思路,抓好预防化解,提高保障民生、服务经济的水平,营造良好市场环境,促进消费增长。

一是分类教育早预防。开展以"成长路上维权相伴,素质教育新消费相随"为主题的"消费维权进校园"活动,开设消费维权课堂,建立学生维权小分队,进行维权培训和模拟演练。设立农村消费维权流动学校,巡回授课。发动群众成立了宣传队,自编自演维权快板节目和歌曲,普及消费知识。

二是下访联系早化解。建立责任区干部消费纠纷巡回调解制度,变上门投诉为干部下村调解,变坐等来访为主动走访,向村民发放维权联系卡,村民有事可直接找工商干部解决。干部下村要走访经营户,掌握片区经营状况,了解消费纠纷发生情况。今年来工商干部巡回调解受理投诉15次,化解纠纷8起。

三是发布预警早防控。为避免小事变大和矛盾激化,枫桥所建立了和镇综治中心、联络站点收集信息、发布预警、联动防控的工作机制。针对不同时段有可能引发普遍性纠纷的消费行为,发布警示,联动防控。如今年春播季节,枫桥所会同各联络站点发布消费警示6期,提醒农民防止农资消费风险。

四是约谈指导早整改。枫桥所适时开展农村消费趋势展望、消费热点评议、消费政策落实跟踪等工作,受到了欢迎和好评。如对公用服务行业进行评议活动,对问题较集中的企业进行约谈,就数字电视收费等存在的问题向有关企业发出整改通知书。在"家电下乡"活动中推出了优惠政策宣传配套、消费纠纷调解维权配套的"两配套"服务,确保拉动内需政策落实到位。

四、推广发展枫桥经验,农村维权取得良好成效

该局运用和发扬"枫桥经验",创新发展农村消费维权工作取得了初步成效,主要体现在以下几方面:

一是实现了农村维权社会化。消费维权工作进入社会综治体系后,村级联络点室常设、牌常挂、人常在,成为村级组织的常设机构,消费维权工作成为村级组织的基本工作,确立了村级维权的长效机制。消费维权也由部门工作转为社会工作和群众工作,破解了工商部门"一肩挑"的难题,营造了"群众事情大家做"的工作氛围。

二是促进了农村社会和谐。农村消费者就近获得消费知识,就近投诉消费纠纷,村级联络员调解纠纷有用、有力、有效,实现了"小事不出村,纠纷不出店,就地化解"。去年村级维权点受理投诉165件,调处153件,解决率达92%,没有出现越级投诉的现象,也未出现消费纠纷激化引起的群体性事件。

三是净化了农村消费环境。枫桥所发挥村级维权联络员的帮手作用,加强市场监管,改善消费环境,让群众放心消费、满意消费、安全消费。在推进小食杂店、无照经营整治工作中,联络员积极参与,帮助摸清底数,提高了执法效果。去年枫桥所通过联络员、维权小分队提供的信息,查办了上门推销假冒产品以及无照经营网吧、电子游戏等案件6起。

四是收获了良好社会评价。通过深化农村消费维权工作,农村群众增进了对工商和消保工作的了解,工作基础更扎实,工作环境更好。该局的消费维权工作,受到了党委政府和群众的好评,被诸暨市政府评为创新发展"枫桥经验"先进集体和创新"枫桥经验"优秀成果。"家门口维权"被列为行风评议中群众满意实例,在全市作风建设总结大会上受到通报表扬。中央电视台、新华社等媒体对这项工作相继做了报道。

1.2.4 供销社引领农村经济社会发展

扶持乡镇企业[1]

诸暨的乡镇工业,始于20世纪50年代中期。其时,部分乡村利用当地资源,兴办了少量陶器烧制、土纸加工和竹、木、铁、棕制品等小型企业。1958年"人民公社化"运动中,提出大办工业"的口号,各地竞相办起炼钢、农具制造、土制化肥、农药等社办工业,由于一哄而起,基础不实,后经整顿收缩,所剩无几。60年代,部分公社办石灰厂。1970年以后,根据"围绕农业办工业,办好工业支农业"的方针,陆续兴办了建筑材料、机械零部件、制茶、造纸、服装等社队企业(即乡镇企业)。1978年后,中央指示"社队企业要有一个较大发展"。从此,乡镇企业呈现新的态势,纺织、机械、建材、食品、缝纫等工业发展迅速。1987年,全县有乡镇企业1.64万家,产值68 739万元,比1978年增长14.3倍,占

---

[1] 诸暨县供销合作联合社编:《诸暨县供销合作社志》,浙江人民出版社1991年版,第285—288页。

全县工业总产值的64.24%。在乡镇企业的发展中,供销社充分发挥网络发达、市场信息灵通、经营实力雄厚等优势,努力为他们提供产前、产中、产后服务。

1950—1983年,供销社先后为乡、村造纸生产企业组织采购稻麦草、白竹原料1万多吨。1974年,县土产公司帮助新民乡建成丝绵加工厂,每年为厂方提供原料茧,产品由公司负责经销。仅1986年和1987年,提供原料茧138吨,销往日本丝绵57.2吨、丝绵线17.76吨、丝绵被胎3 637条,创汇83万美元。

供销社一直采取经销、代销、经济联合等多种方式,不断开拓乡镇企业产品销路。1950—1977年,为乡、村、家庭工业,推销土纸5.34万吨,陶器28.5万件,竹扫帚465.5万把,草包3.2万只,藤条筲185.42万只,1978—1983年,共收购乡镇企业产品1 735万元。1984年11月27日,县社在城关镇举办为期7天的首届商品展销会,借用人民大会堂专设乡镇企业产品展销馆,组织县内外客户直接与厂方洽谈、成交业务,提高了乡镇企业的知名度和产品销售的辐射面。1985年起,每逢国庆佳节,全县供销社在枫桥、牌头、湄池、江藻、草塔、涅浦、应店街等主要集镇举办秋冬令商品展销会期间,均组织发动乡镇企业、家庭工业产品进场交易。1985—1987年成交额83.01万元,占社会总成交额的6%。县社贸易中心自1984年成立以来,先后与县内近300家乡镇、家庭企业建立了业务往来关系,并与厂家联合举办批发零售展销会15次。

供销社的经营责任制,包括进货(收购)、调拨、验收、保管、出售、申报溢耗、变价削价、盘点、短少差错的处理,都有一套日趋完善的制度,明确各部门和各人职责。凡缺少商品和现金的,都要追查原因和赔偿;好的部门和个人,给予表彰和奖励。

1.2.5 公安引领农村经济社会发展

1.2.5.1 非农人口管理[1]

20世纪50年代前期,农村人口迁入城镇落户,只要凭当地行政村和乡政府证明。1955年始,对城镇居民的口粮实行以人定量供应,控制城镇人口增长。60年代初,国家经济发生暂时困难,工厂减员动员城镇居民下放去农村等方式压缩城镇人口。1962年诸暨城镇的非农业人口比上年减少17 000多人。1964年,国务院批转公安部《关于户口迁移的规定》,明确对从农村迁往城镇、由农业人口转为非农业人口(简称'农转非')的作严格控制,从农村迁往国营农场和城郊蔬菜队的作适当控制。70年代初,先后将一批精减职工给予"农转非"。1972年,省人民保卫组、生产指挥组发出《关于对职工在农村子女户粮迁移问题的批复》,规定"在农村确实失去亲属抚养的小孩(年龄一般十周岁以内),必须迁入由父母抚养的,经县以上公安、粮食部门同意,县革委会批准,其户粮关系允许迁入父母所在地"。此后,公安、粮食两个部门定期讨论,对于符合上述政策的小孩由农业人口转为非农业人口,随母申报。同年下半年,县委为落实城镇居民成户下放的政策,从内务、公安、粮食等部门抽调力量进行调查研究,对于下放后住房长期不落实、因无劳动力而倒欠生产队的户收回城镇。至1975年2月,共迁回城镇401人。1975—1976年,县劳动管理部门与公安、粮食部门协调后,对于病残退伍军人、复员干部照顾安排工作,下放农村的知识青年落实政策,招收到集体单位工作而"农转非"的有335名。1977年,商业、公安、粮食联合调查落实"砸烂合作商店"人员的政策,将270名不合理下放农村的人员收回城镇落户。1980年,因落实科技骨干在农村家属户口、民办教师转为公办教师、纠正冤、假、错案,企业职工落实政策者,逐个由农业人口转为非农业人口。1981

---

[1]《诸暨公安志》编纂委员会编:《诸暨公安志》,内部资料,2008年,第161—162页。

年 1 月开始,根据省委办公厅关于处理精减下放户粮遗留问题座谈会纪要精神,县成立专门办公室,进一步落实户粮政策,至 1982 年 12 月底,落实精减下放人口户粮(农转非)4 268 人。(其中 1957 年前参加工作的老职工 2 480 人,久居、世居居民 1 047 人,特定对象 73 人,1970 年后下放的 668 人)。80 年代中期起,每年"农转非"指标由省公安厅下达,一般控制在总人口千分之二的比例。

1984 年 4 月至 10 月遵照国务院《关于农民自理口粮进入集镇落户问题的通知》精神,县政府抽调公安、粮食等部门在草塔镇试点。先后办理到集镇务工、经商且有固定住所的农民 9 230 户 14 027 名的自理口粮在集镇落户的工作。单独建立户口登记册,按集镇常住人口管理。1986 年起停止办理。

1992 年开始,全国户口"农转非"政策有所松动。1993 年,为建设诸暨中等城市的需要,市委、市政府决定为从事第二、第三产业的农民办理进城落户,施行"农转非"政策,并收取城镇建设配套费。是年,此项"农转非"户口共办理 3 030 户。随着经济体制和劳动、人事制度的深化改革,人们对户口"农转非"的观念逐渐淡化。1999 年 3 月,全市取消户口"农转非"计划指标,全面放宽户口"农转非"政策,但要求办理户口"农转非"的人员明显减少,要求户口"非转农"的人员反而增多,成为户口管理中的一个热点问题。至 2007 年,全市共有非农人口 153 573 人。

2008 年,随着"农转非"政策的放宽,农村经济继续发展,非农人口受农村田地和房产利益的驱动,要求"非转农"户口成为户籍管理中的热点,为此,根据上级有关规定,严格审理"非转农"工作,有效地控制和解决"非转农"工作中的不正常现象。

1.2.5.2 治安行政管理[1]

1975 年 11 月,省公安厅发出《关于统一使用户口准迁证的通知》。次年 1

---

1 《诸暨公安志》编纂委员会编:《诸暨公安志》,内部资料,2008 年,第 152—153 页。

月,使用统一印制的准迁证,开始改变"文化大革命"期间户口迁移手续混乱的现象。1981年5月下旬开始,在城关镇开展户口整顿,查实有人无户口10 381人,有户口无人466户,有户无粮10人,重户重口3人。对于人已调往外地户口不迁的303人帮助办好迁移手续,对人户分离的9 344人按实际居住地落户。同时还纠正五项变动(姓名、年龄、职业、文化、婚姻)差错14 761项,实现人、户、门、路四对,使户口管理更趋规范有序。1988年12月大西、三都、姚江、湄池、安华、赵家、陈蔡、璜山8个派出所接管所在地乡镇的户口和居民身份证管理工作。1992年8月,全市实施撤区、扩镇、并乡工作,共设镇乡35个,日常户口管理工作(人口出生、死亡、迁入、迁出和人口统计、居民身份证发放等)除部分镇乡委托代管外,均由公安机关直接办理。1993年初,诸暨市在全省率先开展农村家庭户口簿发放工作。至1994年底,全市每个农村家庭户都领到与城镇居民同样的家庭户口簿。

1997年,大唐镇被省政府确定为省级户籍管理制度改革试点镇,经省公安厅批准后出台了户改实施方案。方案明确规定:"凡在集镇已有合法稳定的非农职业或者已有稳定的生活来源,而且有合法固定的住所后已居住两年以上的公民,可以不受农转非指标限制,办理非城镇常住人口"。据这一精神,于1998年后在大镇和店口镇实施户改工作。店口镇被省政府列为小城镇综合改革试点单位。1998年2月6日开始根据国务院〔1997〕20号文件精神,执行新生婴儿可以随父或随母申报户口的新政策。同年,根据国务院国发〔1997〕20号文件《关于完善农村户籍管理制度的意见》,农村门(楼)牌编制管理工作由民政部门转为公安机关主管。市公安局在安华、同山两镇开展了农村居民住户门楼牌编制、装订、管理的试点。1999年全面开展农村门(楼)牌编、装工作,共安装门(楼)牌302 038块,全市农村实现一户一牌。1999年3月初开始,市取消"农转非"计划指标,集中办理非农居民子女投靠父母户口,开始办非农居民夫妻投靠父母子女和购房等户口。2000年6月,转发公安厅浙公办〔2000〕46号文件《关于进一步解决有关户口问题的通知》,并结合诸暨实际,调整和放宽农民进城落户政策。随着市场经济发展,特别是就业制度改革后,市民对户口"农转非"意识明显淡化。2001年开始要求办理"非转农"的居民却逐年增加,成为户口管理一个热点问题。2003年,在公安部、省公安厅、绍兴市公安局推出户籍管理便民利民若干措施后,相应出台了户籍管理10项便民利民措施。

1998年10月1日开始,将城区三所户籍室全部集中到户政科办公,成立户政办证中心以方便群众。1999年上半年,扩建办证中心场所,在原来单一办理户口、居民身份证、边境通行证的基础上,增设治安、出入境、粮食、银行等8个服务窗口,推行政务公开,印制办事指南卡片,设置电脑查询触摸屏和公用电话,双休日、节假日照常对外服务。2000年1月20日起由公安机关统一接管12个镇乡户口,由镇乡代管户口的工作至此结束。2001年,诸暨市部分镇乡行政区域撤并,全市由35个镇乡撤并为28个(其中街道办事处2个),全市户口登记机构相应调整为28个。2002年2月20日起,城区户口办理中心与市政府办证中心公安窗口合署办公。同年4月,"户政科"改名为"基层基础管理科"。2003年8月,基层基础管理科与治安大队合并办公,在治安大队内部设立户籍和居民身份管理中队,负责全市的居民身份证管理指导工作。2005年至2007年,绍兴市公安局在诸暨市大唐镇开展统一取消"非农业户口"和"农业户口"二元化结构,实行以居住地登记常住户口的一元化户籍管理制度改革调研工作,大规模的户籍管理制度改革工作提上议事日程。2008年,围绕"抓规范,促管理,亮窗口,树形象"的工作要求,积极开展业务知识培训,规范户籍管理,在原有便民利民措施上,实行错时工作制、弹性工作制等方式,不断推行为民服务新举措。

1.2.6 司法局引领农村经济社会发展

关于在全市开展"远程法律援助进农家"活动的通知[1]

各镇乡、街道党(工)委,市级有关部门党组织:

根据省委组织部、省司法厅《关于运用远程教育视频系统开展"法律援助进农家"试点工作的通知》(浙司〔2010〕74号)文件精神,我市被列为全省"远程法律援助进农家"活动第一批试点单位,为切实提高法律援助服务水平,决定在全市运用党员干部现代远程教育网络,联合开展"法律援助进农家"活动(以下简称"远程法律援助进农家"活动)。现将有关事项通知如下:

一、活动时间

从2010年9月至2011年2月。

二、工作目标

以"满足人民群众法律援助需求、维护人民群众合法权益"为主线,运用党员干部现代远程教育网络平台,采用一对一或多对一互动式、"面对面"的形式,为群众提供法律援助申请预审查、法律咨询和法律指导等法律服务,逐步缓解农民群众维权难、维权成本高等问题。通过"远程法律援助进农家"活动,使广大农民群众足不出村就能解决生产、生活上遇到的法律问题,把社会矛盾化解在萌芽、消灭在基层,从源头上预防和化解涉及困难群众利益的矛盾纠纷。

三、活动内容

1. 启动"远教干部集中培训月"活动。从9月下旬开始集中一个月时间,按照分层负责、逐级培训的原则,开展"远教干部集中培训月"活动。市里将分批

---

[1] 中共诸暨市委组织部、诸暨市司法局:《关于在全市开展"远程法律援助进农家"活动的通知》,2010年9月21日印发,诸组通〔2010〕26号文件。

次组织市级以上示范站点管理员开展集中培训,深化站点学用。各镇乡(街道)在镇、村(居)建立以法律援助联络员、远教站点管理员等为主体的"远程法律援助进农家"工作联络员、信息员队伍,并对工作联络员、信息员开展集中培训,切实提高基层法律服务工作者、终端站点管理员的业务水平和实际操作能力。

2. 开展"远程法律服务团"结对援助活动。通过推荐、自荐选择一批政治素质高、业务能力强、服务态度好的法律援助工作者、律师、公证员等组成"远程法律服务团"。"远程法律服务团"成员通过开展"结对一个镇乡(街道)、开展一次现场送法、举办一期法律培训、组织一日在线交流、提供一次免费代理"等活动,普及法律知识、提供法律援助,及时帮助农民群众解决各类法律纠纷。

3. 开设"远程法律援助进农家"网上专栏。在市党员干部现代远程教育辅助网站,开设"远程法律援助进农家"专栏,下设活动动态、政策法规、视频点播、在线答疑、12348法律咨询、法律援助指南、援助网络等栏目,群众可直接通过网络提出咨询和申请。同时,上挂一批针对性强、实用性高的农村法律法规专题课件,由基层站点"远程法律援助"工作联络员、信息员负责下载和组织学习,使广大农民群众真正做到"知法、懂法、守法、用法"。

4. 开展"远程法律援助在线交流日"活动。通过远程教育视频会议系统、ECP视频互动系统和QQ视频等方式,每月组织一次"远程法律援助在线交流日"活动,"远程法律服务团"成员与群众通过远程视频对话,解答农民群众的法律疑问,充分发挥"远程法律援助进农家"的便民服务功能。

5. 开通"远程亲情通道"。充分利用"远程亲情通道"技术设备,加强与监狱、劳教所、看守所等单位的沟通交流,及时了解诸暨籍服刑、劳教、在押人员的法律需求,积极开展"送法进监所"活动。同时,加强与外来务工人员流出地党委政府及司法行政机关的沟通协调,通过开展远程法律咨询活动,维护外来务工人员合法权益。

四、工作要求

1. 加强领导,明确职责。各镇乡(街道)要充分认识开展"远程法律援助进农家"活动的重要性,结合实际,部署落实。明确镇乡(街道)"远程法律援助进农家"联络员和信息员,加强日常沟通联系,确保该项工作扎实推进。

2. 精心组织,抓好落实。各镇乡(街道)要加强对基层远教站点的建设和管理,保障系统在试点工作中正常运作。切实做好"法律援助进农家"的业务指导工作,及时推进活动的正常开展,加强督促检查,妥善解决活动开展中遇到的问题。基层法律援助工作站和镇、村(居)法律援助联络点要合理安排人员落实具体工作,每月将基层群众反映的涉法热点、难点问题以及试点工作中的先进事迹和典型案例,及时上报市法律援助中心。

3. 广泛宣传,营造氛围。各镇乡(街道)要充分发挥新闻媒体和各类宣传阵地的作用,积极组织镇、村(居)法律援助相关人员以"宣传入户"的方式,大力宣传法律援助进农家活动的目的意义、做法成效,提高农民群众对远程法律援助工作的知晓率和参与率。

中共诸暨市委组织部、诸暨市司法局

2010年9月21日

1.3 党委政府相关经济管理的公告与办法材料辑录

1.3.1 县委关于加强当前农村治安工作的指示[1]

目前春耕在即,插秧各地已相继开始,粮食统销补课工作已全面展开,农村治安情况问题日益加剧,反革命破坏事故在不断发生,为此,各级领导及全体干

---

1 《县委关于加强当前农村治安工作的指示》,1955年,诸暨市人民政府藏,档案J086-W1955-2-0013-001。

部必须百倍警惕,认真地加强当前农村治安保卫工作:

必须根据本区本乡已发生的事故和象征立即进行一次全面的检查和分析,对残余的反革命分子、阶级敌对分子和社会治安危险分子应进行一次具体的排除,以做到心中有数争取主动,以便对于一切敢于出头破坏的敌人给予及时的严厉的打击。

必须严防迷信活动和认真迅速地处理纠纷事件:鉴于当前气候不够正常,疫病容易流传,就有可能引起群众性的迷信活动,必须接受五三年的抗旱中的教训,要加强对迷信职业分子的教育和控制,鉴于当前季节,山林、水利、土地、婚姻等引起的纠纷事件也必然增多,必须发挥基层组织作用认真地迅速地处理,以免影响生产。

必须根据整个工作发展的需要,应以乡或以区为单位,召开治安、民兵、调解以及转业(复员)军人会议,认真地布置当前农村治安任务,要求通过上述专门性的会议,具体地作好如下工作:

认真地做好思想发动工作,以克服麻痹生产的思想倾向,使他们真正能名副其实地把农村治安工作重视起来。

认真地做好对反革命分子的管制工作和对地主、富农阶级分子以及各种社会治安危险分子的控制监督工作。

认真地做好护仓、护路、护线和防火、防盗、防特、防空等经常性的治安保卫工作。

认真地做好驳谣,对所流传之谣言可进行揭发和批驳,对谣言制造者可迅速呈请,严肃处理,但对群众的舆论决不能当作谣言对待。

认真地做好经常性的宣传教育工作,根据当地实例经常地向群众进行敌情教育,以提高群众的政治警惕性,严防各种敌人的破坏,特别所下发的布告和宣传材料,都必须在各种会议场合向广大的农民群众,开展广泛深入的大张旗鼓的法律宣传教育,达到家喻户晓,深入人心。

为此,必须掌握在治保与民兵之间,调解与转业军人之间的统一领导,明确分工,分区包干的领导方法。

以上几点希望各区乡认真地研究具体地布置贯彻,并将贯彻情况报告县委。

中共诸暨县委会

一九五五年四月廿九日

1.3.2 诸暨县枫桥区社会主义教育运动的基本做法[1]

工作如何入手?

第一,讲明来意,解除顾虑。工作组进村以后,就向党员、干部和贫下中农正面讲明来意:根据上级指示,来传达党中央和毛主席的重要指示,开展社会主义教育,办好集体经济。怎样挖根子,提高认识?揭开盖子,并不等于认识提高。提高认识的最好办法是运用活人活事活思想进行教育。把群众中的不同思想观点和生动的典型集中起来。通过自我教育的方法,提高群众的认识。算剥削账,损失账。

三联大队的几个主要干部,搞资本主义活动,严重损害了集体经济。讨论中,大家算了四笔损失账:第一笔,养鱼是这个大队的大宗集体副业。最近两年,干部私自任意捕鱼,请客送礼,换物资,盗窃了大批鱼,社员气不过,也去捞,大部分鱼糟蹋了。原来最近估计年产鱼约八千斤,去年只捕二千一百斤。第二笔,支部书记、副大队长乱砍集体林木,倒手转卖。副大队长贩卖大树三十四株,买进三百八十四元,卖出一千一百四十八元。这个大队仅有的一株大栗树,也被支部书记砍了去。现在社员连烧柴都很困难。第三笔,今年春旱时,支部书记建造房子,为了挑沙填地基,开堰放水,水源更为困难,社员在河底挖坑车水,多花三千多个劳动工。水车也被沙子磨坏了很多。第四笔,由于干部占用

---

[1] 《诸暨县枫桥区社会主义教育运动的基本做法》,1963年。

集体的农具，社员也乘机乱拿，损失惊人。今年上半年，第五生产队开支农具修理费四百二十六元，平均每户十四元。摆出这笔账以后，大家反映，我们这个队原来产量高、收入多，现在给资本主义弄得只够吃点饭，集体很少有钞票分配。如果不把资本主义反下去，集体经济怎么办得好？

1.3.3　坚决地贯彻执行依靠群众专政，少捕、矛盾不上交的方针[1]

依靠群众专政，少捕、矛盾不上交的好处

中央已经明确指出：为了保留这批有用的劳动力，为了在群众面前保留一批反面教员，提高群众的革命警惕性，为了有利于争取四类分子的子女，为了更大限度地孤立和改造那些迄今还表现不好的四类分子，我们应当基本上实行"一个不杀，大部（百分之九十五以上）不捉"、依靠群众力量，把绝大多数四类分子改造成为新人的方针。这样做，比较把它们捉起来或者杀掉，对于人民群众和社会主义事业更为有利。一九六三年主席提出依靠群众专政，少捕、矛盾不要上交的重要指示以来，我们县里贯彻执行是积极努力的。

通过实践，我们进一步认识了中央、主席提出这个方针的伟大意义，并体会到贯彻执行这一方针对于分化改造敌人，教育提高群众，争取四类分子子女，对于集体经济，都有极大的好处：

……

第四，对生产、集体都有利。这些人是社会劳动力的一部分，把不该上交的人"上交"了，留下老婆儿女一大堆，都要集体去负担，这对集体经济也没有好处。

不仅对四类分子可以依靠群众就地监督改造，对进行偷盗、扒窃、诈骗等危害治安的分子，也同样可以依靠群众改造。全县已经落实改造一批，多数改造

---

[1]《坚决地贯彻执行依靠群众专政，少捕、矛盾不上交的方针》，1965年。

表现较好,积极参加劳动,不再进行犯罪活动。有的经过多次拘留、劳教仍不改悔的分子,发动了群众,在群众的监督改造下,现在已经有了显著转变。

同时对于人民内部的婚姻、产权、债务、山林、水利等纠纷,也充分依靠群众、依靠基层组织做到矛盾不上交。这不但便利群众,有利生产、有利于巩固集体经济,而且对增强人民团结,一致对敌,加强专政,都有十分重大的意义。同时,大量的人民内部纠纷在基层及时解决了,就不会使矛盾扩大和转化。有些人认为人民内部矛盾是小是小非,慢一点处理没关系,这是不对的,这样会使矛盾复杂起来,有的就会激化,甚至会转化为敌我矛盾。这样对于发展生产和加强专政都不利。

1.3.4 关于盗窃情况的通报[1]

我县同全国各地一样,在毛主席"备战、备荒、为人民"和"农业学大寨"等英明指示的指引下,社会主义革命和社会主义建设的形势一片大好。但是阶级斗争仍然尖锐复杂,仅是盗窃集体经济一类,今年以来多处发生,并且日益增多。根据2月25日至3月16日的20天中不完全统计,发生重大盗窃案件14起,平均每天就有0.7起。如3月14日晚上,紫云五云代销店和济公社供销组就被盗窃。仅和济供销组一案,失窃灯芯绒、府绸、沙卡等布近300尺,毛线15斤之多,解放鞋、香烟等物资一批和现金,损失达470多元。

盗窃集体经济,这是阶级斗争的表现,其原因是多方面的,主要是:一是某些干部、群众,阶级斗争观念不强,革命警惕性不高,思想麻痹。如有的大队在地主家里,随便乱放大批稻谷,平时又不严加看管;二是部分集体单位,现金、物资保管责任不落实。

当前,我县盗窃情况是严重的,使集体经济遭到严重损失,扰乱社会治安,

---

1 《关于盗窃情况的通报》,1971年,诸暨市人民政府藏,档案087-021-001-002。

破坏农业学大寨群众运动的深入开展,这是尖锐复杂的阶级斗争的反映。各级革命委员会和治安保卫组织,必须高度重视,要遵照毛主席"千万不要忘记阶级斗争"的教导,从"备战、备荒、为人民"的高度,加强对防盗窃工作的领导。要在党委的领导下,广泛发动群众,认真做好:

一、千条万条,用毛泽东思想教育人是第一条。

二、对集体仓库和现金、物资保管制度,进行一次全面检查。

三、要发动和依靠群众,制定切实可行的防盗窃措施,建立群众性自查和互查制度,加强对集体单位现金、物资和重要仓库的保管工作,夜间建立值班制度。对保管人员加强思想教育,提高阶级觉悟,增强革命责任感。

四、那些已经发案的单位,"要用阶级和阶级斗争的观点,用阶级分析的方法",认真地检查原因,从中吸取教训。

1.3.5 枫桥区根据农村生产责任制落实后的新情况,积极开展帮教工作[1]

枫桥区的治安情况之所以一直比较好,根本是三中全会以来党的路线、方针、政策的正确,农村生产责任制的落实。

生产责任制落实之后,枫桥派出所对上述三种人(第一种是流窜惯犯,第二种是劳改释解除劳教人员,第三种是一般违法人员)采取了以下几个方面进行挽救、教育:

一、自食其力,种好责任田;

二、做手艺;

三、专业承包,劳动致富;

四、支持帮教对象,自谋职业;

---

[1]《枫桥区根据农村生产责任制落实后的新情况,积极开展帮教工作》,1983年。

五、就地安置,给生活出路。

1.3.6 关于推广诸暨市枫桥区依靠群众搞好社会治安的经验报告[1]

依靠群众,加强公复场所的治安管理。

随着商品经济的发展,枫桥区农村集体日益繁荣,公复场所增多,仅枫桥、赵家两个镇,就有各类商店275家,个体摊贩300多家,机动车288辆,电影院、溜冰场等各种娱乐场所10多家,每天流动人员达25 000多人。1986年以来,在诸暨市公安局的协助下,枫桥区依靠群众,积极探索公复场所的治安管理新路子。一是枫桥、赵家两个镇,由政府牵头,成立了专门管理公复场所的综合治理领导小组,还建立了联防队和义务消防队。二是按照"谁主管,谁负责"的原则,各集镇都建立了小商品市场、农产品交易市场和停车场。制定了交通管理实施细则。并及时建立了个体机动车车队,纳入派出所管理。三是依靠群众,严密社会面的控制。白天主要依靠市官员、交管员及车站、饭店、旅馆等部门的干部职工加强控制;晚上组织治安巡逻,以及时发现犯罪分子,加强阵地控制。四是组织退休职工参与交通、市场和娱乐场所管理。及时调处各类治安纠纷和其他治安问题。

1.3.7 关于在企业单位中组建治保调解组织的意见[2]

各企业单位:

近年来,随着我镇经济的快速发展,不少企业的规模迅速扩大,职工人数大量增加,企业内部治安状况渐趋复杂,如不加强管理,必将对企业的进一步发展带来较大影响。多年的实践证明,农村治保委员会、调解委员会在维护社会稳定,促进经济发展中发挥了积极的作用。为切实加强社会治安综合治理,深化发展"枫桥经验",根据全国、全省政法工作会议精神和市委、市政府的要求,经

---

1 《关于推广诸暨市枫桥区依靠群众搞好社会治安的经验报告》,1990年。
2 《关于在企业单位中组建治保调解组织的意见》,1995年。

镇党委、政府研究决定,在我镇范围内的企业单位都须建立治保、调解组织,现提出如下意见:

一、健全治调组织。职工人数在100人以上的企业单位,都须建立治保、调解委员会,职工人数不足100人的企业可不设治保、调解委员会,设立治保员、调解员。

二、建立群防群治组织。各规模企业都须建立护厂队、义务消防队,有"两劳"人员的企业要建立3—5人的帮教小组,并以车间或班组为单位选配治调信息员。要保证工作经费,加强教育培训,确保正常开展工作。

三、配强治调干部。选配的治保、调解干部要有较高的思想素质、较强的工作责任心、在单位内有一定的威信、办事公正、有相应的工作能力和业务水平。

四、保证工作经费。治保、调解委员会原则上应有单独的办公场所,有必要的办公设施,有一定的活动经费。治保、调解干部的工资报酬和工作经费由各企业单位自行负责解决。

五、治保、调解委员会的任务:

1. 负责对职工进行法制宣传和安全生产教育;

2. 负责本单位的治安保卫、安全生产、消防检查管理、外来人口管理等工作;

3. 协助公安机关及其他主管部门调查处理本单位内部发生的各类治安案件和其他案件;

4. 负责调处本单位职工之间,并协调处理本单位与外单位职工之间的民间纠纷;

5. 负责本单位刑释解教人员的安置帮教工作;

6. 开展调查研究,提出加强和改进本单位综治工作的意见和建议;

7. 协助有关部门做好其他工作。

六、企业治保、调解委员会行政上接受镇党委、政府和本单位的领导,业务上接受镇综治办的指导。

望各单位精心安排,认真物色人选,落实好本单位的治保、调解人员,并将名单于四月二十日前上报镇综治办。

附:治调干部名单填报表。(略)

枫桥镇人民政府
一九九五年三月三十日

1.3.8 枫桥镇依法治镇五年规划(1996—2000年)[1]

加强经济法制建设,保障经济稳步发展。围绕镇"九五"国民经济和社会发展规划的实施,认真贯彻执行各项经济法律法规,严格规范经济活动,建立良好的市场经济新秩序,引导我镇经济持续、快速、健康发展。

工商、财税、政法等部门要严肃执法,强化监督职能,规范经济活动,维护国家、集体、个人三者利益,制止、纠正和打击各种经济违法和经济犯罪活动,保障经济建设的顺利进行。

1.3.9 中共枫桥镇委关于进一步加强依法治镇工作的决定[2]

继续深化政务公开工作。涉及企业或农民的收费行为,严格按上级有关规定执行,坚决杜绝乱摊派、乱集资、乱收费行为。加大"阳光工程"实施力度,重大建设项目均实行招投标管理。同时,切实转变机关工作作风,增强服务经济能力。

1.3.10 枫桥镇农村社会主义精神文明建设规划(2000—2005年)[3]

指导思想

以党的十五大和十五届三中全会精神为指针,全面贯彻落实镇委十二届一

---

1 《枫桥镇依法治镇五年规划(1996—2000年)》,1996年。
2 《中共枫桥镇委关于进一步加强依法治镇工作的决定》,2000年。
3 《枫桥镇农村社会主义精神文明建设规划(2000—2005年)》,2000年。

次会议确定的提前基本实现现代化的发展战略和《诸暨市基本实现农业和农村现代化的实施意见》,积极推进"双百"工程,建设与现代化相适应的农村社会主义精神文明,为农村经济发展和社会进步提供强大的精神动力、智力支持和思想保证。

基本任务

紧紧围绕经济建设这一中心,按照《诸暨市基本实现农业和农村现代化的实施意见》的部署,大力加强精神文明建设,努力为经济发展和社会进步服务,努力培育有理想、有道德、有文化、有纪律的公民,努力把全镇46个村建设成为社会风尚良好、环境整洁优美、文化生活丰富、医疗条件完备、教育设施先进、人民安居乐业的现代化城镇、村庄。

农民群众和企业职工成为坚持走中国特色社会主义道路、善于发展市场经济的高素质队伍。

制定并实施农村文化、广电等事业发展规划。积极开展各种群众性文化活动,发展企业文化、地方特色文化、村居文化,争创文化强镇。加强广播电视网络建设。加强农村适用图书的发行工作,加强对农村文化市场的培育和引导,坚持开展"扫黄打非"斗争。

1.3.11 安全生产综合目标管理责任书[1]

甲方:枫桥镇人民政府

乙方:村经济合作社

为贯彻落实"安全第一,预防为主"的工作方针,认真贯彻《中华人民共和国安全生产法》,严格控制各类事故的发生,确保安全生产,根据国发〔1993〕50号《国务院关于加强安全生产工作的通知》精神和《诸暨市安全

---

1 《安全生产综合目标管理责任书》,2004年。

生产综合目标管理责任书》的要求,甲、乙双方签订安全生产综合目标管理责任书。

一、甲方责任

1. 及时传达贯彻上级政府的安全生产工作指示精神,部署安全生产工作任务。

2. 由镇安全生产领导小组牵头,组织有关单位定期进行安全检查。

3. 帮助乙方总结安全生产先进经验,树立典型,及时推广。

4. 每半年向乙方通报安全生产工作及事故情况。

5. 督促乙方严格执行责任书的有关内容,并对乙方安全生产做好服务和协调工作。

二、乙方责任

1. 认真贯彻落实"安全第一,预防为主"的工作方针,坚持法人代表为安全生产第一责任人,建立各级安全生产责任制,对辖区内单位签订安全生产责任书,明确各自职责,并付诸实施。同时建立安全生产专门组织,落实专人负责和专项资金。

2. 认真贯彻执行《劳动法》《浙江省劳动保护条例》和上级有关文件精神,健全安全生产规章制度。组织开展多种形式的安全宣传教育,以增强全员安全意识,提高整体安全素质。

3. 对本单位的安全生产工作必须做到一月一小检,一季一大检,并做好检查现场记录。对查出的重大事故隐患,采取措施及时整改,整改率必须达到100%。

4. 严格按照市政府办公室《转发市劳动局关于严禁企业招用童工意见的通知》精神。严谨招用未满十六周岁的未成年人,并按照足额发放职工工资,没有出现克扣或无故拖欠工资现象,积极依法签订劳动合同。

5. 认真做好防火防盗,严禁"三合一"(即车间、宿舍、仓库三者合一)现象的发生。

6. 乙方发生事故必须做到不瞒报、不虚报，发生死亡或重伤事故24小时内快报率为100%。

7. 乙方应积极参加财产保险、人身保险和工伤保险，以保障财产安全和职工合法权益。

8. 乙方所辖范围内发生的一切安全责任事故，一律由乙方的第一责任人承担所有法律和经济责任。

三、其他

本责任书的甲、乙双方签字人如有工作变动，接任者为当然签字负责人。

甲方单位：（公章） 乙方单位：（公章）

负责人：（签字） 负责人：（签字）

二〇〇四年三月一日

1.3.12　再谈农村干部职务犯罪的预防[1]

农村干部是农村"两个文明建设"和改革开放的直接组织者和领导者，农村村干部的素质如何，关系到农村组织是否坚强有力，农村工作能否正常运转，也关系到党的路线方针政策能否入户到人，贯彻到底。近年来，我市群众举报、控告农村干部涉嫌职务犯罪的案件（下称"涉农"举报、控告案件）呈高发态势，农村干部职务犯罪案件也日益增多，直接影响到农村社会的稳定。

一、当前"涉农"举报、控告案件及农村干部职务犯罪案件的基本情况

通过对2003年来我院的案件数据统计，当前的"涉农"举报、控告案件及农村干部职务犯罪有以下表现：

（一）"涉农"举报、控告案件点多面广，呈高发态势。

---

[1]《再谈农村干部职务犯罪的预防》，2006年，诸暨市人民政府藏，档案J086-W2006-3-00301。

（二）"涉农"举报、控告案件频发于经济强镇,经济热土并不十分太平。

（三）村干部对集体资产的管理行为集中成为举报、控告的焦点。

（四）村"两委会"主职干部违法、犯罪现象突出。

（五）村干部职务犯罪方式趋向隐蔽,潜在的威胁增大。

（六）土地征用补偿款、土地整理经营项目频频成为侵害对象,涉案数额惊人。

二、"涉农"举报、控告案件及农村干部职务犯罪对农村稳定的影响

从以上数据统计分析中,我们不难看出频频发生的"涉农"举报、控告案件及农村干部职务犯罪案件已经严重影响到我市农村的稳定。但是,它仅是表象上的一些体现,从深层次来看,"涉农"举报、控告案件和农村干部职务犯罪案件高发对农村稳定有三个方面的影响：

（一）阻碍了农村社会秩序的形成。

（二）阻碍农村"两个文明建设"的推进。

（三）阻碍了农村人心的凝聚。

综上分析,频频发生的"涉农"举报、控告案件和农村干部职务犯罪案件,反映出农村秩序尤其是法治秩序受到破坏、农村物质文明和精神文明受到阻碍,更关键的是人心无法凝聚,农村社会稳定受到影响势成必然。

三、职务犯罪预防工作如何维护农村稳定

关于农村干部职务犯罪的特征、成因及预防对策,近年来检察机关做了大量的调研分析,起到了积极的效果。但是在具体实施当中,各个地区的检察机关的做法不尽相同。从我市的情况来看,我们认为应当着力于以下几点：

（一）紧跟主题,努力构建社会化预防大格局。

（二）突出重点,积极服务新农村建设大局面。

（三）立足长远,积极探索预防多途径。

（四）打防并举,全力构筑警戒防线。

1.3.13 关于深化"平安诸暨"建设的实施意见之主要任务[1]

加强源头治理。健全完善警调、诉调、检调等衔接机制,继续推进行业性专业调解组织规范化建设,加强专业调解员队伍建设;完善部门协作联动机制,落实矛盾纠纷排查调处、信息报送、督查督办和协调会议等制度,提高预知预警和预防预控能力;完善"枫桥式"矛盾化解体系,深入开展矛盾纠纷排查整治活动,健全人民调解、行政调解、司法调解融合对接机制;严格落实社会稳定风险预估预警机制,围绕经济金融、社会治安、安全生产、公共安全和网络舆情等"五大稳定",进一步拓展风险评估领域和范围,完善风险评估社会公示和公众听证、对话、协商等制度,完善涉稳信息报告和定期分析研判社会稳定形势制度,健全落实社会稳定"三色"预警制度,切实做好对企业风险、重点项目建设环境等不稳定问题的防范化解。

加强基层基础。依托浙江省平安建设信息系统平台,深化完善社会治理"一张网"工程,配齐配强专兼职网格员队伍;建立镇乡(街道)"一张网"信息指挥中心,搭建市、镇、村三级信息化操作平台,实现基层平安建设信息系统与网格化工作"两网合一",提升基层社会治理信息化水平。积极探索镇为领导、村为主体、党员带头、群众参与的法治、德治、自治"三治合一"乡村治理机制,走出符合诸暨实际的乡村治理现代化新路子。推进乡镇(街道)社会服务管理中心规范化建设,明确功能定位,整合力量资源,落实建设"平安诸暨"五项工作制度,深入开展部门系统平安创建和平安乡镇(街道)、"枫桥式"乡镇(街道)创建活动,有效提升平安创建群众知晓率、参与率。

加强依法治理。加大法制宣传力度,积极开展"法律六进"活动,圆满完成"六五"普法各项任务;推进依法行政、公正司法和规范执法,运用法治思维、方

---

[1]《中共诸暨市委、诸暨市人民政府关于深化"平安诸暨"建设的实施意见》,2015年。

式和法律手段调节经济社会关系、加强社会管理、维护公平正义。以法治环境优化发展环境,严厉打击各类破坏项目建设行为,整肃规范施工环境秩序,健全企业风险防范化解机制,查处"三难三案"案件,打击非法民间借贷、逃废债等行为,优化经济金融环境。依法规范信访秩序,积极稳妥终结涉法涉诉信访。

第二章
法检两院服务农村经济社会发展的"枫桥经验"研究

提要:"小事不出村,大事不出镇,矛盾不上交,就地化解"是"枫桥经验"的核心,毛泽东同志的批示也让枫桥一跃成为"全国标杆"。诸暨市人民法院、诸暨市人民检察院深化运用"枫桥经验",以法律为依据,以调解为手段,以办案构筑经济社会保障网,以建议促进经济社会和谐体,为诸暨农村经济社会发展注入和谐基因。

在促进农村经济和谐发展方面,诸暨市人民法院、诸暨市人民检察院针对性地审慎化解诸暨农村经济社会发展中存在的新问题、新纠纷,助推乡村经济健康发展,包括妥善审慎处理好涉农"三地"案件。当前,土地、耕地、宅基地,这"三地"仍然是我国2亿多户、8亿多农民生存的基本保障与返乡退路。因此,对涉"三地"案件,诸暨市人民法院、诸暨市人民检察院坚持审慎的态度,切实维护农民合法权益,依法妥善审理好涉农经济发展等各种新型市场主体和市场要素的案件,促进金融服务农村实体经济。

在依法维护农民权益方面,诸暨市人民法院、诸暨市人民检察院在打击各种危害"三农"犯罪、维护农民合法权益、化解各种涉农矛盾纠纷方面积极作为,为助推农村经济社会发展提供高质量的司法服务,包括依法惩治危害农村社会安全的犯罪,推进"法治乡村""平安乡村"建设,并且贯彻宽严相济刑事政策,促进乡村和谐稳定。

本章通过诸暨市人民法院和诸暨市人民检察院的档案史料收集与分类整理,围绕20世纪60年代至今的农村经济社会发展线索,从案例以及工作报告、工作方案、会议纪要等方面梳理,较为全面地体现诸暨市人民法院、诸暨市人民检察院在服务农村经济社会发展中扎实的司法保障服务。

2.1 以办案构筑经济社会保障网

2.1.1 对当前生产纠纷情况和处理意见的报告[1]

自从贯彻执行农村人民公社"六十条"及以生产队为基本核算单位的政策以后,广大社员生产积极性大大提高,对集体经济的发展也更加关心。但是,有些地方由于在调整所有制和划分社队的时候,某些经济政策处理不落实,所有制问题解决不彻底,以及群众烧柴用材、开荒种粮与封山育林之间的矛盾没有处理好,加之有一些历史性的宗派影响,因此,集体与集体之间为争夺所有权和使用权而引起的生产纠纷事件比过去有大幅度的上升,今年三月至九月,我院直接受理或参与处理的生产纠纷事件一百三十八起,比去年同期的七起增加近二十倍。

群众性的生产纠纷及由此所引起的哄闹、械斗事件,也有少数敌人插手破坏,两类矛盾互相交织,情况复杂。因此,处理这类问题,必须坚持"先分是非,后清敌我"的原则。对人民内部问题,要坚持耐心教育,调解协商解决。在处理时,要贯彻政策,将解决所有制问题及安排解决群众生产、生活上的实际困难密切结合起来,以达到从根本上解决问题。对于在械斗中一般伤害,损

---

[1] 《对当前生产纠纷情况和处理意见的报告》,1962年,诸暨市人民法院藏,档案087-013-001-031。

害农作物和生产工具等违法行为,应当采取批评教育、认错检讨、赔偿等办法处理。对于在械斗中打死人命或造成其他严重后果的犯罪分子,应在事态平息、群众是非界限划清以后,依法给予必要的制裁。对于反、坏分子利用群众性的纠纷、殴斗,乘机进行煽动破坏,谋害干部,实行阶级报复的,必须依法从严惩处。

2.1.2 关于抓紧时机清理积案,以更好地保卫两大运动的工作意见[1]

目前社会主义教育运动和"五反"运动正在进行,这是一次伟大的革命运动。我们必须积极参加运动,保卫运动。同时,当前旱象有发展趋势,晚稻超早稻运动已掀起高潮,从司法工作方面,切实做好抗旱保秋的保卫工作,已成为保证农业丰收,巩固集体经济的一件大事。目前,本院尚有一大批未结案件,为了争取工作主动,完全摆脱被动,必须抓紧八九两个月的时间,集中精力,鼓足干劲,保质保量地把大批积案清理出去,这是我们摆脱被动,争取主动,以更好地保卫运动,保卫中心的关键。是司法机关以实际行动,反官僚主义的重要内容。这样才能轻装上阵,投入将开展的"五反"和社会主义教育运动,运用审判武器,保卫这两大运动的顺利进行;也只有这样,才能更好地保卫秋收秋种。

根据县委和上级业务部门的指示和我县的实际情况,对参加和保卫运动应按政法党组的部署认真贯彻执行,当前应突出地抓好打击现行,清理积案等项工作,具体是:

一、抓好打击现行。

二、在处理好有关抗旱保秋中的水利、土地、肥料、农具等群众性生产纠纷的同时,抓紧时机,大力清理民事案件。

---

[1] 《关于抓紧时机清理积案,以更好地保卫两大运动的工作意见》,1963年,诸暨市人民法院藏,档案087-014-002-010。

三、检查处理罚没案件的工作,一定要在八月底前搞结束,写出报告。

2.1.3 关于一九六二年以来处理土地纠纷的情况报告[1]

浙江省高级人民法院:

1962年来我们在县委统一领导下积极配合有关部门共处理了群众性土地纠纷42起,其中土地13起,山地29起(以上六二年处理的37起,今年一季度处理的5起),占同期民事案件总数的3.9%。对这些纠纷的解决,一般都做到了依靠党委,深入群众,查明原因,分清是非,联系各方,充分协商,按照政策,妥善地解决。对巩固集体经济和发展农业生产,加强人民内部团结,调动群众生产积极性起了良好作用,取得了一定成绩。

土地纠纷之所以增多,从总的来看,一方面,自贯彻"十二条""六十条"以来广大社员所有制观念极大增强了,对发展集体生产的积极性更加提高了;另一方面,有些地方在调整所有制和分社队的时候,某些经济政策处理不落实,所有制问题解决不彻底,加之有一些历史性的宗派或封建迷信思想的影响,因此集体与集体之间为争夺所有权而引起了纠纷。具体地说,形成纠纷主要原因有:

一、在1958年公社化运动中,为了有利于集体生产,对插花田按照便利和土地多少进行了规划,但当时手续简单,缺乏认真细致研究和群众讨论,有些地方不够合理,"六十条"贯彻后,这些大队感到吃亏,便提出以原来所有制为基础要求重新调整。

二、马马虎虎,乱开荒山荒地。现在由于对集体经济的发展更加关心,加之以生产队为基本核算单位便斤斤计较,互相争夺,造成纠纷。

三、在大办水利时,一般的水库其库底田已给所属大队减免了征购任务,库底田的所有权则确定归水库所有,但有的生产队却去种水稻,引起水库与生产

---

[1]《关于一九六二年以来处理土地纠纷的情况报告》,1963年,诸暨市人民法院藏,档案087-014-002-006。

队互相争夺使用权纠纷。另一种较大的水库,其库底田由国家偿付征用费,但有的没有及时付清也没有办妥征用等手续,所有权不清,引起纠纷。如国家所办大型的杨梅桥、石壁水库,在1962年春耕开始时,因未付清征用费和办好征用手续,曾发生县与县、社与社、队与队的土地纠纷。

四、大办畜牧、大办试验班等时所筹划的土地,当畜牧撤散以后一般按原来所有制归还给生产队,但有的在具体政策的处理上不够合理,或所有权有所变动,因而队与队、队与社互相争夺。

我们解决土地纠纷采取的基本方法是:

(一)认真进行调查研究工作。

(二)依靠当地党委,做透思想工作,坚持调解为主协商解决。

(三)按党的政策办事。

2.1.4 枫桥法庭是怎样贯彻群众路线,争取工作主动的[1]

枫桥法庭自贯彻省三月法院院长会议精神后,在党委领导下,积极贯彻了依靠群众办案的方针。四个月来,一手抓依靠群众清理积案,一手抓调解组织建设,逐步由被动转为主动。四月份前,积案多达六十余件,现在积案已降至二十件。当事人上法庭催案告状的少了,调解干部上法庭联系工作的多了;过去忙于应付清案,现在已逐步把精力转移到抓调解组织、加强预防方面来;过去往往是等案上门,坐庭问案,现在除隐私案件外,百分之八十七的案件深入就地,依靠群众办理,便利群众,更好地为生产中心服务。

围绕生产中心开展主动预防

主动预防纠纷,过去做得很少。这一时期,针对生产纠纷显著增加的突出

---

1 《枫桥法庭是怎样贯彻群众路线,争取工作主动的》,1965年,诸暨市人民法院藏,档案087-016-001-033。

情况,也做了些工作。主要是进行典型调查,向党委汇报,依靠党委抓预防。同时,在党委的领导下,抓了以下三条:

一是发现先进,及时总结,报请党委介绍推广。如东溪公社党委,吸取了去年采摘香榧时,发生二十几起争摘香榧纠纷之教训,在八月下旬香榧采摘前夕,专门组织八个公社干部分三个组到各大队配合党支部和调解组织,解决了三十六起萌芽纠纷,避免了争摘香榧纠纷的发生。法庭发现这一全党搞预防的经验后,就及时帮助总结,向区委汇报,区委十分重视,立即在区里召开的公社政法主任会议上介绍了这一经验,推动了预防工作的开展。

二是推动调解组织搞预防。主要是经常教育调解干部要重视预防工作,并介绍推广预防纠纷的经验。东三公社岭下大队晒场基没有划分落实。前几年一旦早稻旺割就发生争晒场基的纠纷,今年夏收前,调解干部主动报告党支部,并在支部领导下划分落实了晒场基,避免了晒场基纠纷的发生。

三是结合办案,开展预防。如新山大队与网山大队之间的山林纠纷处理后,针对新山大队柴山培育管理不善和烧柴浪费的问题,帮助落实了封山育林和改革炉灶等措施,并帮助搞了改灶的样子,每户每天可节省烧柴百分之四十多。现在,全大队已推广了改灶,每年可省烧柴四十二万斤。由于既护养了山林,又解决了烧柴不足的困难,收到了处理一案、防范类似纠纷发生的作用。

现在,法庭收案下降,抓调解组织和预防工作越抓越尝到甜头,越抓越有劲,法庭工作开始争得了主动。

一九六五年九月三十日

2.1.5 枫桥法庭在社教运动前后的收案情况[1]

枫桥法庭管辖的枫桥区,共十四个公社,近十一万人口。目前除乐山、舞凤

---

1 《枫桥法庭在社教运动前后的收案情况》,1965年,诸暨市人民法院藏,档案087-016-001-019。

两个公社尚未开展社教运动和东和、东三两个公社将近结束社教运动外,其余十个公社已在去年结束社教运动。从社教运动前后法庭所收的案件和来信看,总的是增减不显著。其中有的增加,有的减少,也有的不增不减。

生产纠纷

今年一至六月收十五件,比去年同期所收的十四件增加一件。虽然从法庭收案来看,这类纠纷增加不显著,但实际上在社教运动以后,这类纠纷是有显著增加的。在夏收前夕,仅枥江、永宁、乐山、东一、舞凤五个公社,就有积压在公社和大队的土地、山林、水利等集体间生产纠纷三十四件。保安公社近半年内共发生集体间的生产纠纷二十八件。这个公社是法庭指导调解组织的试点,调解工作的基础比较好,因此,上交由法庭配合公社、大队调解处理的只一件。由公社、大队调解组织自行调解解决的二十一件。目前仍积压在公社、大队的六件。生产纠纷增多的主要原因是经过社教运动,广大社员群众的集体生产积极性大大提高,队与队之间在发展生产、改造自然过程中因为种种具体原因,加上一部分干部和社员的本位主义思想,就发生了不少过去不成为纠纷的纠纷。这里所谓具体原因大致有以下几种:

(一)在调整插花地和插花山时,不少队对土地和山林多点少点无所谓,不在乎,双方干部只在办公室或会场上随便说一下就算做了调整,没有到实地勘察、立界,更没有订立书面协议。现在一方感到吃亏,反悔了原协议发生了纠纷。

(二)在大包干或分队时,口头协定的地界、山界笼统、含糊。过去对分界线进点出点互不计较,现在则寸土必争、寸山不让,发生了纠纷。还有的原讲明的分界线之标志(如路、沟等)因自然变迁而消失,发生了纠纷。

(三)址界是清楚的,但一方只图自己扩充种植面积,侵占了对方的地和山,发生了纠纷。

(四)过去大家都不重视发展水面养殖。现在双方为争夺水面养鱼等而发生了纠纷。

（五）甲方在向水库渠道或水塘放水灌溉时,遭乙方阻止发生了纠纷。乙方所以阻止,有两种情况:一种是甲方在前几年建造水库时,集体生产积极性不高,不肯投放或只投放了小量劳力;另一种是甲方灌溉的水田是乙方在调整插花地时调出的,过去几年甲方放水乙方没意见,现在乙方感到调整时吃了亏,不肯让甲方继续放水。

（六）山区以烧柴、毛竹与平原调换草子、石灰、稻谷等,在合同执行过程中因毛竹是二类管理物资,不能随便外流或其他原因,一方违了约而发生了纠纷。

一九六五年八月四日

2.1.6　枫桥法庭:保安公社全党动手,依靠群众做好民间调解工作的总结报告[1]

保安公社是一个半山区,全社十二个大队,八十五个生产队,1 642 户,7 886 人。全社人民经过社会主义教育运动,生产积极性空前提高。在这种情况下,群众对于大包干时遗留的某些山界、地界不满的现象,迫切要求解决;同时,运动之后,在农村中两条道路、两种思想的斗争仍然存在。反映在群众长远利益与眼前利益的矛盾,大集体与小集体的矛盾,社会主义思想与自发资本主义倾向之间的斗争,在某些方面仍然比较突出。加上宣传教育工作和发挥调解组织的作用不够。前一时期,人民内部的纠纷比较多。在五月之前,上交公社的纠纷就有二十一件,法庭的有七件,停留在大队悬而未决的纠纷有三十五件。由于许多纠纷没有及时解决,直接影响了群众的团结和生产。今年五月,枫桥法庭到公社搞依靠调解组织和广大群众,处理民间纠纷,矛盾不上交,为三大革命

---

[1]《保安公社全党动手,依靠群众做好民间调解工作的总结报告》,1965 年,诸暨市人民法院藏,档案 087-016-001-036。

运动服务的试点。公社党委十分重视,专门召开了公社干部会,研究了调解工作,提出"全党动手,健全组织,依靠群众,做到矛盾不上交,促进农业生产大发展"。在公社党委的重视和法庭的指导下,依靠群众,处理了大量的民间纠纷。据十月的统计,共处理各类纠纷一五二件。其中山林、土地、水利纠纷七十一件;婚姻家属纠纷二十九件;打架伤害纠纷三十七件;房屋和基地等其他纠纷十五件。过去许多所谓老大难的纠纷都解决了,这对于加强人民内部团结,移风易俗,加强专政,促进生产建设起了很好的作用。

2.1.7 诸暨法院对涉农案件实施"3322"工程[1]

为落实司法为民的要求,服务农业、农村、农民的发展与稳定,我院为涉农案件开通"绿色通道",实施涉农案件"3322"工程,即"三优先、三慎重、二便利、二清理"。"三优先":对涉农案件坚持优先立案、优先审理、优先执行。尽量简化程序,缩短时间,降低诉讼成本,确保合法权益及时得到保护。"三慎重":慎重立案,慎重判决,慎重执行。加强诉讼指导和诉讼风险提示工作,对一些群体性的、矛盾特殊的通过诉讼途径不一定能取得好效果的案件,在立案前先协同相关单位、个人或乡镇党委、政府,力争通过诉前调解的方式妥善解决。在审理过程中,对侵占、挪用农村集体财产,横行乡里、带有黑社会性质等犯罪,坚决从严惩处。对涉农民商案件,强化诉讼调解工作,力争协商解决矛盾。对通过诉讼无法支持原告诉讼请求的,在判决前,坚持做到慎之又慎,如对孟某甲、孟某乙与应店街镇伍堡坂经济合作社其他劳动争议纠纷两案在判决驳回原告起诉前,经过了审委会的讨论,并向应店街镇政府书面发函建议由镇政府出面协商解决,最后促成了两案的妥善解决。在执行中对强制执行不利于纠纷解决的案件,做足、做好双方思想工作,努力促成和解。"二便利":一是在农时实行上门

---

[1]《诸暨法院对涉农案件实施"3322"工程》,2006年。

立案;二是在基层法庭设立简案组,实行巡回开庭;"二清理"。对执行未结案、涉诉信访中的涉农案件进行集中清理。

2.1.8 认清形势解放思想　我院经济庭八月以来成绩显著[1]

诸暨法院对1984年8月份以来的经济审判工作进行总结,主要内容包括以下三点:第一,工作成果。1984年8月份以来,在仅两个月的时间里,该庭共办结经济合同纠纷案件11件,与去年同期相比增加2.6倍,相当于占今年来办案总数的39.3%;解决争议金额达357 067.24元,与去年同期相比增加12.2倍,相当于占今年来争议金额总数的79.1%。第二,经济审判案件的特点。一是"老",二是"大",三是"难"。第三,经济庭成绩显著的原因。一是院领导重视经济审判工作,以适应新形势的需要。二是我庭加强业务建设,打开局面,保证办案速度和质量。

2.1.9 牌头法庭审理农村承包合同纠纷的做法[2]

牌头法庭对农村承包合同纠纷案件的处理进行总结,主要内容包括以下几点:第一,积极受理,及时处理。牌头法庭根据农村承包合同纠纷政策性强、涉及面广、影响大、季节性强时间紧的特点,分情况对案件给予受理,并依法及时进行处理。第二,着眼全局,切实维护合同当事人的合法权益。牌头法庭在处理农村承包合同纠纷案件的过程中,从全局着眼,以事实为根据,以法律为准绳,严格依法办案,维护合同当事人的合法权益。第三,就案讲法,扩大办案效果。牌头法庭针对部分干部群众不知法、不懂法,法制观念淡薄的特点,有针对性地展开法制宣传,就案论案,真正起到审理一案,教育一片的作用。

---

1 《认清形势解放思想　我院经济庭八月以来成绩显著》,1984年,诸暨市人民法院藏,档案087-034-005-021。
2 《牌头法庭审理农村承包合同纠纷的做法》,1986年,诸暨市人民法院藏,档案087-036-003-026。

2.1.10 我们是怎样争取多办案、办好案的?——诸暨县草塔人民法庭[1]

诸暨县草塔法庭对各类民事案件、经济纠纷的处理进行工作总结。主要内容包括以下几点:第一,依法受理,不推不拖,为民排难解纷。第二,狠抓进度,讲究效率,"及时"上下功夫,我庭在处理案件中,主要是坚持做到了"五个及时",即立案及时、送达法律文书及时、及时询问当事人、调查取证及时以及调解审判及时。第三,查清事实,坚持调解,注重办案质量。我庭在提高办案质量上主抓了三个方面,即严把事实证据关、着重调解以及重视执行。第四,就案讲法,宣传法制,扩大办案效果。

2.1.11 草塔法庭半年工作成绩显著 民事、经济、刑事审判工作同步前进[2]

草塔法庭对今年以来民事、经济、刑事审判进行工作总结,主要内容包括以下几点:第一,工作总结,草塔法庭收案各类案件128件,办结102件,办结的民事与经济纠纷案件分别比去年同期增加了32%和2.6倍。第二,具体的工作做法。该庭宗旨明确,目标一致,将"民事案件积极办,经济案件优先办,自诉案件及时办"作为自己的工作原则。脚踏实地,作风深入。兴利除弊,方法得当,团结战斗,相互促进。

2.1.12 关于打击严重经济犯罪活动情况的汇报——一九八六年

---

[1]《我们是怎样争取多办案、办好案的?——诸暨县草塔人民法庭》,1986年,诸暨市人民法院藏,档案087-036-003-004。

[2]《草塔法庭半年工作成绩显著 民事、经济、刑事审判工作同步前进》,1986年,诸暨市人民法院藏,档案087-036-003-023。

五月十四日[1]

关于打击严重经济犯罪活动情况的汇报,主要内容包括以下几点:第一,经济犯罪的特点。一是贪污案件多,二是主要发生在银行系统、商业系统以及机关单位中,三是主要发生在乡镇企业单位中,四是利用经济合同和购买紧俏物资为名进行投机诈骗。第二,打击犯罪的措施。我院在打击经济犯罪活动中,着重提高对打击严重经济犯罪的自觉性和紧迫性的认识;依法从重从快打击严重贪污、诈骗犯罪分子;正确处理罪与非罪的界限,力求做到不枉不纵;积极提出司法建议扩大办案效果。第三,工作建议。我院提出在打击经济犯罪的活动中,要积极主动地开展调查研究,及时向党委和上级汇报相关问题,要坚定不移,敢于碰硬,"讲真理,不讲面子",要强调"准"字,以稳、准、狠地打击经济犯罪分子。

2.1.13 正确审理刑事案件促进乡镇企业发展[2]

诸暨法院在审判实践中,针对乡镇企业不同的违法犯罪情况,进行区分与处罚,主要内容包括以下几点:第一,凡是趁改革、开放、搞活之机,利用经济合同买空卖空,诈骗钱财,损公肥私,严重扰乱社会主义经济秩序,给国家和集体企业造成严重经济损失的,给予严厉打击。第二,对于那些办企业、发展生产确有贡献,而又有经济犯罪活动的管理、技术骨干,如果罪行较轻,不以犯罪追究;如有犯罪情节比较严重,但认罪悔改态度好,能积极退清赃款,当地群众和基层领导能够谅解的,依法从宽处理。第三,为帮助乡镇企业发展生产,打通购销渠道,擅自出借公款,虽然数额达到追究刑事责任的标准,但个人没有从中谋私利,未给国家、集体造成严重经济损失的,一般不以犯罪追究;如果个人从中谋私利的,就给予必要的刑事处分。第四,对企业贡献大、深受群众好评,同时又

---

1 《关于打击严重经济犯罪活动情况的汇报——一九八六年五月十四日》,1986年,诸暨市人民法院藏,档案087-036-003-001。
2 《正确审理刑事案件促进乡镇企业发展》,1987年,诸暨市人民法院藏,档案087-037-002-016。

有经济犯罪的,而功大于过,重判了会失去群众,造成领导不满的,都给予从轻处理。第五,分清是工作上的过失还是犯罪行为,已给国家、集体造成危害的,对前者不追究刑事责任,对后者追究刑事责任。

2.1.14　关于陈善某、陈福某非法占地问题和陈奇某被殴打致伤,请求赔偿问题[1]

诸暨法院关于陈茂某在写给法院的信中提及的问题进行答复,主要内容包括以下几点:第一,关于非法占地问题。经查,陈善某、陈福某二人为侵犯集体土地的行为,法院已对该行为作出行政处罚,但对于侵占宅基地的行为,没有根据。第二,关于殴打致伤的赔偿问题。该案已由乡政府着手处理,人民法院不再受理。第三,关于其他赔偿问题。毁坏粪池、围墙、树木此类纠纷的处理可以申请村、乡两级解决,也可以向人民法院提起诉讼。

2.1.15　坚持着重调解搞好经济审判[2]

诸暨法院枫桥法庭在经济审判中针对着重调解进行了工作汇报,主要内容分为以下几点:第一,不受程序约束,搞好庭前调解。枫桥法庭根据经济案件发案突然、诉讼标的单一集中、诉讼主体表现特定的特征,决定针对案件事实基本清楚,双方当事人争议不大的经济纠纷,大多采用庭前调解的办法。第二,发挥律师作用,促进自愿和解。随着律师的地位和作用受到社会的普遍尊重,枫桥法庭对律师作为代理人参加诉讼都给予热情支持,并积极提供方便。第三,明确举证责任,做到合法调解。枫桥法庭从去年开始,在办案中积极推行了当事人的举证责任,与此同时,重视由律师或诉讼代理人为被委托人所收集的证据,并强调承办人积极主动地收集证据。第四,运用"枫桥经验",立足就地解决。

---

[1]《关于陈善某、陈福某非法占地问题和陈奇某被殴打致伤,请求赔偿问题》,1988年,诸暨市人民法院藏,档案087-038-004-010。

[2]《坚持着重调解搞好经济审判》,1990年,诸暨市人民法院藏,档案087-040-002-005。

多年来,枫桥法庭继承和发扬"枫桥经验",加强对基层调解组织的业务指导,充分发挥基层的作用,把大量的经济、民事纠纷解决在基层。具体做法包括以会代训,保证时间,进行集中指导、热心指导登门求教的以及利用下乡办案,挤出时间,进行分头指导。

2.1.16 乡级罚没款管理不严土管员经济犯罪突出[1]

我院根据有关部门在纠正行业不正之风中发现和提供的经济违法犯罪线索,经认真地核查,证实乡级罚没款管理不严,以致个别工作人员有可乘之机。在查处案件中,有5名乡、镇政府的土管员、计划生育专管员构成犯罪(其中土管员3人,计划生育专管员2人),在犯罪性质上,属贪污的4人,挪用的1人。如梅岭乡土管员李某某,1987年5月在担任东溪乡土管员期间,私自购买收款收据4本,盖上乡政府公章,尔后以此收取土管费及违章建筑罚没款,收入不入账,进行贪污犯罪活动,初步查明侵吞罚没款项16笔,计3 989.08元。宜东乡计划生育专管员金某某,自1988年至1990年10月,利用工作之便,采用收入不开票的手段,侵吞村民超计划生育罚款7 000余元,在群众中造成极坏的影响。

2.1.17 认真贯彻全会精神切实维护农村稳定[2]

我院认真学习贯彻中共十五届三中全会精神,积极发挥职能作用,近日,本院反贪局又查处一起村干部经济犯罪案件。

犯罪嫌疑人朱某某,男,49岁,原系城关镇下坊门村党支部委员兼会计。疑犯朱某某在任职期间,利用职务之便,在新乐毛纺厂集资楼和本村综合楼建造及土地征用过程中,收受建筑包工头许某某等贿赂十余万元。

---

1 《乡级罚没款管理不严土管员经济犯罪突出》,1991年,诸暨市人民法院藏,档案J086-W1991-2-0010-071。

2 《认真贯彻全会精神切实维护农村稳定》,1998年,诸暨市人民法院藏,档案J086-W1998-2-0010-190。

10月19日,本院依法对犯罪嫌疑人朱某某立案侦查,30日逮捕。现该案正在进一步审理中。

近年来,我院始终把维护农村稳定作为检察一项重点工作来抓,切实重视群众反映的热点问题,已查处袁某甲、袁某乙等10多名村干部经济犯罪大案,受到群众好评。

2.1.18 农村承包合同纠纷案件增多亟需引起重视[1]

近年来,农民、承包者与村集体组织之间因农村承包合同产生的纠纷案件日益增多。据诸暨法院统计,2000年该院受理34件,2001年受理58件,上升71%,2002年1—8月新收此类案件25件,比去年同期上升66.7%。此类案件涉及面广,社会影响大,处理难度大,如处理不慎将直接损害农民的利益,不利于农业生产发展和农村社会稳定。从该院受理的案件情况看,此类案件有如下几个特点:

1. 原告多为村民或承包者。2001年1月至2002年8月,该院受理的83件农村承包合同纠纷案件中,村民或承包经营者为原告的为64件,占77%。由于广大农户、承包经营者在签订合同时处于劣势地位,加上一些村集体组织擅自提高承包款甚至废止合同,广大农户、承包经营户的利益易于受到损害。

2. 无效合同较多。在2002年1—8月结案的18件农村承包合同纠纷案件中,属无效合同的有13件,占72%。无效的情形主要表现在:一是违反法律法规和国家政策的有关规定,如未经审批擅自将矿山发包给个人经营;二是发包人无发包资格,如一些村集体组织将一些不属于村集体的资产作为集体资产擅自发包;三是违背民主议事原则,一些村委会在发包时未按照村民委员会组织法规定由村民代表大会或村委会表决通过,如该市五一镇大花园村在将该村主要经济来源的一处矿山发包给徐某时,未经村委会讨论及村民代表大会表决,以

---

[1] 《农村承包合同纠纷案件增多亟需引起重视》,2002年。

较低的价格发包;四是承包人承包后又私自转包,从中渔利。

3. 集团诉讼案件较多。农村承包合同发包方多为村集体组织,合同内容往往涉及村民、集体的利益,如处理不慎,往往容易激化矛盾,引起集体起诉或上访。今年以来,诸暨法院已发生多起集团诉讼案件,人数也呈上升趋势,其中陈某某等村民诉诸暨市浣东街道大花园村村委会、经济合作社侵权纠纷一案,原告有386人之多。

4. 案件处理难度较大。这类案件往往涉及农民、承包户的切身利益,农户的对抗情绪较为强烈,致使案件处理难度较大,如处理不慎,极易引发社会矛盾。

农村承包合同纠纷大幅上升,主要有以下几个方面的原因:

1. 少数村干部缺乏民主意识。一些村委会政务不公开,决策不民主,给个别法律意识、民主意识淡薄的村干部以可乘之机,对集体财产不通过法定程序发包,擅自处理。

2. 相关职能部门对农村承包合同监管不力,致使合同签订不规范,约定不明确,出现大量无效合同。如矿山合同,需经矿业主管部门审核同意,但有些矿业主管部门在审核过程中,没有尽到责任,有些承包合同主要条款存在严重缺陷。

3. 一些农民及承包户法律意识不强。一些承包户对有关农村承包的法律法规和政策不熟悉,承包行为带有一定的盲目性,在获得土地等资源承包权后,又觉得经济上不合算,就长期抛荒以致拖欠承包款。

4. 部分村集体组织对承包人选择不当,缺乏有效的监督措施。部分发包人错误地认为,只要签订了合同,就可坐收承包款,结果不少承包者因经营管理不善造成亏损,集体组织非但得不到利益,有的还要赔上老本,甚至对外债还要负连带责任。

农村承包合同纠纷产生后,不仅对农村经济发展带来影响,而且造成干群关系紧张,农民上访事件增多,成为农村社会不安定因素。同时,人民法院在执行此类案件时,一些村民不理解,极易诱发群体性暴力抗法事件。当前农村承

包合同纠纷案件大幅上升暴露了农村承包合同中存在的问题,应引起各级领导的高度重视。为此,我们提出如下对策:

1. 提高思想认识。农村承包合同纠纷处理的好坏,事关农民切身利益、农业经济发展、农村社会稳定,相关部门一定要提高思想认识,从维护社会稳定、确保人民安居乐业、维护农民根本利益的高度出发,正确、适当处理好此类纠纷。有关部门还要加强引导,促使农业承包行为健康、规范地运行。

2. 加强对承包合同的监督管理。相关部门要切实履行法定职责,严格把关,特别是对国家控制的矿山等资源的承包必须选配好承包人,并对其经营管理进行经常性的监督检查。要加强对合同内容的审核,确保合同权利义务明确,程序合法。

3. 加强法制宣传,增强承包双方的法律意识,从源头上减少此类纠纷的产生。要抓住农村"四五"普法教育的良机,采用送法下乡、加强舆论宣传等多种形式,大力宣传相关法律法规,提高农民的法律意识。

4. 镇乡司法组织要做好纠纷产生后的说服平息工作,防止矛盾激化,要从实践"三个代表"的高度,讲究工作方式方法,切实维护好农民的合法权益。相关部门要密切配合,齐抓共管,深化"枫桥经验",强化综合治理,做好稳定工作。

2.1.19 农村小型水利工程职务犯罪频发需引起重视[1]

2012年以来,本院共受理农村小型水利工程领域的举报案件线索100余件,且成案率相对较高。在查办案件中发现,农村小型水利工程领域正成为职务犯罪案件多发、易发地带。

一、案件特点

(一)涉案人员多为村两委班子成员。农村小型水利工程一般包括山塘水

---

1 《农村小型水利工程职务犯罪频发需引起重视》,2014年,诸暨市人民检察院藏,档案J086-W2014-4-00144。

库、饮用水工程、大田水塘整改等工程,这些工程的发包方主体一般为村一级单位,工程招投标、有关政策处理、施工等环节都以村为单位组织实施。

(二)社会影响大,群众反响强烈。水库整治工程不仅涉及人民群众的生产、生活用水问题,同时也涉及群众生命、财产安全,因此群众关注度高。

(三)案件性质多以渎职、受贿为主。从调查的该类举报案件来看,有73.6%的案件当中存在或多或少渎职行为,而招投标环节是产生玩忽职守、滥用职权等渎职行为的重灾区,特别是对投标主体的资格及资质审查不严格,而使没有资质的主体承包了工程,进而出现工程质量问题的情况较多。

二、查办案件中发现的问题

(一)农村小型水利工程实际多由村干部垄断承包。

村干部多通过挂靠有资质的单位直接或间接参与投标,有的甚至用强行转包的方式将这些小型水利工程揽到自己名下。由于村干部多不懂工程施工,又想赚取高额利润,因此极易造成工程质量问题,引起安全隐患。

(二)招投标程序不规范,缺乏有效监督。

农村小型水利工程由于标的额较小,一般都是由各镇乡(街道)招投标分中心进行招投标。然而现阶段,各招投标分中心专职人员配备较少,专业知识缺乏,对招投标相关制度的执行也不够严格,招投标程序欠缺规范,投标主体的资格、资质审查流于形式,投标程序走过场等现象时有发生,各镇乡及相关部门对该类招投标过程也缺乏有效监督,所以极易发生职务犯罪。

(三)农村财务不规范,欠缺有效的监管机制。

当前,虽然一些村进行了合并,但由于合并前各自然村经济、资源等各方面的差异,使得很多行政村下属各自然村在财务上依然独立,行政村经联社社长及村务监督小组对各自然村的财务无法真正进行监督。

(四)工程建设过程监管严重缺失。

由于农村小型水利工程的数量多、工程量小、工程款较少,作为决定资金拨付、工程质量的相关部门以及镇乡(街道)的工作人员思想上不够重视,业务上又因人少事多,特别是镇乡水管部门的人员专业性大多不强,所以对水利工程的建设过程监管不严,审核验收又多是走走形式,使得整个建设过程漏洞百出,廉政风险居高不下。

2.1.20 关于处理水利纠纷的总结报告[1]

几年来,我县的水利建设飞速发展,对发展生产、保证农业丰收起了重大的作用。但是由于发展生产与地理变化这一矛盾的客观存在,在兴办水利中也暴露出新的矛盾,并在调整所有制过程中经济政策和具体处理不够落实,遗留下一些实际问题,同时,由于两个阶级、两条道路斗争的长期存在,因此,近二三年来,群众性的水利纠纷就有大幅度的上升。

具体地说,在水利纠纷中反映了如下几个问题:

一、封建残余势力进行复辟活动,为争"风水"而影响水利建设,甚至发生姓族之间、村庄之间的群众性纠纷殴斗。

二、某些干部群众,存在着本位主义,缺乏上下游兼顾。

三、有的队损公利己,争种库沿田,影响了水库蓄水,因而引起纠纷。

四、为争夺车鱼而影响堤埂培修,和发挥渠道抗旱、排涝作用,酿成了纠纷。

五、因灌溉范围不清,以致互相争夺水源。

六、由于没有合理解决用水,往往引起群众性械斗。

七、清账、退赔不彻底而引起纠纷。

八、一方为抗拒自然灾害而建造渠道、堰坝、堤埂时,缺乏全面考虑,影响了他方利益。

九、在大办水利时,库底田的所有权一般已确定归水库所有,但是没有及时

---

[1] 《关于处理水利纠纷的总结报告》,1963年,诸暨市人民法院藏,档案087-014-002-015。

退赔或办理征用手续。

十、在调整插花田中,有些地区的水塘没有明确随着土地所有制的调整而调整,后为养鱼养藕等与抗旱发生矛盾而常常引起争夺水塘所有权纠纷,如牌头区球山大队于1958年调给杨店大队田20亩。

上述纠纷,我们在县委和各级党组织的领导下,主动配合有关部门,贯彻执行了"调查研究、就地解决、调解为主"的民事办案方针,处理是认真的、及时的,效果一般也是良好的,对巩固集体经济,发展农业生产,增强人民内部团结和社会进步,起了积极的作用。

当然我们在实际工作中也有不少教训,工作还是做得很不够的,我们决心进一步总结经验教训,加强水利等生产纠纷的处理,更好地保障生产建设。

2.1.21 农村干部经济违法犯罪的成因、特点及对策[1]

我国近十三亿人口,九亿在农村的基本国情,决定了我国农业、农村和农民问题是一个极其重要而基本的问题。党中央把农村问题的重要性定位到前所未有的高度,说明了农村问题的重要性和紧迫性。维护农村稳定是我们基层检察院的重要职责。笔者结合实践试就农村村级干部经济犯罪的成因及对策谈谈自己的看法。

一、农村基层干部犯罪的原因

1. 外部环境因素。一是村务不公开,客观上为违法犯罪提供了方便。二是财务管理混乱。存在凭证不规范,重报、虚报、隐匿应收款、白条作报销凭证等现象。三是对费用支出无法监督。一些村一无企业,二无任何开发项目,但不明不白的招待费支出少则万元,多则几万元,开支过多过滥,流向不明。四是走过场,查处不力。五是个别村干部拉帮结派,同流合污,不是相互提醒、警示,而

---

[1] 《农村干部经济违法犯罪的成因、特点及对策》,2002年,诸暨市人民检察院藏,档案J086-W2002-2-00045。

是在违法犯罪上共同策划,互相教唆,以致胆大包天,无法无天。

2. 主观因素。一是个别村干部道德素质低下,庸庸碌碌。二是纪律与法制意识淡漠,甚至走上犯罪道路尚不自知。

二、农村基层干部违法犯罪的特征

农村基层干部违法犯罪具有以下几个方面的特征:

1. 主体比较集中。

2. 侵犯的对象单一。

3. 作案手段比较单一。

4. 赃款去向比较集中。

三、防范农村基层干部违法犯罪对策

我们必须坚持"标本兼治"的原则,以最大限度地减少和遏制农村干部经济违法犯罪。

1. 抓教育。为此,我们应通过集中培训,异地取经,经常性的党纪、政纪、地方性法规以及其他综合性内容教育等方法,努力提高基层干部素质,开阔他们的视野,使他们真正知法、懂法、守法,这不仅有利于农村基层干部用好权、管好村,防止违法犯罪的发生,同时也有利于带动村民提高群体素质。

2. 村务公开。村务公开包括民主决策、民主管理、民主监督与制度建设等方面内容。其中,制度建设是根本,民主监督是关键,财务规范是重点。

3. 建立监督制约机制。应建立两套制约机制。一是程序上的制约,即群众的民主监督。二是保障性制约,即上级人大的制约。

4. 改善现行分片管理制度。要改革与完善机关管农村的现行管理制度,镇机关人员要深度精简,富余人员以联络员、村支书助理员、纪检员、政策法规咨询监督员等身份直接下到农村。

5. 建立考核制度。对村干部进行全方位考核,考核结果以位次形式公布,使基层村干部明确自己在全市、全镇基层干部中所处的位置,看到成绩与不足。

6. 把好用人关。村干部以身作则,为政清廉,则民风淳厚,群众安居乐业。

7. 加大查处力度。对举报,必须认真细致查处,构成违法犯罪的,视情节轻重,按党纪国法及时严肃处理,取信于群众。各部门重视,多种措施齐下,能有效地促进村级班子建设,从而有利于农村社会稳定及两个文明建设。

2.1.22 本院严查村干部职务犯罪力促农村基层社会稳定[1]

今年来,本院在村级资金管理使用、村工程建设等领域加强对村干部职务犯罪预防的同时,加大对职务犯罪的查处力度。1月份以来,先后立案查处村干部职务犯罪13人,同比增长225%。依托办案,共有包括五纹岭村群体访在内的18件信访矛盾被化解,有效维护了农村基层社会的稳定。

一是犯罪主体以村主职干部为主。在查处的13人当中,村主职干部占9人,其中党支部书记6人、主任3人,另有文书1人、支委3人。

二是受贿罪占据绝对多数。所查处13名村干部涉嫌贪污、受贿、挪用公款、滥用职权、非国家工作人员受贿等多个罪名,但受贿罪比例最高,其中有10人涉嫌此罪,占76.9%。

三是涉案领域相对集中,村干部涉案领域包括农村社会管理、工程建设和村集体经济发展等,但从立案查处情况来看,土地征收、"三改一拆"以及工程建设等三个领域是村干部职务犯罪高发地区,已查处13人中有10人涉及上述三领域。

四是涉案金额普遍巨大。已立案的13人中10人涉案金额均在10万元以上,达到"数额巨大"的标准。其中涉嫌贪污、受贿、挪用公款罪的暨阳街道五纹岭村书记楼某某,涉案金额超过300万元。

---

[1] 《本院严查村干部职务犯罪力促农村基层社会稳定》,2015年,诸暨市人民检察院藏,档案J086-W2015-4-00116。

2.1.23 熟悉经济开辟聚源充分发挥调查研究的先导作用[1]

五月十二日至二十一日，我县派出19名干警组成7个调查小组。每组由一名正副科长带队，分别到三都、牌头、浣纱、姚江、枫桥、大西、璜山等7个区的财税所、工商所、营业所、供销社、区工办以及部分乡镇企业、专业户作了调查研究。调查工作日共计104天，调查单位共61个，走访干部群众137人。

通过这次调研活动，一是使广大干警看到了我县改革和经济建设的大好形势，了解了当前经济体制改革中的新情况，获得了大量的信息，拓宽了视野，扩大了知识面，提高了为基层服务的自觉性。同时密切了与群众的关系，扩大了检察机关的影响，每个调查组在开展活动中都与部分乡（镇）、村、联户企业的厂长、经理进行了座谈，听取他们对检安机关在保护和促进乡（镇）企业方面的反映，了解他们在经营过程中遇到的具体困难和问题，并就检察机关如何更好地保护和促进乡（镇）企业的发展等问题征求了他们的意见。

二是开辟了自侦案件的来源，推动了"经打"斗争的深入开展和法纪检察工作的进展。全院共掌握经济犯罪案件线索15条，掌握法纪案件线索5条。如璜山镇中市村原村长黄某某、村委黄某，在负责建造村口梁的过程中，合伙贪污8000余元。再如湄池区紫东乡纺织厂供销员冯某，为达到报复新任厂领导的目的，采取打电话给业务单位的手段，多次诬告、诽谤本厂领导和对方业务单位的有关人员，使该厂断绝了部分业务关系。

三是协助基层组织整顿企业，依法支持能人工作。三都镇环保设备二厂厂长兼书记朱同志，是区、镇领导及广大群众公认的办厂能人，去年厂产值达50万元，今年指标70万元，职工收入平均每月100元左右。可厂内有个别职工，为达

---

[1]《熟悉经济开辟聚源充分发挥调查研究的先导作用》，1987年，诸暨市人民检察院藏，档案J086-W1987-2-0005-109。

到个人目的,到处造谣,诬蔑朱同志,向区、县有关单位写控告信,甚至进行人格侮辱,给朱同志造成很大压力。为此他曾向区、乡领导提出了辞职请求。我院调查组了解这一情况后,就和区、镇领导一起,着手进行调查,认为朱同志不存在被人指控的所谓问题,澄清了事实,先后两次与朱交谈,劝他相信组织,继续挑起担子,抓好生产。还特地去做了朱同志爱人的思想工作,要她积极支持丈夫工作。同时,还配合镇领导召开全厂职工大会,为朱同志正了名,严肃批评了个别职工的不良行为,并当场表示要支持朱同志大胆工作,为发展乡镇企业多作贡献。事后,区、镇领导同志说,检察机关不但扶持了一位"能人"还保护了一个乡镇企业。

四是了解到了企业在经济交往中的困难和问题。如有的企业应收款收不回来,造成资金周转困难;有的企业管理混乱,制度不全,让不法分子钻了空子;有的企业市场信息不灵,盲目生产,造成大量产品积压;有的企业领导、供销员缺乏法律知识,在签订合同中上当受骗,使企业蒙受损失。这些困难和问题的存在,严重影响了企业的发展。

2.1.24 检察机关必须为基层服务——对农村进行基本路线教育(农业)[1]

根据市委、市政府关于在全市农村进行一次党的基本路线教育的部署,我院派出孙政良等五位同志组成的工作组,于11月16日进驻视北乡(联系乡),在乡党委、政府的统一领导下配合进行基本路线教育工作。12月5日,检察长杨信苗去该乡了解基本路线教育工作的进展情况。

该乡领导在座谈中反映,通过教育已取得较好的成绩。一是通过面对面的宣讲,使广大干部群众明确了党在农村的现行政策,增强了干社会主义的积极

---

1 《检察机关必须为基层服务——对农村进行基本路线教育(农业)》,1989年,诸暨市人民检察院藏,档案J086-W1989-2-0008-117。

性。二是超额完成冬种和完成粮食征购任务,进度较快,预计 10 日可以全部完成 210 万公斤的粮食征购任务。同时也提出了一些存在问题。对此,杨信苗同志就下步的工作谈了几点意见:

第一,基本路线教育必须解决实际问题。在思想上要确立三个观念,消除当前路线教育中农民群众怕政策变,回到"左"的老路上去的误解和疑虑,使他们明确党的现行政策,坚持走社会主义道路。在行动上要完善执行大田承包责任制,兴起水利农田基本建设的高潮,落实开发农业的规划。

第二,视北乡工作的方向和重点:这次基本路线教育的内容就是我们工作的方向。根据视北有 12 000 多亩耕地和 210 万公斤的粮食任务,经济建设的重点必须抓好农业,特别是粮食生产这一大头。要在完善大田承包责任制、水利农田设施、农科技术开发的推广应用、开发农业等方面做好工作。同时要巩固和发展乡办企业,已有 6 个厂(场)的基础,要从农机厂陈某某贪污大案中总结经验教训,健全规章制度,加强管理。当前要重视明年供销业务渠道的工作,以争取主动。

2.1.25 充分发挥检察职能为振兴经济尽职尽力——诸暨市检察院是怎样为经济建设服务的[1]

诸暨市检察院在深入开展反贪污贿赂的斗争中,坚持检察工作为加强廉政建设服务,为治理整顿和全面深化改革服务,为稳定大局发展经济服务的宗旨,发挥检察职能,既惩治了贪污贿赂犯罪分子,又保护促进了企业经济的发展。他们的主要做法是:

一、挖出企业"蛀虫",清除腐败分子,保护和促进了经济健康发展

当前经济形势严峻,而某些企业内部贪污贿赂等犯罪活动又比较严重。这

---

[1] 《充分发挥检察职能为振兴经济尽职尽力——诸暨市检察院是怎样为经济建设服务的》,1990 年,诸暨市人民检察院藏,档案 J086-W1990-1-0006-104。

不但导致了党群、干群关系的紧张,而且也严重干扰了经济建设的发展。对此,诸暨市院坚持由从严惩处严重贪污贿赂犯罪活动、清除腐败分子入手,切实履行法律赋予的职责,保护经济建设。今年1—6月,立案查处经济犯罪案件37件43人,其中贪污贿赂案件28件,占75.6%,共产党员沦为罪犯的19人。企业中的腐败堕落分子被惩治,职工的积极性普遍提高,同时净化了党风和社会风气,加强了廉政建设,提高了党政机关的威信,改善了党群、干群关系,促进了经济建设的健康稳定发展。诸暨视北农机厂是一家年产值100多万元的集体企业,近年来,由于厂内的部分干部有严重的经济问题,引起了全厂职工的强烈不满,企业亏损达30多万元。诸暨市院根据乡政府的要求,连续在该厂立案侦查了5件7人贪污案,其中副厂长2人,车间主任3人,5万元的贪污案2件2人,追回经济损失79 500余元。这些腐败分子被绳之以法以后,激发了广大职工生产和经营的积极性,原来那种敢怒不敢言、出勤不出力的消极对抗现象很快得到了改变。经济亏损状况逐步得到扭转。群众说,农机厂有今天,是检察院惩治贪污贿赂挽救出来的,否则,倒闭的厄运不可避免。

二、急企业所急,想企业所想,不断提高反贪污贿赂为发展经济服务的自觉性

维护企业生产、经营的正常秩序,是检察机关在办案中为经济建设服务的一个重要方面。今年6月,诸暨市院抽调26名干部,对全市7个区12个乡镇的15个骨干企业进行座谈了解,听取他们的建议和要求,向他们宣传解释政策法律界限,支持企业的正当交往活动,引导企业依法经营。特别是当企业生产面临资金、原材料紧缺,市场销售疲软的情况下,诸暨市院在反贪污贿赂斗争中更注意抓好以下工作:

一是办案与保护生产发展相结合,为企业献计献策。诸暨市院在办理大桥水泥厂厂长吕某康、会计吕某海贪污104 000元一案中,发现该厂当月生产资金需50万元,尚缺40万元,全厂职工已有2个月未发工资,生产用煤也只有10

天,企业面临停产倒闭的危险。对此,市院和乡政府研究,及时采取了三条紧急措施:(1)要求乡政府加强领导,落实领导分工,不因两名厂的主要领导受审而中断领导,影响生产;(2)争取财源,组织好生产,落实岗位责任;(3)立即召开厂中层干部会议,一方面切实做好干部的思想安抚工作,稳定全厂职工的情绪;另一方面进行了结合案情、厂情的法制宣传,敦促有经济问题的人投案自首。会后5天内就有副厂长、经营科副科长、乡工办主任等4人携赃款到检察院投案自首。根据党的政策,诸暨市院对投案自首人员均未采取强制措施,鼓励他们在原生产岗位上发挥业务专长,抓好生产,戴罪立功。由于采取上述措施使这个面临倒闭的工厂,生产很快回升。经济效益与办案前相比,产值上升11.6%,利润上升144%。

二是办案与挽回经济损失相结合,帮助企业排忧解难。今年1—6月,诸暨市院结合办案,为国家和集体挽回经济损失50多万元。诸暨无缝钢管厂是一家乡镇骨干企业,但几年来经济一直亏损。诸暨市院根据群众的举报,立案查处了该厂厂长金某某、会计赵某某、副厂长马某某三人合伙贪污集体资金201 000余元的特大案件。在办理此案过程中,他们建议主管部门加强对该厂的领导,配备了新的领导班子,并将追回的17万元赃款迅速返还转入生产费用,协助解决该厂资金短缺的困难,使该厂生产很快有了新的起色。办理一案,救活一厂。对此,广大职工拍手叫好,交口称赞,有的写信,有的打电话向检察院表示感谢。城关镇党委书记说:"检察院办理一案,等于我们一个厂辛辛苦苦干几年,这样的案件办得好。"

三是办案与维护正常的经营业务关系相结合,协助企业疏通供销渠道。诸暨市院在办案过程中,特别注意维护和疏通企业的供销渠道。做到:(1)在接触对方业务单位时,尽可能减少在业务关系上的影响,维护和保持原来的业务关系。(2)积极主动帮助发案单位重新建立因办案而中断的正常业务关系。(3)严厉查处那些不靠产品质量求生存,依靠行贿送礼找销路,自己又有严重经济问题的企业领导。诸暨市院在办理无缝钢管厂厂长等人特大贪污案中,带出西安航空发动机公司原供销员夏某某受贿一案。该公司领导因此怀疑钢管厂的产品质量有问题,进货不放心。对此办案人员积极向对方介绍了钢管厂的新变化,并要求钢管厂不断抓好产品质量,同时对受贿5 000元,且态度较好的夏某某做免诉处理。经办案人员的牵线搭桥,对方当即与钢管厂签订了6吨钢管的购销合同,并表示愿意长期保持业务关系。

四是办案与完善企业规章制度相结合,协助企业提高管理水平。诸暨市院在办案中,注意综合治理,帮助发案单位建制、堵漏,吸取教训,及时修改完善各项规章制度,提高管理水平。新东乡九年村主任张某搞到市保险公司给该村祠堂倒塌赔偿金10 357.20元的通知后,即要求乡信用社主任周某某帮忙,周不顾财经纪律,帮张从中截留了5 000元,致使张贪污得逞。今年4月案发后,他们向市农行发出了检察建议,引起农行的重视,对周作出留用察看一年的处分,并严格了制度。

三、严格掌握法律界限,注意保护企业能人

企业在发展中充满着矛盾和曲折,不仅要受到经济规律的制约,而且受到一些不正常的非经济因素的干扰影响。对此,诸暨市院对群众的举报采取了十分慎重的态度,注意政策和法律,严格区分罪与非罪的界限,决不打"擦边球",特别是对乡镇企业在经营活动中的一些必要开支,只要按规定支出,未落入个人腰包,坚决与贪污、受贿犯罪区别开来。坚持"一要坚决,二要慎重,务必搞准"的办案方针,实事求是地解脱了一批被错告甚至被诬告的企业能人,以保护和支持他们行使正当的合法职权抓好生产。牌头区西山乡何村埠党支部书记何某光,1976年以来连续办了5个厂,其中电器配件厂去年年产值计178万元,每年用于集体福利事业开支5万多元,为村级经济发展作出了很大贡献。但自今年3月以来,以该村何某某为首的一伙别有用心的人,冲击选举会场并采用大字报的形式诬告何某光有严重经济问题,致使何某光无法开展工作。对此,由检察长带队,在搞清问题的基础上,果断表明了三条态度:一是何某光的经济是清楚的;二是何某光对村级经济的发展有贡献,是集体经济建设的带路人,至于有这样那样的问题,是要帮助、提高的问题;三是控告人何某某本身有严重的经济问题,要立案查处。从而打击了歪风,匡扶了正义,稳定了村级班子和集体企业。何某光说:有检察院撑腰,我的胆子更大、干劲更足了。在他的带领下,电器配件厂进行了冲压、氧化车间的技术改进,于6月21日正式投产,使该村的村级企业发展又上一个新台阶。

(浙江省绍兴市人民检察院贪污贿赂侦查局根据诸暨市院提供的材料整理)

1990年8月7日

2.1.26 深入基层为农村工作服务[1]

为贯彻十三届八中全会精神,使检察工作更好地为农村工作服务,根据市委、市府办关于组织干部下乡的通知,我院由楼登洪副检察长带领工作组,自本月23日至26日到定点联系的视北乡开展农村工作。期间,杨信苗检察长也专程听取基层干部对检察工作的意见和帮助解决实际问题。主要做了以下工作:

一、交流思想,加深对八中全会精神的认识。先后召开了该乡脱产干部和企业场、厂长会议,对农村社会主义思想教育情况和今年工农业生产情况进行了回顾。视北农机厂1989年亏损30余万元,我院先后在该厂破获了6件8人严重经济犯罪案件,追回经济损失12万元。该厂今年产值达401万元,创利润16万余元,甩掉了亏损帽子,企业上了等级。对此,他们对我院秉公办案、惩治经济犯罪、扶持企业发展作了高度评价。杨信苗检察长就学习八中全会精神,加强农村工作谈了自己的体会:一是要发展乡镇企业,巩固集体经济,必须要有商品经济的竞争意识,要加强企业管理,抓好产品质量,搞好技术革新;二是要

---

[1]《深入基层为农村工作服务》,1991年,诸暨市人民检察院藏,档案J086-W1991-2-0006-08。

加强农业,依靠党的政策调动农民的积极性,抓好村级班子建设,巩固和稳定联产承包制和统分结合的经营制,改善农业生产条件,发展集体经济。

二、走访贫困村,解决实际问题。视北乡营盘村是全市确定的贫困村之一。一年来,经我院和有关部门的努力,解决了近万元的扶贫资金。目前,该村新建了塑料加工厂和营建了板栗基地。但由于电力整网工作尚缺2 000元资金得不到落实,致使变压器未能如期安装。对此,我们与乡政府研究,同意先将村收缴的土地有偿使用款1 000元、乡里再补助500元,解决了变压器安装款项。村干部激动地说:上级对我们如此关心支持,我们一定要尽全力把村级经济搞上去。

2.1.27 扶正压邪稳定局势——我院面向基层热情扶持经济发展[1]

我院认真贯彻十三届六中全会精神,以"履行职责,扶正压邪,支持基层、稳定经济"为指导思想,一方面打击严重经济犯罪活动。另一方面分清政策界限,支持基层开展经济工作。

8月中旬开始,我院检察长杨信苗同志带队先后在枫桥、三都、牌头等地召开区、乡(镇)干部和厂长、经理座谈会,了解乡镇企业的现状,区、乡干部和企业领导的思想状况,征询他们对检察工作的意见。

从座谈会中了解到,厂长们及区、乡领导对业务费问题都感到心有余悸,花多了怕犯法,花少了又不利于开展经济交往,影响经济发展。检察长根据中央的有关指示精神和法律规定,对业务费开支问题作了具体解释,打消了厂长们的疑虑。

从座谈会中还了解到,一些厂长为常常受到非议、诬告而忧心忡忡,思想压力很大,以至无法开展工作。牌头区西山乡何村埠党支部书记何某光,从1976

---

[1]《扶正压邪稳定局势——我院面向基层热情扶持经济发展》,1990年,诸暨市人民检察院藏,档案J086-W1990-2-0009-040。

年,连续创办了三家工厂,全村工业产值达178万元,村中180多名剩余劳力务工。村中公益事业开支近三年都在6万元左右。资金都来自村办企业。该村曾被评上绍兴市文明卫生村,村党支部被评为县级先进党支部。事实证明,何某光同志为何村埠的社会主义物质文明和精神文明建设作出了不少贡献。但从去年11月开始,该村有人多次告状,说何某光有经济问题,并执意要先承包村办厂,然后选举村委会。但牌头区组织清账小组对这个村进行清账理财,结果并未发现何某光有经济问题,对此,我院展开调查,从中发现了两名告状者有经济问题,并决定对他们进行审查。

我院在分清是非的基础上,肯定了何某光这些年来的工作成绩,并就该村如何进一步开展工作提出了建议。区、乡党委和政府对此进行了贯彻落实。选举了新的村委会,为该村开展工作打好了基础。

2.1.28 发挥检察技术职能促进社会经济发展[1]

我院司法会计中心自1999年6月成立以来,担负着司法会计检查、鉴定等工作。在上级有关业务部门和院党委的关心支持下,立足职能,坚持"强化服务意识,维护社会稳定"的指导思想,围绕检察中心工作,充分发挥检察技术优势,积极拓展业务范围,收到了良好的效果。至今已受理各类鉴定检查44件,办结鉴定检查37件,其中出具司法会计鉴定文书18份,检查报告19份。通过检案,不仅为办案部门提供了良好的服务,也为维护社会稳定、保障国企发展作出了积极的贡献。

围绕检察中心工作,切实维护农村社会的稳定。

"切实履行职责,全力维护社会稳定"是市委、市政府的中心工作,也是检察机关的职责所在。检察技术部门以维护社会稳定为主线,根据自己的受案范围

---

1 《发挥检察技术职能促进社会经济发展》,2000年,诸暨市人民检察院藏,档案J086-W2000-3-0014-077。

和技术职能,积极配合控申、反贪部门,做好对信访案件的疏导和矛盾化解工作,实践中把握重点受理与一般受理相结合。我们对出具的检验文书做到有理有据,为惩治犯罪起到了积极的作用。先后有 9 名犯罪嫌疑人受到法律追究。同时,以实事求是、认真负责的态度,做好一般案件的检查,从疏导化解矛盾出发,做好稳定文章。去年 6 月以来,由于村级班子换届选举,部分村财务体制不健全,村务公开流于形式,透明度不高等原因,引起村民的强烈不满,造成多起村民集体上访事件,直接影响村级换届选举工作的正常开展和村级经济的发展,影响农村社会的稳定。鉴于此,中心通过受理村级财务检查,为村级财务清账理财,并将检查意见以组织召开村二委会会议、党员扩大会议、村民代表会议等形式面对面地进行反馈,实实在在地解决问题;对检查过程中发现的一些违纪、违法问题,及时移送有关部门作出严肃处理;对个别财务开支混乱,管理存在严重缺陷的村,及时发出司法会计建议书,帮助、督促村财务进行整改。今年上半年,中心通过对村级财务的司法会计检查,较好地处置了次坞镇赵公村、大唐镇箭路村、店口镇吴家塔村等村民的集体上访事件;同时,对 15 个行政村委托的检案出具了司法会计检查报告,有力地促进了农村社会的稳定和村级经济的发展,并得到了市委、市政府领导的充分肯定。

2.1.29 扎扎实实做好下派工作为村级经济发展服务[1]

为了进一步加快农村基层组织建设,维护农村社会的稳定,促进村级经济的发展,今年 4 月,市委、市政府决定选派一批市、镇、乡机关干部下村任职。我院党委非常重视下派工作,积极采取各种措施,扎扎实实把下派工作做好,力争使我院的下派联系村湄池镇七里上村在帮扶期间,面貌有较大的改变。

---

[1] 《扎扎实实做好下派工作为村级经济发展服务》,2000 年,诸暨市人民检察院藏,档案 J086-W2000-3-0014-094。

出人出力出点子

下村任职,就要吃住在村,和农民同生活,共劳动,做群众的贴心人,团结和依靠群众,做经济发展的领路人。这是一项艰巨的任务,院领导经过多次讨论和研究,决定派时任民检科科长的王忠达同志去,王忠达曾经在农村工作过一段时间,对农村情况比较了解,而且他政治素质好,文化水平高,在单位表现一向突出。考虑到农村条件比较艰苦,下派村又多是全市经济相对落后的村,有些情况比较复杂,院领导在向他宣布决定后,担心他有畏难情绪,多次找他谈心,了解他的实际困难,在孩子入学等方面给予及时的关心和帮助,使他对下派工作有了干劲和信心。

干部派下去了,院党委时时刻刻都在关注着下派干部,并且动员全员力量,切实发挥检察职能,为下派村实实在在地解决一些具体问题。村里唯一的村集体企业黄砖厂由于经营不善,导致该厂长期低成本经营,亏损严重,村民们不断向有关部门反映要求查账,弄清账目往来。院领导得知这一情况后,立即派技术科为该村查账,为村民提供财务上的帮助,不仅查出了有关人员的十多万元违规金额,而且还帮助村里健全了财务管理制度,从根本上杜绝了多报、虚报、冒报现象的发生,现在村里凡大的支出项目均能够及时上墙公布,所有明细账目每季度公布一次,增加了村级资金运转和财务公开的透明度,村民对"村官"也增加了信任度。

送钱送物送信息

为了尽最大可能帮助下派村,帮助下村任职干部搞好村里的经济,院党委不仅给下派干部以精神上的支持,而且给下派村以经济上的支援。七里上村距离市区较远,交通不十分便利,村里人进市区,来来回回要转好几趟车,为了改善交通条件,湄池镇决定集资拓宽改善诸湄线。院党委得知这一情况后,想办法出资帮助村里解决困难,减轻了农民的负担,得到了村里百姓的大力赞赏。

送钱送物,还要送上致富的信息,为了让村民有更多的渠道掌握足够的信息,了解外面的世界。今年报刊征订工作一开始,我院就从有限的办案经费中挤出资金,为七里上村赠订了2份《浙江日报》、2份《绍兴日报》、2份《诸暨日报》。

扭转观念奔小康

全市第二轮土地承包工作开始了,七里上村决定在分完口粮田后,调整余下400亩田的产业结构,搞珍珠养殖,并实行公开承包。这样可以大大增加村里的经济收入,使村里有资金、有实力来做一些公益事业,提高农民的生活质量,改变农村的面貌。不料因这一举措与部分村民有直接利害关系,得不到他们的理解和支持,个别群众一度产生抵触情绪。为使延包工作顺利进行下去,我院党委积极为下派干部出谋划策,从法律、政策的角度寻找解决问题的方案,最后通过上门征求意见,进行说服教育,向村民灌输致富奔小康走捷径的思想,终于使他们扭转了观念,保障了延包工作的顺利进行。

2.1.30 本院融合"枫桥经验"精髓"四个坚持"服务保障非公企业健康发展[1]

近年来,我院融合"枫桥经验"精髓,将服务保障非公企业高质量发展作为全院重点工作,强化组织推进,健全各项机制,坚持"打击、保障、服务、治理"并举,积极营造亲清新型政商关系,竭力促进我市非公有制经济健康发展和非公有制经济人士健康成长。主要做法是:

一、坚持以企业需求为导向,全面加强服务非公企业组织推进

成立"非公经济服务提升行动"领导小组,将服务非公经济作为检察长负责

---

[1]《本院融合"枫桥经验"精髓"四个坚持"服务保障非公企业健康发展》,2018年,诸暨市人民检察院藏,档案J086-W2018-4-00110。

的一把手工程,下设5个专业工作组,由党组成员带头,员额检察官负责,力求精准高效服务非公企业。我院与诸暨市工商联会签出台《关于加强协作服务保障我市非公有制经济健康发展的实施意见》,共同建立联席会议、日常联系、信息交流、投诉监督等常态化协作机制。联合诸暨市现代环保装备高新技术产业园区管理委员会成立"高新区检察服务站",主动对接联络袜、珍珠、铜加工及新型材料等行业协会,形成服务非公企业工作合力。通过召开检企座谈会、实地走访、专题调研等活动,与27家重点企业结对,定期走访近70余家企业,听取意见80余条。对企业最关心的民间借贷、拆借融资、互联网金融、知识产权领域罪与非罪等问题以及企业人员行受贿、职务侵占等问题,认真梳理,释法明义,有针对性地为全市非公企业提供专业性司法意见39件次,协调和帮助非公企业解决困难17件次,以我市店口镇为试点,与高新区3家国家级企业技术中心、4个院士工作站、11家省级企业研究院、28家高新技术企业、114家科技型中小企业建立一站式法律服务框架协议。

二、坚持以维护企业权益为重点,精准打击侵害非公企业犯罪

充分履行批捕、起诉职能,与公安机关、人民法院密切配合,抽调办案骨干组建涉企刑事检察办案组,对侵犯非公企业权益的案件优先办理、重点办理,实行打击与追赃挽损双管齐下,共办理侵害非公企业权益案件49件79人,帮助企业挽回经济损失2 000余万元。严厉打击黑恶势力、"村霸"在企业转型升级改扩建工程中强揽工程、敲诈勒索等破坏公平竞争的犯罪活动,共批捕5人,起诉3人;开展打击非公企业"内鬼"专项行动,重点打击利用职务便利侵占、挪用企业财产、非法收受贿赂等损害企业利益的犯罪活动,共批捕4人,起诉8人,其中付某某非国家工作人员受贿案,在付某某拒不认罪的情况下,通过多次远赴外省收集固定大量的证据材料,夯实案件证据体系,最终付某某被判处有期徒刑七年,并处没收个人财产40万元,该案被省检察院评为服务非公经济精品案例。严厉打击侵犯商标专用权、商业秘密等犯罪,重点打击具有反复侵权、恶意侵权、网络侵权等恶劣情节的犯罪,共起诉8人,寿某等人假冒注册商标案中,多次听取企业意见,会同公安远赴北京调查取证,深挖案件背后的主犯,成功追诉侵犯企业知识产权的漏犯1人,同时督促寿某等人赔偿企业遭受的经济损失,注销已注册的相似商标,切实维护企业创新成果。开展恶意"逃废债"刑事犯罪专项打击,重点对集资诈骗、虚假诉讼、拒不执行判决、裁定等侵害非公企业合法权益、妨害司法的犯罪活动予以打击,共批捕38人,起诉60人。

三、坚持以有利企业发展为前提,减少司法办案对非公企业负面产出

把是否有利于企业经营、有利于地方经济发展、有利于社会和谐稳定作为办理涉企案件的重要标准,正确区分经济纠纷与经济犯罪的界限,合法融资与非法集资的界限,合法经营收入与违法所得的界限,依法审慎稳妥办理涉企案件,并且不断将这一理念向环保、安监、质监、公安、法院等执法司法部门传导,努力从案件源头发挥检察监督的平等保护作用,维护企业合法权益,提升非公企业及企业家的获得感。我院通过召开诉前会议公开听取涉企嫌疑人、辩护律师、侦查人员等对案件处理的意见,慎重逮捕企业管理者和关键岗位人员,依法对6名企业负责人、管理人员作出不批捕决定,对确需逮捕的,提前与涉案企业或主管部门沟通,帮助做好生产经营衔接工作;依法对犯罪情节轻微的11名企业负责人、管理人员作出不起诉决定,对主观恶性不大,符合缓刑适用条件的企业负责人、业务骨干,建议法院判处缓刑。同时,充分运用羁押必要性审查机制,及时对风险等级降低的捕后涉企人员变更强制措施,如在处理店口镇8家涉污企业案件过程中,在了解涉案企业对当地经济贡献较大,排污具有一定客观原因,涉案人员认罪悔过的基础上,及时对已经逮捕的6名企业骨干启动羁押必要性审查,建议公安机关变更强制措施为取保候审,使企业骨干重返工作岗位,切实减少了对企业正常经营的不利影响。

四、坚持以改善企业治理为目标,提升非公企业风险防范能力

坚持执法办案与促进企业治理同频共振,结合办案中发现的问题,定期梳

理、分析、总结,深入剖析发案规律,运用情况反映、信息交流、检察建议、调查报告等形式,向党委、政府、有关主管部门和企业反映,凸显检察服务的针对性、预见性和警示性。如办理的店口镇系列污染环境案,针对企业本身存在的共性问题,通过集体约谈涉案企业负责人,引导企业委托具备环保设施运营资质的专业公司负责集中治理污染问题,同时针对工业园区排污系统不完善等客观情况,积极向市政府建言献策,建议帮助企业解决实际困难,通过跟进推动,园区排污系统得到全面改善,涉污染公司已经在政府支持下更新厂房和设备,完成转型升级,成为行业模范企业。运用多种形式开展送法进企业活动,通过预防宣讲、观摩庭审等方式,深入开展预防犯罪和普法宣传。如陈某某涉嫌职务侵占案,联合诸暨市法院开展巡回法庭,邀请企业管理层、员工、部分经销商共200余人旁听,教育企业员工遵纪守法。

2.2　以建议促进经济社会和谐体

2.2.1　最高人民法院关于《城市私有房屋管理条例》公布前机关、团体、部队,企业、事业单位购买或租用私有房屋是否有效问题的答复[1]

最高人民法院针对山西省高级人民法院提出的有关私有房屋的问题进行了回答,回答指出一九五六年一月十八日中共中央批转中央书记处第二办公室《关于目前城市私有房产基本情况及进行社会主义改造的意见》、一九六四年一月十三日国务院批转国家房产管理局《关于私有出租房屋社会主义改造问题的报告》、一九六五年九月十一日国务院财贸办公室《关于供销合作社购买农村生产队社员房产问题的答复》均强调机关、部队、团体,企业、事业单位不经批准不

---

[1]《最高人民法院关于〈城市私有房屋管理条例〉公布前机关、团体、部队,企业、事业单位购买或租用私有房屋是否有效问题的答复》,1984年,诸暨市人民法院藏,档案087-034-004-022。

得租用或购买私有房屋。因此。一九八三年十二月十七日公布的《城市私有房屋管理条例》有关上述问题的规定同过去一致,因此,在《城市私有房屋管理条例》公布前机关、团体、部队、企业、事业单位购买或租用私有房屋无效。

2.2.2 浙江省高级人民法院关于积极开展"真情送服务、建设新农村"主题实践活动的通知[1]

本省各级人民法院:

为了扎实推进我省社会主义新农村建设步伐,确保先进性教育活动"取得实效""群众满意"和"走在前列"要求落到实处,最近,省委决定在全省第三批先进性教育活动期间,组织动员各地各部门各社会团体广泛开展"真情送服务、建设新农村"主题实践活动。活动以宣讲形势送政策、解疑释惑送法规、强农富民送科技、卫生下乡送健康、年货安全送放心、健康成长送希望、文化进村送娱乐、扶贫帮困送温暖、固本强基送关爱、建设农村送项目等"十送"为主要内容,旨在把丰富的文化生活、科学的生活方式、健康的生活观念、文明的行为规范送到农村,在全省上下形成服务"三农"、共建新农村的强大态势,让党员受到教育,让群众得到实惠。为积极响应省委号召,扎实开展"真情送服务、建设新农村"主题实践活动,现结合法院工作实际,就相关贯彻事项通知如下:

一、充分认识开展"真情送服务、建设新农村"主题实践活动的重要意义

不久前,胡锦涛总书记亲自倡导中央部门和单位全体共产党员开展为困难群众送温暖、献爱心活动,要求通过开展这项活动,体现我们党立党为公、执政为民的本质要求和全心全意为人民服务的根本宗旨,体现保持共产党员先进性教育活动的成果,以实际行动促进社会主义和谐社会建设。

解决"三农"问题、建设社会主义新农村,是推进社会主义和谐社会建设的

---

1 《浙江省高级人民法院关于积极开展"真情送服务、建设新农村"主题实践活动的通知》,2006年。

重要内容,是我国现代化进程中的重大历史任务。人民法院作为国家的审判机关,在推动和谐农村建设,促进社会稳定方面具有不可替代的职责和职能。全省各级法院要充分认识"真情送服务、建设新农村"的重要性,把这项活动作为贯彻"三个代表"重要思想的生动实践,作为检验先进性教育活动和"规范司法行为,促进司法公正"专项整改活动成效的主要标准之一,立足审判,主动谋划,积极参与,务求实效,充分体现新时期人民法院和人民法官的良好形象。

二、充分发挥审判职能,积极推进活动的深入开展

1. 普遍开展一次慰问、服务活动。结合春节慰问,对联系乡村或本院农村工作指导员所驻村的五保户、特困户进行一次走访慰问,安排一定数量的慰问资金或物品,并与村民和党员干部进行座谈,了解情况,支持村里经济社会发展。同时,开展一次有关农民维权等方面的法制宣传讲座,增强广大农村群众的法制意识和民主观念。

2. 积极参与社会治安综合治理。要站在维护社会稳定大局的高度,和有关部门加强联系配合,全面深入排查各类矛盾纠纷;加强对人民调解组织的指导和培训,及时妥善处理矛盾纠纷,力争矛盾不上交,把矛盾消灭在初始阶段、萌芽状态,有力维护农村社区的和谐稳定。

3. 进一步落实司法为民的措施,最大限度地方便群众诉讼。各级法院特别是基层法院及其人民法庭,要认真落实最高法院和省高院关于坚持司法为民、方便群众诉讼的规定,在审判和执行的各个环节采取措施,为群众诉讼提供尽可能多的、实实在在的便利。要积极运用远程立案、口头立案、快速审理等方式,依法扩大简易程序的适用,方便群众诉讼,提高诉讼效率,减轻当事人讼累;完善巡回审判制度,及时调处纷争,就地化解矛盾;继续推行诉讼指引、首问负责制、风险告知、公开裁判文书等方式,指导群众用足用好诉讼权利;进一步扩大司法救助的范围,规范司法救助程序,保障经济确有困难的公民、法人和其他组织依法参与诉讼的权利。

4. 进一步加强诉讼调解工作,最大限度地确保案结事了。在广大的农村,通过调解方式解决矛盾纠纷,更容易被基层群众接受,更有利于定纷止争,减少上访申诉,更有利于案件的自动履行,节约司法资源。广大基层法院和法官要充分认识调解方式对于化解矛盾纠纷、维护安定团结的重要意义,加大调解工作力度,特别是审理民商事案件要切实贯彻"能调则调、当判则判、调判结合、案结事了"的方针。要在合法、自愿的前提下,坚持每一起案件都要做足调解工作,办案的每个环节上都不放弃调解的机会,同时进一步规范和完善庭前、庭中、判前调解方式,使更多的案件能够调解结案,息诉止纷,促进社会和谐。

5. 加强涉农案件审理工作。依法打击制售假农药、假种子、假化肥等坑农害农行为,审理好农产品流通中发生的纠纷案件以及各类农村承包合同纠纷案件,依法保护耕地,促进农村经济结构调整优化,推进农业产业化进程。妥善处理好农民工与用人单位之间的劳动争议案件,维护良好的用工秩序。

6. 加强司法宣传工作。要紧密结合审判实践,积极开展法制宣传教育工作。要加强与人民群众日常生活息息相关典型案例的宣传;加强人民法院贯彻落实"公正司法,一心为民"指导方针工作措施的宣传;加强司法便民、利民、护民举措的宣传;加强对秉公执法、刚正不阿优秀法官的宣传。同时,要通过公开审判、公开宣判、庭审直播、以案讲法、选择典型案例公开报道等形式,引导公民、法人和其他社会组织自觉遵守宪法和法律,积极同违法犯罪行为作斗争,教育人民群众依靠党和政府解决矛盾、依靠司法机关解决纠纷、依靠法律维护合法权益,不断增强农村群众的法制观念,提高人民群众维护社会稳定的自觉性。

2.2.3 最高人民法院印发《关于为推进农村改革发展提供司法保障和法律服务的若干意见》的通知[1]

党的十七届三中全会作出了《中共中央关于推进农村改革发展若干重大问题的决定》(以下简称《决定》)。为了贯彻落实十七届三中全会的战略部署,更加充分地发挥人民法院审判职能作用,为推进农村改革发展提供强有力的司法保障和法律服务,现提出以下意见。

一、深入认识贯彻落实十七届三中全会精神的重要意义

(一)十七届三中全会精神是党的农村政策的理论创新和制度创新

党的十七届三中全会深刻总结了30年农村改革发展的伟大实践和基本经验,深入分析了当前农村改革发展面临的矛盾和问题,从加强农村制度建设、积极发展现代农业、加快发展农村公共事业三个方面全面部署了新形势下推进农村改革发展的主要任务。《决定》适应农村改革发展的新形势,顺应各族人民特别是亿万农民过上美好新生活的新期待,在认识上有新突破,在理论上有新发展,在政策上有新举措,具有很强的战略性、指导性、针对性,是今后一个时期推动农村改革发展的行动纲领。农村改革发展的新形势对人民法院工作提出了新目标、新任务、新要求。各级人民法院一定要站在政治和全局的高度,深刻领会全会精神,认真抓好贯彻落实。

(二)贯彻落实十七届三中全会精神是人民法院深入学习实践科学发展观的重要体现

推进农村改革发展事关我国经济社会全面协调可持续发展的全局。将人民法院工作置于党和国家工作大局,为推进农村改革发展提供强有力的司法保

---

[1] 最高人民法院:《最高人民法院印发〈关于为推进农村改革发展提供司法保障和法律服务的若干意见〉的通知》,2008年12月3日印发,法发〔2008〕36号文件。

障和法律服务,是当前乃至今后人民法院深入学习实践科学发展观活动的重要内容,也是人民法院工作实现科学发展的重要契机。各级人民法院应当以高度的政治责任感和使命感,将贯彻落实十七届三中全会精神,作为实现人民法院工作科学发展的重要结合点,改进人民法院工作的着力点。要把为推进农村改革发展提供司法保障与深入学习实践科学发展观活动紧密联系起来,让全社会切实感受到人民法院学习实践活动所取得的丰硕成果。要紧紧抓住这条主线,认真提升司法工作能力,积极主动地开展司法服务,在实现人民法院工作科学发展的同时,努力为农村改革发展提供强有力的司法保障和法律服务。

二、充分发挥审判职能,确保农村改革创新的大力推进和农村制度建设的进一步加强

(一)着力稳定和完善农村基本经营制度

1. 加大农村土地承包纠纷案件的审判力度,依法充分保障土地承包经营各项权益,保持土地承包关系稳定和长久不变。土地承包经营各项权益既是广大农民的极为重要的民事权利,更是关系社会主义新农村建设,构建农村社会保障制度体系的基础条件。土地承包经营权的维护离不开承包关系的稳定,承包关系的稳定和长久不变是维护农民土地承包经营权益的法律前提和制度保障。要以维护农民土地承包经营各项权益和保持土地承包关系稳定和长久不变为核心,以稳定和完善农村基本经营制度,推进农村改革发展为最终目标,切实加强人民法院的审判和执行工作。

2. 注意保护农业经营体制机制创新,推动农业经营方式转变。家庭承包经营向采用先进科技和市场手段的方向转变,统一经营向多层次、多形式经营服务体系的方向发展,是农业经营体制机制创新和农业经营方式转变的趋势和必然。要按照有利于提高农业市场集约化和组织化的原则开展审判工作,为集体经济发展和农民专业合作社的加快发展保驾护航。

（二）努力维护严格规范的农村土地管理制度

1. 坚持最严格的耕地保护制度和最严格地节约用地制度,确保国家粮食安全。土地制度是农村的基础制度,是"三农问题"的重中之重。耕地保护事关国家粮食安全,对国民经济具有极为重要的意义。在处理涉及耕地尤其是基本农田的各类案件过程中,要综合发挥刑事、民事、行政审判等全方位审判职能作用,加大对侵占耕地刑事犯罪和违法行为的打击和制裁力度,维护和支持行政机关依法行政,确保实现"用途管制、节约利用、严格管理"的耕地保护目标,坚决守住十八亿亩耕地红线。

2. 维护土地承包经营权各项权能,保障农民对承包土地的各项法定权利。要把《物权法》《农村土地承包法》等法律规定的农民对承包土地享有的占有、使用、收益权能落到实处,实施全方位的司法保护。要格外注意对农村外出务工经商人员土地承包经营各项权益的保护,防止其成为失地农民并引发社会问题。

3. 切实保护和规范土地承包经营权流转,促进流转市场的建立健全。政府管理部门应在农村建房事故防范监管中发挥应有作用。村镇建设办、土地管理分局等单位在审批农村房屋建筑时,必须要求承建人提供参与建筑人名单,便于对参与建筑人的技能与安全教育程度进行审查,村镇建设办要经常组织到施工现场对相关安全设施是否到位、施工人员有无违反操作规程进行检查,并督促整改;劳动部门要联合建筑主管部门,定期对农村建筑人员组织安全意识与技能的教育、培训与考核;建筑主管部门要加大对不安全生产处罚的力度;司法部门要结合案例加大宣传力度。

2.2.4 八九月份的司法工作意见[1]

本院各庭:

当前,我县总的政治经济形势更加良好。紧张的夏收夏种季节已经顺利过

---

[1] 《八九月份的司法工作意见》,1962年,诸暨市人民法院藏,档案087-013-001-028。

去。广大社员为今年粮食生产丰收而欢欣鼓舞。城乡社会治安是稳定的。但是,自蒋匪帮阴谋窜犯大陆以后,少数坚决的反革命分子以为他们的"大好时机"又来了,进行威胁、复辟、组成纠合性反革命集团等阴谋破坏。前一时期,在某些地区和某些方面,敌人已有了不同程度的暴动,而一些狡猾的敌人,仍在观察大局,伺机而动。同时,国家在经济方面还有困难,在社会治安方面仍存在一些问题。主要是盗窃粮食、布品案件不断发生,今后还可能增加;群众的自私心理还比较深厚;有的地区破坏山林、水利和土地、耕牛等所有制问题引起的纠纷。前一时期较为突出,在秋季仍有可能增加;婚姻纠纷较长时期来有所增多。另外,部分下放人员和回乡学生有些不满情绪,这些城外回乡人员安排不当于生产队社员,相互之间也有些新的问题。这些问题的存在,不利于战备,也不利于当前生产和克服暂时困难。据此情况,我们必须坚决响应中央提出的"全国人民必须努力生产,支援前线,肃清敌况,巩固后方"的号召,在党委统一领导下,运用审判武器,从实际情况出发,严厉镇压反、坏分子的现行破坏;及时认真地处理治安案件、生产纠纷和其他各种民事案件,以保障社会秩序的安定。具体应做好下列工作:

一、坚决有力地打击反、坏分子的现行破坏活动。

斗争中,要正确执行党的政策,讲究策略。首先,应当继续贯彻从严方针和采取边放边打的方针。其次,必须按政策办事,严格区分两类矛盾,掌握狠、准、稳、细的原则,坚持"三少"附策和执行"惩办与宽大相结合"的基本政策,确保办案的质量。

二、认真、严肃地处理社会治安案件,为当前生产建设创造更加安定的社会秩序。

当前农村社会治安总的来看是好的,但某些地区滥伐山林、烧林种粮、偷窃农具、肥料、粮食,以及偷摸农作物不断发生;不少地区为干活争分,争夺自留地或因婚姻家庭问题而发生打架伤害的事件较前突出,迷信活动、投机贩卖、赌博仍有发现;个别地区还有哄抢、闹事的苗头。因此,积极配合公安等有关部门,正确处理各种治安案件,应该是人民法庭的一项首要任务(但不是也不可能把所有的治安问题都去包下来)。为此,必须充分运用已有处理治安案件的经验,采取传讯教育、□□悔改、当众检讨、训诫、赔偿等方法,认真严肃地处理。

自"十二条""六十条",尤其是以生产队为基本核算单位等一系列措施贯彻以来,群众间为山林、水利、耕牛、农船等所有制问题引起的纠纷有很大的增加。从各庭汇报情况来看,今年四至七月份全县发生50起,比去年同期几乎增加了100%。这是群众积极性带动起来,要求发展生产的正常现象。这类纠纷一般的特点是:纠纷形成的社会历史原因比较深远,群众迫切要求解决,情况复杂,牵扯面广,如果不及时处理或处理不当,容易造成不好的后果(上述50起纠纷中,发生械斗的就有2起,殴打5起,闹事3起),对发展生产影响很大。因此,我们必须积极主动地配合有关部门,将工作做在前头,把纠纷消灭在萌芽状态。对于已经发生的纠纷,要深入就地,依靠当地党组织,查明事实,按照政策,根据实际情况,从巩固集体经济,有利生产,有利团结出发,做好思想教育工作,坚持调解为主的方针妥善解决。

1962年8月17日

2.2.5 关于第三季度的工作情况和第四季度的工作意见[1]

县委、宁波中院、王延昌同志:

当前我县整个经济形势很好,社会治安秩序继续好转。但是,敌人还在继续暴露,组织反革命集团、散布反革命谣言的现行破坏案件又增多;偷窃、强奸等刑事案件也有上升,有些反、坏分子,在赫鲁晓夫公开背叛、同帝国主义和一

---

1 《关于第三季度的工作情况和第四季度的工作意见》,1963年,诸暨市人民法院藏,档案087-014-002-014。

切反革命联合大反华这股逆流的刺激下,正在蠢蠢欲动,伺机破坏。当前和今后一个相当长的时期内对敌斗争还是很紧张的;同时,秋收秋种已全面开始了,做好秋收期间的安全保卫工作,已是司法机关头等重要的任务。为此,第四季度的工作,必须是在党委统一领导下,配合公安、检察机关,进一步加强对敌斗争;严厉打击敌人的现行破坏;积极处理生产纠纷,继续抓紧清理未结案,确保社会秩序的安宁和秋收秋种的安全,以及社会主义教育运动的顺利进行。

一、运用审判武器,严厉打击敌人的现行破坏活动。斗争中,全体干部必须认清当前斗争形势,克服新的麻痹思想,必须认识,打击现行,同中央指示的在运动期间,对贪污盗窃、投机倒把分子,一律不杀,一般也一律不判,以及省委指示在运动中基本不捕人的方针,是两回事。绝不能把两者混同起来。任何时候都不能放松对现行反革命和现行重大刑事犯罪活动的打击。我们打击的目的,是为了保卫社会主义,巩固集体经济,发展农业生产。

二、积极处理好生产纠纷。根据以往经验,并从当前纠纷的苗头看,这一时期由于秋季收种、湖区捕鱼采菱、山区采伐烧柴用材,加之划分社队时经济政策处理不彻底和地理变化与发展生产的矛盾,集体与集体之间的水利、山林、土地、耕畜、农具等生产性纠纷,将在民事纠纷中显著地突出出来,我们必须有充分的思想准备,要对纠纷进行调查摸底,报告党委,联系有关方面,将它消灭在萌芽状态。凡是已经告到法院的,必须根据县委去年十月批转县院支部"对当前你生产纠纷情况和处理意见的报告"的指示,认真处理。同时,应结合就地办案并运用调解员、陪审员的力量,向群众进行保卫秋收的法纪宣传教育。

民事案件的质量,必须进一步提高,根本的关键是认真执行"调查研究,就地解决,调解为主"的方针,处理每一个案件,都要从四个有利于出发:有利于巩固社会主义所有制,有利于人民内部团结,有利于生产,有利于进步。在保证质量的前提下,应继续强调提高效率,要求各庭在年底时,未结案都降至十五件以下,大家应为实现这个要求而奋斗。

三、根据党委的统一部署,积极认真地投入"五反"学习(可能最近展开),整顿好我们本身。以便投入"五反"案件的处理,更好地保卫运动。目前全体同志要抓紧时间,积极自学,天天看报。

根据枫桥区开展社会主义教育运动的情况看,这次运动将广泛地揭露各种问题,对我们过去的审判工作,也是一次很好的检验。因此,我们必须在积极参加保卫运动的同时,对在运动中揭露出来与我们有关的问题,以边整边改、实事求是的态度加以对待,并认真从中吸取教训,改进思想作风。

四、大力加强对调解组织的领导,充分发挥其第一道防线的作用。除了平时结合巡回办案,加强对调解组织的经常联系指导外,应在当地公社党委指导下,结合社会主义教育运动的有利时机,普遍地加以整顿健全,把那些经过运动考察,具有政治立场坚定,阶级观点明确和密切联系群众的省中下农,充实调解组织。为此,各庭应当主动与当地公社和工作队加强联系,摸清和掌握调解组织的情况,提出意见,报告党委。并应有重点培训整顿健全一个公社的调解组织,取得经验。同时,要为今冬或明春召开调解代表会议和陪审员会议积累材料。

五、第四季度是一年来的末季,许多具体工作要告一终结。我们必须在及时打击现行,保卫好秋收秋种的前提下,抓紧时机,将如下工作积极做好:

1. 根据上级法院通知,对今年所判的缓刑案件要在十一月底做好检查总结,由刑庭负责,按期完成。同时对过去所判的坏分子案件也必须全面进行检查。

2. 做好案卷装订(主要是刑庭办的一批)、归档和检查清理档案、文件的工作,这一工作已急不待缓,务必在十一月中旬前搞好。

3. 加强总结审判经验材料,提倡人人动手写文章,每个庭年底除要做年终总结外,至少要写一个专题材料。

4. 复查案件和处理申诉案件的工作,应重视好,现有积压的一批,要拿出一定力量专门处理,今后结合经常工作进行。

5. 处理来信来访,是一项经常的重要任务,必须加强责任心,切实认真做好,应加强催办制度,做到件件有着落,案案有结果,要防止一转了事的不负责任的作风。并应做季度总结和年终总结,处理好的重要来信和简易纠纷,要搞好立卷归档。

一九六三年十月十一日

2.2.6 关于春耕生产期间的司法工作安排[1]

目前各地正在进一步开展社会主义教育和增产节约运动,紧张的春耕生产已经踏踏实实地开始。全县的治安形势正在继续好转,但是,那些少数坚持反动立场的阶级敌人,无时无刻不在进行阴谋复辟和破坏,当前主要是组织反革命集团,造谣煽动,盗窃集体财产,破坏用材林和经济林等,严重破坏人民公社集体经济的巩固和发展。在某些地方封建残余势力又有抬头活动;偷窃、迷信、赌博等歪风尚未完全制止,特别是"清明"前后,迷信活动有所上升。最近以来,为乱偷柴木和所有制引起的群众性的纠纷殴斗事件又有显著增加(第一季度发生 37 起,其中因偷柴引起的 23 起,发生殴斗 43 次,伤 33 人),它涉及面广,危害很大,有些地区还在继续发生,加上春旱影响,少数地区的群众思想不够稳定。上述问题,如不严肃对待和正确及时地加以解决,势必妨害社会主义教育和春耕生产的顺利进行。

根据县委和上级业务部门的指示精神和当前中心任务,司法工作的主要任务应该是:在各级党委的统一领导下,与公安、检察部门密切配合,着重抓好继续严厉地打击敌人的现行破坏活动,切实妥善地处理好群众性纠纷,以保障社会主义教育运动和春耕生产的顺利进行。应突出地抓好以下几项工作:

一、严厉打击敌人的现行破坏,和贪污、盗窃、投机倒把活动以及在运动中进行造谣煽动、盗窃农具、破坏山林,和严重危害农业生产、破坏社会秩序的反

---

[1]《关于春耕生产期间的司法工作安排》,1963 年,诸暨市人民法院藏,档案 087-014-002-004。

革命分子和刑事犯罪分子。

二、及时妥善地处理好山林、水利、农具等群众性的生产纠纷和乱偷等引起的哄闹殴打事件。在处理的指导思想上,应坚决从有利于保护集体经济,发展集体生产出发,对于维护集体利益的正当行为应予支持,具体处理原则和方法,按去年10月由县委批转本院支部的报告精神,认真贯彻执行。同时,应总结和运用山林生产联防会议的经验,在没有开过的山区和毗邻地区,依靠基层党委召开有关大队的联防会议,应以维护集体所有制,教育制止偷砍树木的问题为主,坚决执行党的政策和妥善解决群众生产、生活中的用材、烧柴等实际问题相结合,通过充分协商,订出切实可行的联防公约,以预防和减少纠纷事件的发生。

三、认真严肃地处理偷窃、偷害、赌头赌棍等治安事件。对于人民内部的一般问题,仍应坚持说服教育和严肃法纪相结合的办法进行处理。

四、处理好基层普选的案件,以保卫普选工作的顺利进行。

2.2.7 关于调解工作的基本总结和今后任务的报告[1]

自贯彻"十二条""六十条"以来,由于广大社员的生产积极性大大提高,所有制观念极大增强,但是,有些地方在调整所有制和划分社队的时候,某些经济政策处理不落实,所有制问题解决不彻底,对群众烧柴用材与封山清林之间的矛盾没有处理好,加之有一些历史性的宗派影响,因此,集体与集体之间为争夺所有权和使用权而引起的山林、土地、水利、农具等生产纠纷,比过去有大幅度的上升。在人与人之间的房屋、债务等有关财产权益纠纷也有所增多。在婚姻、家庭问题上,由于资产阶级思想和封建残余思想的影响,某些旧的婚姻风俗又死灰复燃,因而婚姻纠纷事件大有增多。这些民间纠纷一般是属于人民内部的是非问题,但在长期的、复杂的阶级斗争过程中,社会主义思想与资本主义思

---

[1] 《关于调解工作的基本总结和今后任务的报告》,1963年,诸暨市人民法院藏,档案087-014-002-018。

想、集体主义思想与个人主义思想的斗争,也必然会在民事纠纷中反映出来,这些问题处理得及时正确,就有利于调节人民内部相互关系,调动积极因素,有利于巩固人民公社集体经济,发展工农业生产。如果处理不当或不及时,就会影响团结、影响生产,甚至还会使矛盾的性质转化,造成不良后果。

2.2.8 关于枫桥地区在社会主义教育运动中有关民事案件的发生和处理情况的报告[1]

宁波中级人民法院、浙江省高级法院:

遵照省高级法院的指示,我们对枫桥地区在社会主义教育运动中有关民事纠纷暴露的问题和处理方法,初步进行了调查研究,通过枫桥人民法庭的介绍和召开枫桥镇公社各大队调解主任座谈会,以及重点就地访问,情况报告于下:

枫桥地区共12个公社,今年6月份以来,有7个公社在省委直接领导下,开展了社会主义教育运动,目前一般的已结束对敌斗争阶段,先后进入第三步即"四清"阶段,因此,这一时期突出地反映了阶级斗争的问题,而一般属于人民内部矛盾的民事案件尚无显著的变化。从枫桥法庭的收案情况看,今年以来共受理民事案79件,其中运动前1—5月的62件,运动后6月至9月25日的17件。在我们看来,运动后收案有所减少的主要原因,是与生产季节有关。该庭在今年受理的群众来信有209件,具体分:

时间	破坏婚姻家庭	童养媳	婚姻	检举干部	房屋财产	生产	偷窃破坏山林	债务赔偿	伤害	其他
运动前5个月的	23	3	42	8	11	8	8	3	9	8
运动后4个月的	7	5	36	7	2	8	2	7	8	4

---

[1] 《关于枫桥地区在社会主义教育运动中有关民事案件的发生和处理情况的报告》,1963年,诸暨市人民法院藏,档案087-014-002-013。

又以枫桥镇公社为例,10个大队今年1—9月,在工作组和公社党委的领导下,共发生和调处了59起纠纷案件,从其发生时间和性质来看:

时间	山林	婚姻	房屋	打架	生产	债务	自留地	砍柴	其他
运动前	2	1	4	5	4	1	1	4	5
运动后	2	4	2	17	3		2		2

但也使我们看到,由于阶级斗争、两条道路斗争的客观存在,和运动开展以来广大群众阶级斗争观念的提高,在民事审判工作中,在某些类型案件方面,也有一定的变化。根据现有材料,主要反映了如下几个问题:

一、在婚姻纠纷中,反映了激烈的两条道路和两种思想的斗争,无产阶级思想占了上风。不仅旧的婚姻习俗有显著转变和减少,在具体案件中也有反映。法庭在运动后处理的14个婚姻案子中,要求解除童养媳的有5件,为了划清敌我界线而闹离婚的2件。如东溪公社西坑大队贫农骆某某,1961年2月与枧北公社宜仁大队富农之女毛某某登记结婚,后因女方提出增加经济要求,一直未曾实行同居,今年七月份骆就向法庭申请离婚,报告上称:"我是一个贫农,过去女方曾骗我是贫农,现在通过运动我已省悟,深知受了女方之骗,故要求离婚,以便安心搞好集体生产。"又如檀溪公社胡家桐村贫农女儿宣某某(18岁),1962年受介绍人之骗(骗为中农),与地主儿子王某某登记结婚,同年12月23日过门,在王家住了两天,听说是地主成分,立即逃回了娘家。运动后就坚决要求离婚,诉称:"为了分清界线,坚持敌我,站稳立场,决不再到王家。"(这两个案件,准备调处支持离婚)另据了解,东溪公社里贫大队贫农、共青团员宣某照,原与地主女儿宣某芝登记了结婚(未同居),送给女方人民币200元、毛线一斤、布2丈,准备择日过门。运动开展后,在召开贫下中农会议时,宣某照未被吸收参加,他就找到工作队表示不要老婆,连已付的钱也宁可不收回而要求参加贫下中农组织。

二、在运动的对敌斗争阶段,人民内部矛盾也大量存在,在某些方面也较为突出,反映在伤害案件上,相骂打架事件有显著的增加,枫桥镇公社在运动后所发生的吵架斗殴事件17起,较之运动前的5起增加2.4倍。既有先进思想与落后思想的斗争,也有阶级敌人借机挑拨、打击贫农的阶级斗争。如枫桥镇紫未大队贫下中农委员会副主任李某某,在会上反映了地主陈某与贫农青年陈某某关系密切,该地主以宣扬色情腐蚀青年。陈某某得悉后,就指桑骂槐地讽刺李某某是"开得三天会,鸡毛当令箭",因此两人争吵起来,陈某某用碗打去,正打中李某某儿子的手上而受伤,致激起贫下中农委员会的不满,以陈某某"打击贫农,破坏运动",要求法庭拘留。事经工作组耐心教育,才提高了陈某某的思想觉悟,在贫下中农会议上诚恳地认错检讨,并赔偿了药费,李某某也放弃了赔偿工分的要求,从而达到了团结多数,以利斗争。又如枫溪大队贫农楼某甲,于8月间为晒稻草引起与反革命分子老婆楼某乙争吵,该反革命老婆竟破口大骂:"你贫农代表当起,威风起来,又想来欺压我们了。"(其丈夫在土改中曾检举过该反革命分子的罪恶)致楼某甲十分气愤,与之扭打,结果楼某乙被扭断手指一节。再如枫溪大队楼某某、魏某某两个贫农女社员,由于地主孙某某从中挑拨是非,以致用扁担相打,各自受伤经大队调解,批评了双方,揭露了地主挑拨的不法行为后来两人在一次贫下中农会上都悔悟地说:"地主最喜欢我们贫农像赤膊鸡一样斗起来,再也不该上当了。"(意思是:形容新中国成立前的贫农像无毛的鸡一样,而无毛的鸡斗起来,鲜血淋漓)此后又团结如前,反而同声都骂地主"真恶毒"。这些事实告诉我们,在运动中必须警惕敌人的挑拨煽动,揭露和打击敌人的阴谋活动,同时,应对群众加强法制观念教育,预防发生和正确处理打架事件。

三、在对敌斗争结束后,即在第三步以后的"四清"、学政策、订规划阶段,人民内部矛盾将显得突出起来。据在枫桥镇公社的初步摸底,较大的群众性生产纠纷有5起,其中队与队、队与社的山林、水利纠纷4起、队与供销社的房屋纠纷

1起。这些纠纷的引起,主要是在调整所有制过程中,具体政策和处理没有跟上,退赔不彻底,有的则是发展生产与地理变化的矛盾。它直接关系到生产的发展和集体经济的巩固,因此,运动开展后,群众对上述5起纠纷都提出要求解决,而工作组由于注重于搞阶级斗争而表示"慢慢来","放在下一步再解决"。据此可以看出,对敌斗争结束后,民事纠纷将有所增加,我们必须有充分的思想准备,主动做好纠纷摸底排队工作,然后报告党委,联系有关部门,结合运动后期处理人民内部矛盾的同时,予以解决。

四、依靠贫下中农组织处理纠纷案件,这是正确及时处理民事案件的重要方法,也是党的群众路线在民事审判工作中的具体运用。在处理民事案件中,往往会碰到一些烫手的问题,例如判决或调解后的执行问题,婚姻纠纷引起迁移户粮关系的问题,不易得到及时合理的解决,但是只要依靠运动中组成的贫下中农组织和调解组织,让群众进行辩论,问题就迎刃而解。枫桥镇公社大悟大队的二起婚姻纠纷,引起迁户粮关系问题的解决,就是很好的说明。其一是:宣某甲与裘某某,因夫妻不和于1958年经村调解分居,后来户粮关系也分为二个生产队。今年3月,经法庭一再教育终于和好,重归同居,此后,女方所在的第一生产队即将女方户口推出不管,既不安排其参加劳动,也不安排其口粮,而男方所在的第二生产队,借口田亩调配不好,不肯接受女方的迁入,因此,虽经干部会多次商议,延至早稻收割时仍未解决,影响了宣与裘的劳动积极性和夫妻关系的改善,宣六七次往返公社和法庭要求解决。其二是:宣某乙与同村现役军官□某丁结婚后,男方所在的第三生产队借口军人未来信与生产队联系,不知是否真已结婚(因女方去部队结婚,在村没有分糖)而拒绝女方的户、粮关系迁入本队。运动开展后,公社和工作组就在8月间召开一次40多人参加的贫下中农代表会议上,将这二件事交给大家进行讨论,提出不接受户粮关系的对不对,是什么思想而拒绝迁入?问题一经摆出,贫农代表都说迁入是正当的,本位观念思想是不对的,这时,原来借口坚持说"我队长不好讲,是社员不同意"的二个队长都哑口无言,事实证明不是社员不同意。问题就妥善解决了。宣与裘夫妻和睦了,生产劲头更大了,去年分红时共找出30多元,今年二夫妻积极参加收割早稻,就找进了20多元。这一事实充分说明,只要相信群众,依靠群众,特别是依靠贫下中农组织和调解组织,党的政策就能得到正确地贯彻,一些缠手的纠纷案件就能及时合理的解决。

五、调解委员会在排难解纷中,做了很多的工作,对促进生产和团结,起了积极的作用,其组织也基本上是纯洁、健全的。从枫桥镇公社看,全社调解组织成员64人,其中中农17人,贫农47人;有党员18人,团员9人,群众积极分子37人。经过运动考察,工作积极,无问题的24人占40%,表现一般或稍有一些问题的37人占56%,有问题准备调换的3人占4%。显然结合运动整顿健全调解组织,不仅是必要的,而且是极为有利的,因此,人民法庭必须主动与当地公社和工作队加强联系,摸清和掌握调解组织的情况,报告党委,在运动后期的组织建设阶段,把那些经过运动考察,具有政治立场坚定,阶级观点明确和密切联系群众的贫下中农,充实调解组织,以利它们在调处民间纠纷中,更好地起到第一道防线的作用。

六、在运动中将广泛地揭露各种问题,因此,对我们过去的民事审判工作,也是一次很好的体验。据此,在运动中揭露出与我们有关的问题,应以边整边改、实事求是的态度加以对待。

以上报告,是否有当,请指示。

一九六三年十月四日

2.2.9　认真学习中央〔84〕1号文件主动纠正经济错案[1]

诸暨法院对一起经济错案进行复查和纠正的总结。主要内容包括以下几点:

---

1 《认真学习中央〔84〕1号文件主动纠正经济错案》,1984年,诸暨市人民法院藏,档案087-034-005-019。

第一,基本案情。谢某在担任诸暨县乐山硫酸坛厂和诸暨色织布厂供销员期间,在帮助企业采办原材料设备中,收受了工资、交际费等八千余元,被当作索贿罪定性判刑。此外,谢某为帮助诸暨县唐山公社五星绸厂推销长期积压被面一百条而引起的经济账目不清问题,被认定为诈骗。第二,判决结果。法院经查明认定谢某行为均未构成索贿罪与诈骗罪的要件,故推翻原判决。第三。纠错意义。诸暨法院通过此次纠错,树立了党的威信以及法院的威信,鼓励人民更加积极地为乡镇企业做贡献。

2.2.10 诸暨市人民法院党的群众路线教育实践活动征求意见工作方案[1]

征求意见的方式

走访联系乡镇征集。由联系乡镇陈宅镇牵头,院领导班子中抽调二名班子成员,组成联合征求意见小组,通过深入陈宅镇村(社区)和企业实地走访群众,召集村(社区)两委会成员、党员、村民代表、企业主和基层群众等召开座谈会,将征求意见表分发群众等方式,向村(社区)两委会成员、党员、村民代表、企业主、基层群众等广泛征求意见和建议。

蹲点调研征集。由院领导班子成员带领有关部门人员,进农村、进企业、进镇街、进学校,深入基层一线开展工作调研,分别征询基层群众对院领导班子和法院工作的真实看法和评价,并帮助解决实际困难。

2.2.11 给县乡镇企业局的检察建议书(何、陈贪污一案)[2]

诸暨县乡镇企业局:

为加强企业的经营管理,健全财务制度,堵塞漏洞,预防犯罪,特报出以下

---

[1] 《诸暨市人民法院党的群众路线教育实践活动征求意见工作方案》,2014年。
[2] 《给县乡镇企业局的检察建议书(何、陈贪污一案)》,1987年,诸暨市人民检察院藏,档案J086-W1987-2-0004-183。

建议:

一、建立和健全各种规章制度,严格按财经手续报销各种经费。同时,必须经主管人员审批。

二、会计与出纳要有明确的分工,银行印鉴应按规定分开管理,严格按照财务制度办事,这样才能起到互相牵制和监督作用,使有意识趁机作弊的人无机可乘。

三、要督促企业厂长,学会企业经营管理,健全完善各种规章制度,要支持财会人员工作,严格厂财务核算,并积极发挥监督作用。

四、每年应对下属企业会计凭证定期或不定期的组织检查,互相监督,互相学习,及时发现问题,及时采取措施,堵塞漏洞。

五、对下属企业的财会人员要定期进行财会知识的培训及政策法制教育,提高财会人员的业务素质和增强政策法制观念,自觉地把好财务关,使他们在企业管理中发挥较好的作用。

一九八七年六月二十日

2.2.12 城关、枫桥、牌头、草塔四镇政法工作座谈会纪要[1]

克服和改进内部防范工作中的薄弱环节。内部防范工作,当前突出的问题是:有的经济部门防范措施不扎实;有些单位值班制度不严;有些工矿企业只抓生产、忽视安全的倾向仍然存在,工伤事故发生多起。为此,各地区、各部门要采取突击和经常相结合的方法,加强防范工作的检查,切实落实组织措施、保卫措施和奖惩制度,务必使内部防范工作做到最好的程度。

加强和严密治安管理。各派出所、工商、商业部门要密切配合,把打击刑事犯罪活动和打击经济领域中的违法犯罪活动密切结合起来,把整顿集市贸易市

---

[1] 《城关、枫桥、牌头、草塔四镇政法工作座谈会纪要》,1982年。

场、城镇交通秩序同搞好治安秩序,处理经济违法、交通违章密切结合起来。要做到既各司其职,又不互相扯皮、相互推诿。要在镇委和政府的统一领导下,根据各镇不同的具体情况,以派出所为主提出具体方案和措施,落实"综合治理",切实抓好各镇上的治安管理。

2.2.13 我院已建立七个乡镇企业联系点[1]

我院为了增强全体干警的商品经济意识,及时了解我县农村改革和经济建设发展的新形势,掌握我县乡镇企业发展中的新情况和新问题,以进一步明确检察工作为经济建设服务的指导思想,充分发挥检察机关在新的历史条件下"保护人民,打击敌人,惩治犯罪,服务四化"的职能作用,今年三月初,在认真总结一九八五年上半年建立十八个"两户一体"联系点工作经验的基础上,决定在本县内建立乡镇企业联系点。

按照院领导的要求,各科、室共派出十七名干警,先后分赴区乡镇,同当地党委、政府共同商量选定乡镇企业联系点,并去"联系点"作了访问。到三月底止,我院已在各地建立了七个乡镇企业联系点,即:三都镇毛巾厂、牌头区新乐乡水泥机械厂、江藻镇西施美首饰厂、璜山镇塑料厂、安平乡华侨旅游食品厂、大西区上峰水泥厂、枫桥镇建材厂。据访问了解,上述七个乡镇企业目前共有正式职工1 265人,固定资产872万元,流动资金397万元,年产值1 840万元。

我们在访问中了解到,七个联系点的企业领导干部和职工对乡镇企业的发展前途均充满信心,干劲很大,但也反映出当前乡镇企业存在的一些困难和问题,例如,技术人员缺乏、电源不足、部分应收款难以收回、缺乏法律知识以及如何做好安全防范工作等方面。因此,他们对我们检察机关主动同他们建立联系,提供法律知识和法律保护,表示十分欢迎。

---

1 《我院已建立七个乡镇企业联系点》,1987年,诸暨市人民检察院藏,档案J086-W1987-2-0005-060。

今后,我院对乡镇企业联系点的工作将列入议事日程,做到定期访问,积极为乡镇企业提供法律服务,解答一些有关法律问题,以保护和促进乡镇企业的健康发展。

2.2.14 统一思想惩治腐败保护和发展乡镇企业[1]

9月19日,我院和县委组织部配合三都区委召开全区脱产干部,乡、镇、村办企业厂长、供销科长会议。组织部长杨胜、检察长杨信苗先后在会上就围绕中心,惩治腐败,振奋精神,巩固和发展乡镇企业作了讲话,统一了思想认识,鼓舞了干部和企业骨干的积极性。

这个区近年来的乡镇企业发展很快,月前有乡办企业37家,村办企业95家,不但解决了7 241人就业问题,而且去年一年为国家提供税收340.77万元。今年来虽然财政紧缩,整个国民经济形势严峻,但是由于该区上下合力,团结奋战,采取完善经营责任制,优化产品结构,治理穷亏企业、内部挖潜、清理滞销积压产品等措施,1—8月乡镇企业总产值4 610.33万元,比去年同期的3 410.47万元增长46.8%,完成全年6 500万元指标的70.9%。仍然取得了很大的成绩。

但是,我院最近办理该区颇有影响的诸暨第四印染厂厂长徐某某贪污案、唐山砖瓦厂厂长孙某某贪污、受贿、打击报复案,引起一些思想反应。

对此,区委认为有必要召开一定规模的会议,以有利于把认识统一到围绕中心,惩治腐败,振奋精神,促进乡镇企业的发展上来,以利于把党的十三届四中全会的精神落到实处。会上,杨信苗同志从对三都区乡镇企业发展的基本估价;经济犯罪的严重性和对乡镇企业的危害;正确掌握政策法律,讲究工作方法;振奋精神,为发展乡镇企业而努力等四个方面,作了以案说法的论理性阐述,引起强烈反响。

---

[1]《统一思想惩治腐败保护和发展乡镇企业》,1989年,诸暨市人民检察院藏,档案J086－W1989－2－0008－073。

2.2.15 我们是怎样为乡镇企业排忧解难的[1]

诸暨县店口镇经过多年的努力,坚持兴办集体汽配小五金工业,现已使产品销往全国各地,自然形成了在全国有名气的汽配小五金供货市场,年成交额在上千万元以上。随着集体企业的兴旺发展,同时也造就了一大批供销能人、生产技术能人。随着改革的开放、搞活,这些能人先后办起了家庭汽配小五金工业,使该镇的工业发展更上一层楼。该镇在企业的发展管理中也遇到了一个难题,即有相当一部分供销或管理人员中长期拖欠公款,软磨硬泡不还,使集体企业资金周转发生困难,有的集体企业还出现了生存危机。

店口镇党委和政府看到这一情况的严重性,马上采取相应措施,要求各集体企业组织人力催回这笔拖欠款,以促进企业上后劲。但催讨工作开展得并不顺利,频频受阻。碰到"钉子户",他们就对催讨人员说:"我明天会来交的。"到明天他们还是不交款,又去催讨,又说是明天,就是不交款;碰到"观望户",他们就对催讨人员说:"只要其他欠款户都交了,我们不用你催自己会来交的。"针对这一实际情况,该镇党委和政府想到了法律,用法律手段来解决这一老大难问题,先后向县工商局、县法院联系,请求派员协助解决。县工商局、县法院先后派出人员到该镇帮助催讨欠款,经过努力,追回了一部分欠款。但没有根治这一老大难问题,留下的尾巴仍很大,即欠款户近上百,欠款额达近八万。

1988年2月,我院在社会调查时,该镇党委书记阮少平向我们反映了这一实际情况,并要求我院派员帮助解决,提供法律服务。我院经过认真研究,认为检察院正在搞民事检察试点,诸暨县又是绍兴市的试点地,而店口镇的实际情况正需要用民法来加以解决。因此,我院应该尽职向他们提供法律帮助。

---

1 《我们是怎样为乡镇企业排忧解难的》,1989年,诸暨市人民检察院藏,档案J086-W1989-2-0007-026。

6—7月,我院派出四名干警前往店口镇帮助解决这一老大难问题。具体做法是:首先,我们与该镇党委和政府取得联系,讲明我们是在党委和政府的领导下协助工办开展工作,主要是提供法律上的帮助。其次,向各企业的厂长、财会人员了解每个拖欠者的基本情况,做到心中有数。通过了解得知拖欠者达近百人;拖欠数额多者上万元、少者几十元;拖欠时间长者十年左右,短者也有几年;在偿还能力上,多数拖欠者都有还款能力,真正无偿还能力者不上10人。在这基础上,又分类排除"钉子户""脾气户"。最后,我们与工办一起制定了分两步走计划,第一步先发通知;第二步集中力量做"钉子户""脾气户"的工作,最终达到收回欠款的目标。

工作开展后,我们向欠款者发出通知,找他们逐一谈话。在谈话过程中,我们采取以理服人的办法,避免采用强硬的方法,将道理讲深讲透,同时也让拖欠者把话讲出。他们讲得无理的,我们就同他们谈刚办家庭工厂时,集体给予了许多无偿的支援,如果没有这些无偿的支援,办家庭工厂一定困难重重,现在集体厂遇到了资金周转困难,你们也要为集体厂着想,尽早归还欠款。通过这步工作,大多数欠款者都按时退清了欠款,使一些"钉子户""脾气户"形成了孤立之势,我们就有精力集中力量做"钉子户""脾气户"的思想工作。我们一次谈话不行,就二次谈;我们发通知要他来,他不来,就上门去做工作。"锲而不舍,金石可镂。"我们就是这样一个一个的将"钉子户"拔掉,将"脾气户"解决,追回该镇6个企业1984年以来涉及60余人的欠款共七万余元。我们提供了这一法律服务工作,赢得了店口镇党委、政府和各集体的一致好评。他们感激地说:为我们解决了一个多年存在的老大难问题,并送来锦旗以表谢意。

一年来,我院利用办案的间隙或结合办案,为60多个企业(单位)追回被欺诈和认款不还的欠款共计75万余元(不包括追赃的44万余元),有力地促进了我县企业的巩固和发展,较好地体现了检察机关为中心和基层服务,促进经济发展的指导思想。

2.2.16　关于加强农村集体资金资产资源管理的实施意见[1]

各镇乡党委、政府,各街道党工委、办事处,市级机关各部门,市属企事业单位:

为切实加强农村集体资金、资产、资源(以下简称"三资")管理,维护农村集体经济组织及其成员的合法权益,促进农村经济社会又好又快发展,经市委、市政府研究,现就加强农村集体"三资"管理提出如下意见:

一、工作目标

围绕"组织网络化、操作程序化、监督多元化、运行阳光化、管理信息化、问责制度化"目标,构建农村集体"三资"管理体系,规范"三资"管理制度,拓展"三资"服务内容,健全"三资"监督机制,进一步提高民主决策、民主管理和民主监督水平,推进农村基层党风廉政建设。通过3—5年努力,全面实现农村集体"三资"管理的规范化、制度化、信息化和科学化,为新农村建设提供坚实保障。

二、基本原则

(一)"四权"不变原则。农村集体"三资"的所有权、经营权、收益权、处置权不变,保障农村集体经济组织及其成员对"三资"的占有、经营、收益和分配。

(二)便民高效原则。规范管理程序,优化运作流程,提供便民服务。强化网络功能与应用,推进"三资"管理信息化建设,确保运行高效。

(三)民主理财原则。落实农村集体"三资"经营、管理民主决策与公开制度,推进"三资"监督工作规范化、常态化,保障农村集体经济组织成员对"三资"的知情权、决策权、监督权。

(四)社员受益原则。提升农村集体"三资"经营、管理水平,健全"三资"监管机制,确保农村集体"三资"安全,努力实现保值增值,使社员群众得到更多实惠。

---

[1] 中共诸暨市委办公室、诸暨市人民政府办公室:《关于加强农村集体资金资产资源管理的实施意见》,2010年6月8日印发,市委办〔2010〕72号。

三、重点内容

（一）建立组织机构。市成立农村集体"三资"管理工作领导小组及办公室，负责全市农村集体"三资"管理的指导、协调、监督和检查，市"三资"办设在市农办，与市农经总站合署办公。各镇乡（街道）相应建立领导小组及办公室，由镇乡（街道）党（工）委书记兼任组长，纪（工）委书记、农经工作分管领导兼任副组长；镇乡（街道）"三资"办与农经站合署办公，主任由农经工作分管领导兼任；原镇乡（街道）会计代理中心更名为农村集体"三资"管理服务中心（以下简称"三资"中心），主任由农经站长兼任。村经济合作社承担日常的农村"三资"管理工作，村务监督委员会负责对农村集体"三资"经营管理的日常监督。

（二）全面清产核资。农村集体"三资"，主要包括村集体原有积累及集体发包、经营、租赁、投资、资产处置、土地征用补偿、上级拨入资金等各项货币性资金及有价证券，村集体经济组织在经营及投资时形成的各类固定资产、财产物资、长期投资及无形资产，以及村集体土地、林地、旱地、荒地、滩涂、水面、矿山等自然资源。农村集体"三资"要在全面清产核资的基础上，统一建立台账，由镇乡（街道）"三资"中心建档管理，并输入信息化管理网络。

（三）构建制度体系。各镇乡（街道）按照《诸暨市农村集体资金资产资源管理办法（试行）》《诸暨市村集体经济组织财务管理制度》的规定，建立健全农村集体"三资"登记管理制度、定期清查制度、招投标制度、合同管理制度、民主监督制度、审核反馈制度、动态报告制度、审计通报制度和责任追究制度等，并严格按照制度规定加强农村集体"三资"监管，促进各项制度有效落实。

（四）健全监督机制。统一开发全市农村集体"三资"管理信息化系统，构建市、镇乡（街道）、村三级农村集体"三资"管理网络平台，实时监管农村集体"三资"情况。各镇乡（街道）应在办公楼入口大厅或"三资"中心配备电子触摸屏，方便群众随时查询"三资"经营、管理情况。市、镇乡（街道）"三资"办建立健全"三资"监管预警机制，制定相关应急预案，及时防范、化解涉及"三资"管理的不稳定因素。

四、实施步骤

（一）宣传发动阶段:6月中旬

1. 市成立农村集体"三资"管理工作领导小组及办公室,出台实施意见与相关配套制度,召开工作会议专题部署,并及时组织相关业务培训。

2. 各镇乡（街道）成立农村集体"三资"管理工作领导小组及办公室,按要求推进"三资"中心建设,制定具体方案及相关制度,召开专题会议动员部署,加强业务人员的针对性培训,并指导各村建立相应组织,落实具体经办人员。

3. 宣传部门和各镇乡（街道）加大对"三资"管理重要意义、方法步骤、典型事例等的宣传力度,充分调动农村党员干部的积极性,营造良好的工作氛围。

（二）清产核资阶段:6月下旬至8月上旬

1. 明晰产权。各村按要求对农村集体"三资"分类详实登记,全面摸清"三资"底数;在调查核实过程中,应广泛征求意见,邀请村民代表全程参与;全面公示调查结果,自觉接受村民监督,确保不遗漏、不偏差。

2. 清理规范。各村扎实开展以"六清"（即清账户设置、清各类存折、清公款私存、清资金出借、清以据抵现、清合同协议）为重点的集体资金清理规范工作,并做好相关合同文本及资料的登记、造册、补签、完善、归档等工作。

3. 建立台账。各村建立"三资"管理台账,包括资金、资产和资源的往来、借贷、种类、数量及经营管理情况,以及涉及村"三资"的相关合同文本、会议记录、招投标等原始材料,并将台账报镇乡（街道）"三资"中心。

4. 审核录入。镇乡（街道）"三资"中心设施配备到位,及时将合同、票据等相关原始凭证,以及资产、资源的照片等基本资料,逐一对应核实后,输入信息化管理网络。发现问题的,即时督促整改落实。

（三）机制完善阶段:8月中旬

各镇乡（街道）建立健全农村集体"三资"管理制度体系,加强对各村"三资"管理制度建设的指导、帮助和督促。同时,配套制定"三资"中心内部管理、绩效考核等制度,并进行"中心"的试运作。

(四)检查验收阶段:8月下旬

市组织对各镇乡(街道)"三资"管理工作的考核验收,对照标准,查找问题,督促整改,确保按规范化要求运转。

五、相关要求

(一)统一思想,提高认识。农村集体"三资"是农村生活、生产资料的重要组成部分,是发展农村集体经济的重要基础,是加强农村党风廉政建设、构建农村和谐社会的重要内容。市级有关部门、各镇乡(街道)要充分认识加强农村"三资"管理的重要性和紧迫性,增强做好农村"三资"工作的责任感和使命感。

(二)落实责任,形成合力。市农村集体"三资"管理工作领导小组应定期召开会议,听取"三资"管理情况汇报,协调处理重大问题;市"三资"办(市农办)要切实发挥职能作用,做好日常的监管、指导、检查和培训等工作;市纪委要加强对"三资"管理制度落实情况的监督检查,及时查处农村集体"三资"管理工作中的违纪问题,落实责任追究。组织、民政、财政、信访等有关部门也要各司其职,密切配合,形成齐抓共管的工作机制。各镇乡(街道)是农村集体"三资"管理工作的主体,主要领导要亲自抓、负总责,分管领导要直接抓、具体落实,确保这项工作取得实效。

(三)强化保障,严格考核。农村集体"三资"管理工作纳入镇乡(街道)岗位目标责任制考核内容。各镇乡(街道)要配足配强"三资"管理服务机构人员,明确工作职责,落实相关待遇。市委办、市府办、市纪委、市委组织部、市农办、市民政局等部门要抽调相关人员,组成工作指导组,对镇乡(街道)农村集体"三资"管理工作进行指导、督查和评估,推动"三资"管理工作落到实处。

2.2.17　检察长讲话:《依法保护能人促进乡镇企业发展》[1]

在县委、县政府召开的一九八六年度乡镇企业先进集体、优秀厂长、优秀供销员表彰大会期间,我院检察长杨信苗同志应邀参加了这次大会,并在会上就检察机关如何服从于、服务于改革和经济建设,依法保护能人,促进乡镇企业发展的问题作了讲话。讲话重点如下:

在我国的国民经济发展中,乡镇企业近几年异军突起,似雨后春笋般的蓬勃发展。如本县五泄的弹簧、店口的汽车配件、姚江的珍珠、枫桥的服装、大西的运输等企业生产,就是我县乡镇企业蓬勃发展的典型。我们必须充分肯定乡镇企业在社会主义经济建设中的重要地位,它是农村经济的重要支柱,是国民经济的重要力量,是广大农民脱贫致富的重要途径。我们应当充分认识乡镇企业的重大贡献,据了解,一九八六年我县共有 12 093 家乡镇企业,安排了 138 403 个劳动力,产值共达 57 374.51 万元。随着乡镇企业日益发展,一大批创业能人应运而生。这些能人在社会主义商品经济的舞台上充分发挥了自己的才智,各显神通,有力地推动了我县商品生产和商品经济的发展。面临改革、开放、搞活的大好形势,能人有锐意改革和强烈的创业意识;有很强的革命事业心和拼搏精神;有广泛的社会交往和市场竞争力;有较强的经营管理能力,能创造出较高的经济效益。他们是发展商品经济,引导群众勤劳致富的带头人,是当代先进生产力的代表。如五泄联营食品开发公司经理戚吉庆,于一九八四年上半年联合当地十五户养鸭专业户办起了皮蛋厂和食品厂,一九八六年产值 550 万元,创利 12.7 万元。

党的十一届六中全会《关于社会主义精神文明建设指导方针的决议》,提出了"一个中心""三个坚定不移"的总体布局思想,经济建设是全党全国人民的中

---

[1]《依法保护能人促进乡镇企业发展》,1987 年,诸暨市人民检察院藏,档案 J086-W1987-2-0005-001。

心工作,各部门都必须服从和服务于这个中心。社会主义的法律和检察机关的工作,从根本上说也是为经济建设这个中心服务的。我们要从办案的社会效果到具体方法上,都充分考虑有利于维护生产秩序和促进经济建设的发展,结合办案多做其他法律服务工作,注意防止和克服"就地办案"的倾向。依法保护能人,促进乡镇企业的发展,是我们检察机关的一项任务。我们认为,乡镇企业是农民在七分田地上搞饭吃而解决不了温饱问题所逼出来的。在激烈地商品竞争中,乡镇企业由于人才、资金、技术、原料及产品销路等方面都有求于人,要自寻门路,"找米下锅",困难不少,所以在经济交往中存在着一般性的送钱送物,有其客观原因,不能当作违法犯罪查处,这些问题只能在改革和经济发展中逐步加以解决和完善。应以新时期的人才观念去正确地看待能人,从而实事求是地肯定能人在经济建设中的社会贡献,为确有贡献的能人撑腰,依法保护能人和改革者。对诬告陷害能人和改革者的要严肃查处,对错告的要进行严肃的批评教育,对造成严重后果,触犯刑律的要绳之以法。

在改革和经济建设中,特别是在推动我县乡镇企业的蓬勃发展过程中,能人确实作出了巨大的贡献。但是,我们应辩证地看待问题,金无足赤,人无完人,能人难免有其弱点、缺点和错误,还有失误的地方,如果不注意学习和严格要求自己,也容易犯错误。在当前瞬息万变的信息时代,在改革深入发展的历史潮流中,我们希望能人要继续坚持改革,不断前进;要自尊自爱,在政治上爱护自己,加强学习,抵制资产阶级腐朽思想的侵蚀;要坚持四项基本原则,旗帜鲜明地反对资产阶级自由化思潮;要带头学法、懂法、守法,养成遵纪守法的良好习惯,并用法律知识来指导自己的行动,处理好自己的工作,保护企业的合法权益,使企业越办越兴旺。

2.2.18 检察会议部署:明确任务努力为经济建设服务[1]

1月23日至24日,我院先后召开科长会议和全体干警大会,传达贯彻全省检察长会议精神。检察长杨信苗代表院党组就贯彻会议精神作了部署。

一、明确1992年检察工作的指导思想、工作格局,在提高上下功夫。今年的检察工作,继续坚持"深入、坚持、加强"的工作格局,保持检察工作的良好势头,牢固树立为经济建设服务的思想,具体做到四提高:一是提高思想认识,继承和发扬优势,克服薄弱环节,推进各项工作;二是提高思想政治工作的活力和业务素质,保障检察工作的开展;三是提高为经济建设服务的主动性,围绕中心开展执法办案;四是提高办案的数量、质量和社会效果,力求在侦破大要案上有新突破。

二、为经济建设服务必须自觉、主动、具体。加强为重点骨干企业、农业和农村工作服务,把打击贪污贿赂犯罪和严重刑事犯罪,为农业生产和经济建设的发展创造良好的社会秩序,作为最重要、最直接的服务。拟深入16家技改企业调查,为他们提供法律服务,维护厂供销渠道,保护厂长、经理的合法权益;努力维护农村治安的稳定,对那些哄抢、破坏农口、电力设施、围攻殴打农村干部、聚众赌博和"坑农"案件要优先办理;重视查处偷税抗税案件,保障财政收入;积极配合市委、市政府中心工作,开展执法办案。

三、把握重点,开展各项检察业务。反贪污贿赂的工作,是长期、复杂、艰巨的任务,要克服畏难松劲情绪,把斗争推向深入。注重对非正常亏损严重和管理乱、反响大、问题多的企业和内部案件的查处方向。注意斗争的形式,把重视举报和秘密调查相结合,初查时要有侦查意识,抓住立案,深挖大案串案。加强反贪污贿赂的领导和业务探索,保障主要任务的完成。保持严打声威,特别是

---

[1] 《明确任务努力为经济建设服务》,1992年,诸暨市人民检察院藏,档案J086-W1992-2-0006-078。

对七类犯罪,要从严从快打击,斗争中注重体现政策,宽严相济,做好教育挽救和分化瓦解工作,认真开展"二个监督"。进一步加强法纪检察工作。"积极、认真、稳妥"地开展民检、监所、控申等工作,促进各类检察工作的全面开展。

四、要把握落实工作任务的几项具体措施。案件质量是检察机关的生命线,要层层把关,杜绝错案。一是建立汇报反馈、案件质量的跟踪考核和错案追究制度,凡出现错案,分管检察长要认真组织分析,承办人员写出书面总结。二是坚持深入细致的工作作风,提倡勤于思考,雷厉风行,艰苦奋斗,善始善终,切忌拖沓、马虎,保证检察工作的各个环节不出纰漏。三是有的放矢地开展业务活动,紧密联系实际,不断创新,不拘一格:自侦工作如何提高侦查水平;刑检工作加强批捕、起诉质量;法纪注重如何发现线索和证实犯罪;控申工作如何为民排难解忧;监所如何加强对看守所的安全检查;调研工作如何积累素材,搞好调查研究。同时要求各科订出1992年的工作计划,要有数量、质量和目标的要求。在新的一年里要继续坚持从严治检的方针,加强思想政治工作和队伍建设,以良好的精神状态夺取工作新成绩。

2.2.19 关于阶级敌人破坏集体经济情况和我们的意见报告[1]

县委:

自今年1月以来,我们先后办理了八起阶级敌人破坏集体经济的案件,占办案总数的28.5%。这些案件的情况证明,在当前国内外阶级斗争激烈化的情况下,残存在我县社会上的地富反坏分子,猖狂地进行破坏集体经济,企图搞垮人民公社的罪恶活动,给我们造成了一定的损失,情况是严重的。综合敌人破坏的手段主要有:

(1)大肆破坏用材林和经济林。

---

[1] 《关于阶级敌人破坏集体经济情况和我们的意见报告》,1963年,诸暨市人民检察院藏,档案J086-W1963-1-0002-017。

（2）盗用集体资金进行投机倒把。

（3）贪污、盗窃集体财产。

（4）破坏农具。

（5）大肆开荒,专搞私有。

（6）煽动分队、分田地。

在我们人民民主专政更加巩固,广大群众的觉悟程度和组织程度大大提高的情况下,为什么地富反坏分子还敢如此猖狂地破坏集体经济呢？据我们分析主要有以下几个原因:首先是由于这些阶级敌人的本质所决定的。从我县的情况看,地主、富农和反革命分子,虽然改造了十几年,但是其中还有少部分至今仍坚持反动立场,无时无刻不想进行复辟和破坏。而且还对其子弟和亲属不断灌输反动思想,教唆他们与我对抗到底。这是出现上述破坏事件的根本原因。在二个阶级、二条道路的斗争中,我们的少数基层干部由于警惕性不高,被敌人用酒、色、财、气拉下了水,这是阶级敌人破坏得逞的一个重要原因。

第三,部分地区对地富反坏分子的监督改造工作放松。这首先是少数基层干部和群众对阶级斗争的长期性、复杂性,特别是对于当前阶级斗争中出现的一些新情况认识不足所导致的。

为了迅速制止上述问题的继续发生,根据上级指示精神和我县的实际情况,我们提出如下几条意见:

第一,坚决打击敢于破坏集体经济的犯罪分子。

第二,认真加强对地富反坏右分子的监督改造工作。

第三,加强对广大干部和群众的集体主义教育和阶级斗争教育。

中共诸暨县人民检察院支部

1963年3月23日

2.2.20　检察会议部署：关于当前经济检察的工作思路[1]

在听取了绍兴市委汪曦光书记关于中心思想和开放发展的报告，诸暨市周惠良市长在全市工业技术进步会议上的报告，学习了顾仁章书记关于农村基本路线教育的教育点和结合点的讲话。联系诸暨经济建设的实际，检察长杨信苗就我院经济检察提出了新的工作思路，并于8月21日召开了干警大会，进行深入贯彻。

一、要清醒地认识诸暨的实际。我们要看到诸暨经济体制格局的特点，个体和私营经济有一定的发展规模，乡镇集体企业受到个体、私营企业的严重挑战，尤其是在市场疲软，产品滞销，效益低下，面临的形势十分严峻。从横向来看诸暨处于迅猛发展的萧山、绍兴、义乌包围之中，历史的落后和发展中的差距，我们应负有危机感和紧迫感。根据我市经济建设的几年实践和借鉴外地的经验，兴办和巩固集体企业是经济稳步长足发展的前提和基础，然而，面临市场激烈竞争和个体、私营经济的挑战，办集体企业谈何容易！因此，经济检察工作的出发点和落脚点，都要有利于集体企业的巩固和发展，要从多方面努力为企业服务。

二、要从实际出发，确定经济检察的工作方针。这就是要细心地研究开放搞活下的新情况、新问题，更慎重地执行政策法律，更周到地讲究工作方法，更好地为企业服务，注重办案的社会效果。要具体问题具体分析，分类区别对待，对人的处理要持特别慎重的态度。对廉洁奉公的厂长、经理、供销人员要依法保护，为他们正名壮胆，排除非经济因素的干扰；对办厂既有贡献，又在经济上犯有错误的同志，要立足于帮助总结提高；对既有贡献，又有轻微违法犯罪的，态度端正，能吸取教训，可以从轻发落；对既有贡献，目前在业务渠道上起着重

---

[1]《关于当前经济检察的工作思路》，1990年，诸暨市人民检察院藏，档案 J086-W1990-2-0009-061。

要作用的人，又有一定严重经济犯罪，但能积极退赃，有悔罪表现的可以戴罪立功，再作依法从轻处理；对钻空子、挖墙脚、破坏企业的严重经济犯罪，则应坚决依法打击，以保护企业的健康发展。在方法上要更加周到，在案件的调查始末，要认真听取主管部门和基层党组织、政府部门的意见，以把握工作尺度。要内外有别，维护和保障企业的业务渠道，并竭尽全力挽回经济损失，返还企业，扶持生产。

三、经济检察工作要紧密配合党委、政府的工作部署，去发挥检察职能作用，使中心思想具体化，只有这样，才能使检察工作落到为经济建设服务的实处。下半年要抽出一定的力量去协助清资清贷工作，当前要按照市委、市政府的部署，配合搞好阮市镇的清资清贷试点工作。同时，要积极配合财税部门对严重的偷抗税行为依法严肃查处，以确保我市财政收入的超额完成。

2.2.21 农村小型水利工程领域职务犯罪的现状与预防对策[1]

农村小型水利工程领域案件预防对策

1. 完善财务制度，强化财务管理。权力失去监督必然导致腐败。这是一条亘古不变的真理。财务制度的完善，对农村基层小型工程等领域职务犯罪的预防尤为重要。首先要改变一村多账现象。其次要加强财务管理。同时，必须不断加强对村级文书、出纳及经联社、财务监督小组等人员的财务知识培训，争取培养出一支业务能力强、思想素质优的村级财务人才，使他们能严格按照财经制度的规定，认真履行财务管理和财务监督职能。

2. 完善基层小水利工程公示及招投标制度。针对农村小型水利工程领域的犯罪行为，有必要对工程的公示及招投标制度进行完善。其次，完善农村小型水利工程招投标制度，从制度上保证招投标环节的公正性。当然，为提高工

---

[1]《农村小型水利工程领域职务犯罪的现状与预防对策》，2014年，诸暨市人民检察院藏，档案J086-W2014-4-00215。

作效率,可以视具体情况简化有关的程序,但绝不能没有招投标的监督和公开程序,只有这样才能较大程度减少基层工作人员通过暗箱操作和利用发包小型水利工程来谋取私利。

3. 完善分工制约机制,增加联动监督。农村小型水利工程,一般包括立项、公示、招投标、施工、验收拨款等环节,因此有必要加强在上述环节中,各工作部门、各人员间的分工配合与制约。

4. 加强思想宣传,增强整体素质。首先,要加强对村级两委人员的法制宣传。其次,增强村级班子成员的整体素质,改变过去村级班子一言堂现象。

5. 加大打击力度,以打击促预防。要坚持打防并举、标本兼治的方针,严厉打击农村基层小型水利工程领域的职务犯罪。针对群众反映强烈的、涉及民生的农村小型水利工程领域的腐败问题,检察机关要及时作出处理,并狠抓典型,对明显构成犯罪的,要坚决予以查处。同时,要充分利用办案的有利时机,对发案单位及时提出切实可行的检察建议等,要求发案单位整改落实,并采取全程跟踪和定期回访等形式,监督检察建议的落实。努力做到以办案促预防,真正使"五水共治"精神落到实处,积极营造"爱水、亲水、护水、节水、治水"的良好氛围。

第三章
自治组织参与农村经济社会发展的"枫桥经验"研究

提要：1949—1956年是我国由新民主主义社会向社会主义社会过渡的特定历史阶段。随着社会主义"一化三改造"工作的逐渐完成，社会主义公有制逐步确立，全民所有制和劳动群众集体所有制在城乡开始确立并逐步巩固。在小农经济改造方面，党和国家采取了以合作化、集体化为方向的农村经济社会改造。[1]新中国成立初期，诸暨以小农经济为主的经济结构依然占据主导地位。随着人民政权的逐步稳固，社会生产和生活逐渐进入正轨，1952年诸暨县开始构建相应的集体经济和国有经济，公有制经济主要分布于县城和重要集镇。1958年《中华人民共和国户口登记条例》实施后，城乡出现体制性分野，工业化和城市化进入起始阶段，与国有经济对应的单位制和与集体经济对应的人民公社体制逐步形成。广大农村居民主要是依靠所处的生产队、生产大队、人民公社来进行管理。

本章通过实地走访枫桥镇水利会、枫桥镇治安保卫委员会、枫桥镇人民调解委员会、枫溪村等地，以及查阅相关公社大队在20世纪60年代的史料，可以呈现出当地基层自治组织在"两类矛盾"的处理过程中，能够充分

---

[1] 徐勇：《现代化中的乡土重建——毛泽东、梁漱溟、费孝通的探索及其比较》，《天津社会科学》1996年第5期。

相信群众、依靠群众、发动群众予以解决,实现了"矛盾不上交,就地解决"的工作目标,既有力推进了基层政权建设,也有效保障了集体经济的建立与巩固,为"枫桥经验"的诞生作出了历史铺垫。

3.1 公社大队坚定信心发展集体经济

3.1.1 东和公社全党办实现农业发展纲要服务[1]

枫桥区东和公社是一个山区,在社教运动中,发动群众开展了对敌斗争和两条道路斗争的基础上,广大群众社会主义觉悟大大提高。社教运动后期,发动群众立大志,出大力,建设社会主义新山区,制订"三五"规划,为了提前或预期实现农业发展主要指标。社教工作队委和公社党委,根据中农要求,搞好"三五"规划必须首先解决好生产发展中的山林、土地、水利等纠纷。采取了工作队和公社干部、大队调解干部、知情群众四结合的办法,组织了调解会议解决各种生产纠纷。具体做法是:第一步,召开工作组长和公社全体干部会,学习文件,分析纠纷危害,统一思想认识;第二步,公社、工作队同志分片包干,向群众宣传党的政策,在发动群众揭露纠纷的基础上,由群众民主推选出参加处理纠纷的代表;第三步,集中选出的代表,学习有关政策,端正态度的基础上,将纠纷排队,先易后难,逐件讲事实讲道理进行调解,解决一件落实一件;第四步,召开各大队调解主任会议,总结经验,提高调解干部的政策业务水平,推动经常性的调解工作。自十月八日至二十二日共解决了各种生产权益纠纷二〇五件,涉及土地、林水等三一二处。这些的纠纷处理之后,增强了人民内部团结,加强了对敌专政,促进了创业运动的发展。

---

[1] 《东和公社全党办实现农业发展纲要服务》,1965年,诸暨市档案馆藏,档案087-016-001-037。

东和公社这次处理生产纠纷的情况说明,调解工作必须从党的中心工作出发,宣传与贯彻党的中心工作有关政策,优先解决生产中心有关纠纷问题,才能发挥为政治、生产、群众服务的目的。他们这次解决纠纷的主要经验体会是:

一、党委拥调解,全党办调解。

二、让贫下中农当家做主,依靠群众解决问题。

三、宣传贯彻党的政策,从实际出发解决纠纷。

四、总结经验,健全调解组织,落实经常工作。

3.1.2　枫溪村村规民约实施细则之农业、水利[1]

农业

(1) 农业税按当年国家下达的任务,按每年每亩分摊到户,不得拖欠。

(2) 各农户要切实种好口粮田,严禁抛荒,否则按上级文件规定处罚。

(3) 年终下拨款:50%按当年人口,50%按人口粮田分配,体现量化承包户的经济权益。人口变化出生、死亡、迁入、迁出不足半年算半年,超过半年另一天按一年算。婚嫁女保留半年村待遇,日期按村办理结婚登记发证日期为准。

水利

水利设施负担、当年的防水费,按受益田负担,经济由村垫付,年终转账到户,山塘水库村负责修复后,交承包者使用,在使用年内,一切修理费用,由承包者自负。埂面严禁种植作物。放、引水渠有村统一清理、修复。经济村负责。

---

[1] 《枫溪村村规民约实施细则》,1999年。

3.1.3 花明大队一场两条道路辩论[1]

檀溪公社花明大队,12个生产队,246户,工作基础较好,合作化后生产有很大发展。1960年生产下降很大,近年来迅速好转,尤其是粮食产量和畜牧业恢复较快,今年早稻产量和养猪都超过了历史上最高水平。在这次社会主义教育运动中,暴露了社员中比较普遍存在着的问题。这个根本问题不解决,开展"四清",贯彻"四十条""六十条",制订生产规划等工作很难顺利进行。因此,我们在进入"四清"之前,组织全体党员、干部和贫下中农骨干,开展了一次两条道路斗争的大辩论。通过辩论,统一了思想,明确了方向,坚定了走集体化道路的信心,在此基础上,制定发展集体经济的生产规划,进行"四清"。

3.1.4 栎江公社新山大队第二生产队经济情况的调查[2]

二队是个半山区,有山,有经济作物,但主要还是依靠粮食生产。全队有28户,98个人。贫农16户、下中农4户、上中农7户、地主1户。

自1961年下半年以来,这个队社员的私有比重越来越大。首先是土地,个体经营的越来越多。

由于个体私营的土地大量增加,加之近2年养猪业的发展,社员的个体收入也逐渐增加了。集体与个体经济收入比重发生了不正常的变化,"集体缩,个体扩"。

从这个队的情况看,由于社员个体收入大量增加,私有比重不断扩大,已经直接影响了集体经济的巩固和生产的发展,如不及时地扭转这种状况,集体经济有瓦解的危险。

---

1 《花明大队一场两条道路辩论》,1963年。
2 《栎江公社新山大队第二生产队经济情况的调查》,1963年。

3.2 基层组织规范制度促进经济发展

3.2.1 基层群众自治组织:枫桥镇治保委员会、调解委员会若干工作制度[1]

为切实加强治调组织建设,规范工作制度,完善运行机制,维护社会稳定,促进经济发展,根据我镇实际,特制定以下各项制度。

预测排查制度

各村、企业应选配思想素质好、事业心强的治调信息员若干名,一般每个村民小组或自然村至少配备一名,企业单位每个车间班组都须配备信息员,便于纠纷的预测预防和信息反馈。

纠纷调处制度

一般民间纠纷应在村、企业一级得到解决,并在一个月内处理完毕。确实无法解决、须向上一级部门移送的民间纠纷,应按规定填写纠纷移送单,经移送单位负责人、包村干部签字后连同有关档案材料一并移送,并通知当事人向有关单位联系。

依法治理、法制宣传教育制度

健全法制教育阵地。各村、企业都要建好法制宣传栏,规模较大的企业还应建立法制学校、外来人口学校、青年职工学校等,形式多样地开展法制教育。

---

[1] 《枫桥镇治保委员会、调解委员会若干工作制度》,2000 年。

3.2.2 乡镇政权与村民自治组织的关系：乡镇政权对村级财务工作的指导监督[1]

长期以来,村级财务管理中存在的不透明问题以及财务管理混乱问题,一直是农民群众反映极为强烈的焦点问题之一,也是农村工作的难点之一。这方面,浙江省相关决策部门进行了很多改革,并形成了规范化、制度化的工作机制,基本解决了农村财务管理难的问题。如枫桥镇人民政府曾在2005年2月发布了《关于认真做好年度村级财务清理及公开工作的通知》,该通知要求根据《诸暨市村级财务管理制度》等文件,全面做好村级财务的清理和财务公开。该文件要求"会计年度结束后,要对村级财务作一次全面清理,并将清理结果上墙公布。"为此确定了财务清理范围,即:对2004年度村级财务收支账目、债权、债务、财务资产、现金存款、有价证券及各种承包合同的履行情况等做一次全面清理。清理重点为:一是原始凭证清理核实。对入账的原始凭证是否全部盖有财务监督章,有村财务监督章的是否存在重报现象;二是债权债务清理核实;三是财产物资、现金存款等盘点核实。为推进此项工作,各村全部建立清财理财小组。对清理出来的各种经济问题,要严格按照有关政策规定,分别作出处理。

关于财务公开,诸暨市及各乡镇也建立了相当全面的指导制度。如枫桥镇上述通知要求各行政村必须在2005年3月28日统一上墙公布2004年度财务账目。公布内容为:资产负债表、收益分配表、各项收支、各项财产、债权债务、财务收支计划等内容;特别是各项收支等群众关注内容必须明细。公布前要先编好底稿,公布稿要经村社长、出纳(或助理会计)、清财理财小组组长、驻村指导员和协作站农经员审核签字后,方可公布,一式二份,村、镇农经站各存一份。

---

[1] 《乡镇政权对村级财务工作的指导监督》,2005年。

财务账目公布后,村主职干部和驻村指导及村务监督小组组长要专门安排时间接待村民来访,认真听取意见和建议,对村民反映的问题要进行解释、答复并及时调查处理,及时完善和纠正,一时难以解决的,要向群众解释清楚。

另外,为全面规范村级财务管理和民主监督水平,诸暨市全面加强村级财务人员队伍建设,特别是明确村财务管理专责人员。人民公社时代,生产队财务主要是村会计担任,这一措施长期延续。到市场经济时代,由于人员年龄结构老化加上缺乏专业财会知识,这支老会计队伍难以承担起有效的财务管理。面对此种状况,诸暨市通过文件正式明确,村级财务管理的具体经办人为村文书兼任村会计,故村文书(会计)对财务管理负直接责任。其主要工作职责为:第一,对财务收支要严格按照相关文件执行,做到收支票据规范,开支审批手续齐全,收支结报及时;村出纳现金库存限额严格控制在3 000元以内,各种债权、债务、固定资产明细账簿齐全,余额与总账一致。第二,认真管理村财务档案及承包合同。每年3月份前及时收集好上年应归档的档案资料,按时做好档案并把档案目录上报镇档案室。各类合同签订做到内容规范、兑现及时、归档及时。第三,做好村工程招投标管理,村要按镇政府招投标管理办法执行,做到规范招投标,合同签订内容完整,结算及时,票据规范,工程配套资金及时存入专用账户。第四,及时上报各种报表,如工业、农业、粮食生产、农经报表、农民人均纯收入等各类报表按要求填报,做到上报及时、手续齐全。第五,按党务村务财务公开规定及时公布各类公开项目,负责指导好村务简报的编写。对于工程建设、征用费分配等各专门事项必须逐项予以公布,接受群众监督。村文书(会计)队伍主要由乡镇农经站负责指导与考核。对考核成绩一般的,不发考核奖,并对村文书(会计)给予谈话警告。考核在60分以下或因失职造成严重后果的,建议村两委会调换村文书(会计)人选。村级财务管理队伍的加强和相关职责的明确,使得村级财务管理水平得到显著提升。所以这些年诸暨农村村民对于村级财务公开制度还是比较满意的。

此外,由于近年来新农村建设加速,村级基础设施建设加快,一些基础工程建设明显提速,为了防止村级工程建设中出现的一些腐败问题,诸暨市对农村小型工程加强了规范化管理。枫桥镇就对此制定了专门的《枫桥镇招投标实施办法》,该文件要求村级经济活动必须严格执行《枫桥镇招投标实施办法》有关规定。投资额在 5 万元以上的工程建设项目、采购额在 1 万元以上的物品采购项目、标的在 5 万元以上的土地及产权交易项目必须进镇招投标分中心进行交易;进入镇招投标分中心投资额或限额以下的各类招投标活动,各村可自行招标,但招投标方案必须报镇招投标领导小组办公室审批后方可进行招投标。同时严格加大工程资金管理力度。规定从 2008 年起,招标人应把工程概算资金交入镇人民政府指定的财政账户,方可开始实施招标程序。另外,严格规范工程结算管理。在工程建设项目结算时,必须凭工程承包合同、工程结算报告等资料和税务发票结算。增加工程必须凭当时的工程联系单、经双方签字认可的证明附件和有关会议记录方可结算(增加工程金额较大的必须附村民代表会议记录)。此外,严禁各村以长期租赁的方式,将未经批准的土地擅自出租和用于非农建设;严禁各村将无规划、无建房指标的宅基地以各种名义转让并收取费用。上述规定的实施,保证了村级工程建设的透明度和规范度,防止村级建设工程中出现腐败问题。

3.2.3 征天灌区管理委员会和梁焕木水利基金会的运作

3.2.3.1 概况及规章制度[1]

1. 专记:梁焕木水利基金会(2013 年)

梁焕木水利基金会成立于 2013 年 3 月 22 日,以征天集团创始人梁焕木命名,是征天集团出资 3 100 万元组建的社团法人,由征天集团、征天水库管理处、

---

[1] 浙江征天集团有限公司编:《征天水库・集团志(1988—2020)》,方志出版社 2020 年版,第 93—104 页。

征天灌区16个受益村和4个湖畈水利会联合组成,具有时代特色和征天精神的民间自治组织,属枫桥镇政府管辖。

基金会的宗旨是:巩固和发展征天水库以及灌区的水利事业,支持与推动枫桥镇防洪工程的建设。

创建历程

2013年1月23日,按照诸暨市体改办2006年《关于进一步完善浙江征天集团有限公司改制实施方案的批复》文件精神,市水利局、枫桥镇政府、征天集团、征天水库管理处以及梁焕木家属等为基金会理事单位,由理事单位推荐候选人组建梁焕木基金会理事会,并由征天水库管理处负责起草章程。

3月22日,枫桥镇镇长何浩明主持召开有梁焕木家属代表参加的征天灌区管委会会议。根据理事单位推荐,选举何浩明、陈利勇、徐高飞、宣汉康、周长荣、魏国苗、梁贤生、冯铁华、陈东海等9人为第一届梁焕木基金会理事会成员;名誉理事长何浩明,理事长梁贤生,副理事长陈利勇、魏国苗,秘书长周长荣。推选陈国光、楼仁浩、葛焕礼、韩忠龙、魏国民、宣方舟、赵祖光等7人为第一届基金会监事会成员,监事会主席陈国光。

2013年3月22日,征天灌区管委会会议审议通过《梁焕木水利基金会章程》。

4月26日,第一届梁焕木基金会第一次理事会暨征天灌区管委会联席会议根据《梁焕木水利基金会章程》,补充制定《梁焕木水利基金运作管理办法》。

2013—2019年,梁焕木基金会累计收益2 002.38万元。

反馈灌区

2013年,梁焕木基金会按照《梁焕木水利基金会章程》和《梁焕木水利基金运作管理办法》,制定反馈征天灌区政策:原始受益田每亩分配30元,水利工程按实际投入额补助30%,水利会堤埂管理每千米补贴4 000元;发给男60周岁、女55周岁以上老年人慰问金每人每年30元,老年水利干部困难补助每人每年

4 000—5 000元。当年共反馈资金198.86万元。

此后,逐年递增原始受益田分配标准和老年慰问金额度,增加因水利工程致伤致残人员补贴。至2019年,原始受益田每亩分配增加到40元,老人慰问金每人每年增加到80元。2013—2019年,梁焕木基金会累计反馈征天灌区资金1 712.87万元。

2. 梁焕木水利基金运作管理办法

为确保梁焕木水利基金的保值、增值,加强梁焕木水利基金投资委贷业务管理,进一步巩固和发展征天水库以及灌区的水利事业,依据有关规定制订本办法。

第一条 本办法是指:基金会向符合条件的企业进行投资或出借资金,以及委托银行向符合条件的企业、社团组织或个人发放贷款。

第二条 投资委贷业务应当遵循依法合规、审慎经营、平等自愿和公平诚信的原则。

第三条 申请投资委贷业务应具备条件及具体运作方式:

(一)投资、借款对象为取得营业执照的企业法人,原则上要求注册地为枫桥镇且在枫桥镇实际生产经营的企业。企业必须在正常经营中且经营期限已达到五年以上。委贷对象由银行确定。

(二)投资、借款和委贷用途明确合法,必须有具体的经营用途。

(三)投资、借款申请数额以同一个企业单笔金额不超过2 000万元为限。投资、借款期限最长不得超过一年。委贷金额、期限由银行确定。

(四)年投资收益率、年借款利率及委贷年收益率均不得低于10%。投资收益支付方式按协议确定,借款利息结算方式为按季结息,委贷收益结算方式与银行协商确定。

(五)投资、借款企业必须具备还款能力,信用状况较好,无重大不良信用记录。

（六）投资、借款企业必须同时有两家一定规模和经济实力，且信用度高的企业提供信用担保。通过银行委放贷款的，按银行相关规定办理。

第四条　投资、借款企业以书面形式提出申请，提供能够证明其符合投资、借款条件的相关资料。理事会对投资、借款申请内容和相关情况的真实性、准确性和完整性进行调查核实，重点调查投资和借款企业的偿还能力、诚信状况、担保情况、抵（质）押比率和风险程度等。

第五条　出借权限：500万元以下不予出价；500万元至1 000万元，由理事长办公会议决定；1 000万元以上必须召开全体理事会议表决（监事会成员列席会议）。理事会同意投资委贷后，应与投资企业签订书面投资或借款合同，担保单位在投资或借款合同上签署担保同意通过银行委放贷款的，按银行规定的借款合同方式办理。

第六条　投资、借款企业应按照合同约定，支付投资本金、收益和借款本息。对未按照合同约定支付投资本金、收益和借款本息的理事会应根据合同规定采取措施收回或进行法律诉讼。

第七条　投资委贷业务的具体操作流程：

（一）投资、借款企业提出书面申请；

（二）对投资和借款企业的经营规模、偿还能力、诚信状况、担保情况进行调查核实；

（三）理事会对投资和借款企业的投资、借款金额、期限与保证措施，以及通过银行委贷形式进行可行性研究；

（四）理事长、副理事长、秘书长根据理事会成员的可行性研究意见，分别形成投资、借款或委贷的最终方案；

（五）投资、借款或委贷的合同签订，理事会授权秘书长具体办理，理事长签字同意；

（六）按期收回投资、借款、委放贷款，以及投资收益和借款、委放利息。

第八条　基金会实行独立核算，投资委贷业务按规定进行账务处理。在基金会营业执照未注册之前，先以征天水库渔场名义进行账务收支核算，在银行开设专户办理资金往来，在会计账户上单独设置基金收入和支出科目。

基金会收入主要指基金的利息、股息、投资委贷收益及其他收入，并应按规定缴纳相关税费。支出按章程规定办理。

第九条　本办法由梁焕木水利基金会理事会负责解释。

第十条　本办法经理事会讨论通过之日起实施。

3. 梁焕木水利基金会章程（2006年）

第一章　总则

第一条　本基金会的名称是梁焕木水利基金会。

第二条　本基金会由诸暨市体改办〔2006〕2号文件批准，是浙江征天集团有限公司出资组建的财团法人。

第三条　本基金会的宗旨：巩固和发展征天水库以及灌区的水利事业，支持与推动枫桥镇防洪工程的建设。

第四条　本基金会的原始基金数额为人民币3 100万元，来源于浙江征天集团有限公司改制时设置的梁焕木水利基金。

第五条　本基金会暂用诸暨市征天水库渔场工商执照作银行开户。

第六条　本基金会的住所：诸暨市征天水库管理处。

第二章　任务

第七条　本基金会公益活动的业务范围：

（一）保障原征天集团对征天水库以及灌区支农政策兑现（包括水利工程的维修养护、中低产田改造补助等）；

（二）支持与推动枫桥镇防洪工程和水利事业建设；

（三）支持有助于枫桥镇水利事业发展的科学研究，对其成果有杰出贡献的人员进行必要的奖励和资助；

（四）关注曾对枫桥镇的水利事业有杰出贡献的老水利工作者，在其个人生活发生困难时进行必要的资助。

第三章　组织机构、负责人

第八条　本基金会由七至九名理事组成理事会。每届任期三年，届满可连选连任。

第九条　理事的资格：由枫桥镇政府、市水利局、征天集团公司、征天水库管理处以及梁焕木家属等推荐候选人。

第十条　理事的产生及罢免：

（一）第一届理事由业务主管单位、主要捐赠人、发起人等提名并共同协商确定；

（二）理事会换届改选时，由业务主管单位、理事会、主要捐赠人等提名候选人并组织换届领导小组，组织全部候选人选举产生新一届理事；

（三）罢免、增补理事应当经理事会表决通过，报业务主管单位审查同意；

（四）理事的选举和罢免结果报登记管理机关备案。

第十一条　理事的权利与义务：

（一）遵守基金会章程；

（二）积极参与基金会组织的各项活动；

（三）根据需要为基金会提供必要的义务服务；

（四）以基金会的名义参与符合基金会宗旨的各项社会活动；

（五）对基金会有重大贡献时，可获得各种奖励。

第十二条　本基金会的决策机构是理事会。理事会行使下列职权：

（一）制定、修改章程；

（二）选举和罢免理事长、副理事长、秘书长；

（三）决定重大业务活动计划,包括资金的募集、管理和使用计划;

（四）审定年度收支预算及决算;

（五）制定内部管理制度;

（六）决定设立办事机构、分支机构、代表机构;

（七）决定由秘书长提名的副秘书长和各机构主要负责人的聘任;

（八）听取、审议秘书长的工作报告检查秘书长的工作;

（九）决定基金会的分立、合并或终止;

（十）决定其他重大事项。

第十三条　理事会每年至少召开两次会议。

第十四条　理事会会议必须有三分之二以上理事出席方能召开,理事会决议须经出席理事过半数通过方为有效。

第十五条　理事会会议应当制作会议记录。形成决议的,应当当场制作会议记录并由出席理事审阅、签名。理事会决策,致使基金会遭受损失的,参与决议的理事应当承担责任。但经证明在表决时反对并记载于会议记录的可免除责任。

第十六条　本基金会设监事五至七名。监事任期与理事任期相同,期满可以连选连任。

第十七条　理事、理事的近亲属和基金会财会人员不得任监事。

第十八条　监事的产生和罢免:

（一）监事由主要捐赠人、业务主管单位等选派;

（二）登记管理机关根据工作需要选派;

（三）监事的变更依照其产生程序。

第十九条　监事的权利与义务:

（一）监事可依照章程规定的程序检查基金会的财务和会计资料,监督理事会遵守法律和章程的情况;

（二）监事列席理事会会议，有权向理事会提出质询和建议，并应当向登记管理机关和业务主管单位以及税务、会计主管部门汇报情况；

（三）监事应当遵守有关法律法规和基金会的章程，忠实履行职责。

第二十条　在基金会领取报酬的理事不得超过理事总人数的三分之一；监事和未在基金会担任专职工作的理事不得从基金会中取得报酬。

第二十一条　本基金会理事遇有个人利益与基金会利益关联时，不得参与相关事宜的决策；基金会理事、监事及其近亲属，不能与基金会有任何交易行为。

第二十二条　理事会设理事长、副理事长和秘书长，从理事中选举产生。

第二十三条　本基金会理事长、副理事长、秘书长必须符合以下条件：

（一）在本基金会业务领域内有较大影响；

（二）理事长、副理事长、秘书长最高任职年龄不得超过七十周岁，秘书长为专职；

（三）身体健康，能坚持正常工作；

（四）具有完全民事行为能力。

第二十四条　本基金会的理事长、副理事长、秘书长每届任期三年，连任不超过两届因特殊情况需超届连任的，须经特殊程序表决通过，报业务主管单位审查并经登记管理机关批准同意后，方可任职。

第二十五条　本基金会理事长为基金会法定代表人。本基金会法定代表人不兼任其他组织的法定代表人。

本基金会的法定代表人在任期间，基金会发生违反《基金会管理条例》和本章程的行为，法定代表人应当承担相关责任。法定代表人失职，导致基金会发生违法行为或基金会财产损失的，法定代表人应当承担个人责任。

第二十六条　本基金会理事长行使下列职权：

（一）召集和主持理事会会议；

（二）检查理事会决议的落实情况；

（三）代表基金会签署重要文件。

本基金会副理事长、秘书长在理事长领导下开展工作，秘书长和下设机构负责基金会的日常工作。

第四章　财产的管理与使用

第二十七条　基金会的基金来源：

（一）基金会的出资人是浙江征天集团有限公司；

（二）基金会的利息、股息、投资委贷收益及其他收入。

第二十八条　基金会必须确保基金会保值、增值。

第二十九条　公益性的开支不得动用基金。

第三十条　基金会盈利的分配比例：

（一）按不高于60%比例用于本章程第七条第（一）款范围；

（二）按不高于30%比例用于本章程第七条第（二）（三）（四）款范围；

（三）按10%比例提取公积金，用于基金会的保值、增值。

第三十一条　基金会实行独立核算，并委托有资质的会计师事务所对基金会的财务进行审计。

第五章　附则

第三十二条　基金会如需终止，必须由理事长、副理事长、秘书长组成的办公会议提出报告，经理事会审议通过后，按国家有关规定办理注销手续，并与原捐赠人协商处理剩余基金和财产。

第三十三条　本章程服从国家法律、法规。

第三十四条　本章程的解释与修改权归基金会理事会。

3.2.3.2 诸暨水利的历史发展概况

1. 水库及水库工程的缘起(1958年)[1]

水库

征天水库是一座以灌溉为主,结合防洪、发电、供水等综合利用的中型水利工程,集雨面积18.45平方千米,除险加固后总库容1 119万立方米。1958年10月始建,1960年10月主体工程完工。

水库工程

征天水库大坝位于枫桥江支流孝泉江上游大干溪村旺妙自然村。水库未建前,孝泉江一带素有"十里干候两边黄,十亩田地九亩荒"的民谣。1958年,当地农民建议在大坞岭建造水库。经过多次勘测,枫桥公社党委于1958年10月20日决定依靠农业合作化的力量建造杨村水库,采用水库大坝建在海螺山和老虎山山口,截大冈溪水为水源的方案。

水库工程采用边勘测、边设计、边施工的办法。规划受益村40个,灌溉农田1.85万亩。1958年10月底,主体工程破土动工。12月,杨村水库更名征天水库。

2. 关于进一步深化完善浙江征天集团有限公司改制实施方案的批复[2]

市水利水电局:

你局《关于要求审批进一步深化完善浙江征天集团有限公司改制实施方案的请示》已经市深化企事业单位改革协调小组研究。现批复如下:

一、原则同意浙江征天集团有限公司深化完善改制的实施方案。

二、企业资产评估及净资产调整意见。

---

1 浙江征天集团有限公司编:《征天水库·集团志(1988—2020)》,方志出版社2020年版,第93—104页。
2 《关于进一步深化完善浙江征天集团有限公司改制实施方案的批复》,2006年印发,诸体改办〔2006〕2号文件。

（一）截至资产评估基准日2005年10月31日，经诸暨天阳会计师事务所有限公司地上资产评估审计和诸暨市中天不动产评估代理有限公司的土地评估，浙江征天集团有限公司（含下属企业）总资产29 323.28万元，总负债13 269.12万元，净资产16 054.16万元（含待处理资产损失999.35万元）。

（二）2003年，浙江征天集团有限公司在自行进行的资产找补中，诸暨市征天水泥厂找进549.27万元，诸暨市征天水利机械厂找进505.14万元，诸暨市征天罐头食品公司找进187.32万元，谷城县征天水泥制造有限公司找进104.23万元，合计1 345.96万元，因未列入资产评估，应调增净资产。调整后，截至2005年10月31日，浙江征天集团有限公司的净资产为17 400.12万元。

三、产权界定意见。

以调整后的17 400.12万元资产为基数，除经有关部门批准自行（扩）股因素，采用直接认定和按投资比例分配办法进行产权界定。

经计算确定，界定为浙江征天集团有限公司集体净资产为13 908.4万元，职工其他资产为3 337.77万元，征天水库灌区支农基金、管理费为153.95万元。

四、下列资产在浙江征天集团有限公司集体净资产中作核销、挂账和优惠扶持处理。

（一）消除浙江天伟生化工程有限公司外的不良不实资产847.72万元。

（二）同意浙江天伟生化工程有限公司核销和挂账摊销资产803.21万元，其中核销摊销不良不实资产83.44万元，挂账摊销无形资产和闲置固定资产719.77万元。

（三）1998年诸暨市征天水泥厂改制时，留有127.2万元地上房屋建筑物，浙江征天集团有限公司集体所有，考虑到该企业属于2005年底前拆除的50%机立窑对象之一，同意把127.2万元地上房屋建筑物作为诸暨市征天水泥厂关停和转产的优惠扶持。

以上核销、挂账和优惠扶持的资产合计为1 778.13万元。

五、退休人员和离正常退休年龄不足5周年职工社会保险费的提取缴纳。

以2005年12月31日为工龄界定日，浙江征天集团有限公司共有退休人员74名，离正常退休年龄不足5周年职工38名，新参保人员中离正常退休年龄不足5周年、养老保险缴费年限不满15年职工6名。这些人员本次改制时提取社会保险费317.7万元，由企业一次性向市社保局缴纳后，与企业脱离社会保险关系。其中：

（一）74名退休人员和38名离正常退休年龄不足5周年职工须缴费用为206.14万元。

1. 人均养老保险基金基数1万元，计112万元。

2. 38名离正常退休年龄不足5周年职工，不足退休年份一次性缴纳的养老保险费，按2005年上半年全省职工平均工资18 689元60%基数的25%计算，年人均缴费2 805元，人均缴费3年，计31.98万元。

3. 38名离正常退休年龄不足5周年职工，人均医疗保险补偿金0.75万元，计28.5万元。

4. 38名离正常退休年龄不足5周年职工，医疗保险缴费年限不满20年应补足到20年，人均应补缴3年，按2005年诸暨市住院医疗保险缴费标准（含重大疾病医疗保险）人均每年1 002元计算，须计缴医疗保险费11.42万元。

5. 74名退休人员因缴费年限不满20年须补足，按2005年诸暨市住院医疗保险缴费标准（含重大疾病医疗保险）人均每年1 002元计算，应补缴3年，计医疗保险费22.24万元。

（二）新参保人员中离正常退休年龄不足5周年，养老保险缴费年限不满15年职工6名，须缴费用为40.76万元。

1. 人均养老保险基金基数1万元，计6万元。

2. 养老保险缴费年限不满15年须补缴8年，按2005年上半年全省职工平均工资18 689元的25%算，年人均缴费4 675元，须补缴22.44万元。

3. 人均医疗保险补偿金 0.75 万元,计 4.5 万元。

4. 医疗保险缴费年限不满 20 年须补缴 13 年,按 2005 年诸暨市住院医疗保险缴费标准(含重大疾病医疗保险)人均每年 1 002 元计算,需补缴 7.82 万元。

(三) 74 名退休人员、38 名离正常退休年龄不足 5 周年职工和新参保人员中,离正常退休年龄不足 5 周年、养老保险缴费年限不满 15 年的 6 名职工按 2005 年全省人均 0.6 万元标准,提取缴纳丧葬费、抚恤金 70.8 万元。

经上述第四条和第五条处理后,浙江征天集团有限公司尚有集体净资产为 11 812.57 万元。

六、存量集体净资产的分配。

以 11 812.57 万元存量集体净资产为基数,根据实事求是、尊重历史原则,按省委办〔1994〕39 号文件精神,实施存量集体净资产分配,50% 计 5 906.285 万元作为企业职工劳动补偿量化;其余 50% 计 5 906.285 万元,以及界定征天水库灌区支农基金、管理费 153.95 万元,合计 6 060.235 万元划拨征天水库灌区资产和梁焕木水利专项基金及征天水库管理处有关费用。

(一)职工劳动补偿量化和现金认购配股。职工享受劳动补偿量化应与一定量的现金认购配股挂钩,考虑到目前征天职工已配股的基础和收入偏低的实际情况,配股金额以上缴梁焕木水利专项基金和征天水库管理处有关费用总额为宜。

(二)划拨征天水库灌区资产。按照划拨资产经营所产生的收益能确保征天水库管理处正常运作为依据,将水库周围全部资产再加枫桥集镇中心地块与店面资产 2 576.59 万元划拨征天水库灌区,划拨征天灌区资产属灌区集体资产,由灌区管委会授权水库管理处经营管理。根据浙政发〔2000〕99 号文件《关于进一步加强水库管理工作的通知》精神,征天水库管理处业务归口市水利水电局管理。

(三)职工现金认购配股置换净资产处置。由职工现金认购配股置换

3 483.645万元净资产中,提取3 100万元设立梁焕木水利专项基金(含诸暨市征天水泥厂三年内应支付的242.63万元土地净值),由市水利水电局牵头,枫桥镇政府参与制订章程和管理办法明确。剩余383.645万元划拨征天水库管理处。

七、对企业有关问题的处理意见。

(一)考虑到今后枫桥镇总体供水规划和基础设施建设。同意由市水务集团整体收购诸暨市征天自来水有限公司。具体办法:

1. 按评估净资产246.06万元为收购标的。根据产权界定,48万元为自来水有限公司自然人股东所有,198.06万元列入浙江征天集团有限公司集体净资产。

2. 征天自来水有限公司现有9名在岗职工由市水务集团接收并安排就业。

3. 征天自来水有限公司现有20名股东的职工劳动补偿量化和配股由浙江征天集团有限公司内部处置。

(二)经评估审计,浙江天伟生化工程有限公司净资产为1 603.89万元,按各股东出资比例分配,浙江征天集团有限公司权益为882.62万元,同意采取股权转让方式改制,具体办法:

1. 评估报告中已列为待处理固定资产损失100.16万元和待处理流动资产损失51.47万元,合计151.63万元不良不实资产作核销处置。

2. 评估价值为675万元的无形资产和632.95万元闲置固定资产,作挂账处理(按出资比例部分仍属浙江征天集团有限公司集体所有)。无形资产待企业达到设计能力时,重新确认,并另行处置闲置资产。

以上1、2项共计核销和挂账资产1 459.58万元,按各股东出资比例分配,浙江征天集团有限公司应分摊803.21元。分摊后浙江征天集团有限公司在该企业中的资产份额为79.41万元。

3. 以79.41万元为江天集团有限公司在天伟公司股权的出让标的,实行征天集团内部受让(在股权转让前,由浙江征天集团有限公司取得上海等联营方同意本转让办法,并承诺放弃优先受让权,今后权益分配按原比例执行),第一对象为在浙江天伟生化工程有限公司的征天职工(11名),实行集体受让。第二对象为浙江征天集团内部的其他企业法人。但无论由谁受让,均应按规范程序操作。

4. 若由征天集团内其他企业法人受让的,则在浙江天伟生化工程有限公司中11名职工由征天集团有限公司负责落实到受让企业,享受征天集团有限公司职工同等待遇。

(三)原诸暨市征天水泥厂的剥离资产中,除房屋建筑物127.2万元作为征天水泥厂关停和转产的优惠扶持外,土地净值242.63万元,由征天水泥厂在三年内变现并向梁焕木水利专项基金付清。

(四)土地资产处置。

1. 对已发证土地的处置。

(1)对企业原系出让方式取得的土地,用途不变的,交清相关税费后可由改制后企业直接受让;对改变用途的,按改制时两种不同用途补缴差价后由改制后企业直接受让。

(2)对企业原系国有划拨或集体划拨方式取得的土地,采取土地使用权出让方式处置。经资产评估后,按改制时评估地价的40%补缴出让金后出让给改制后企业。对已改变用途的,按实际用途评估地价的40%补缴出让金后出让给改制后企业。

(3)对职工住宅用地,分两种类型处置:

① 原为国有出让的工业用地改变为职工住宅用地的,按改制时工业与住宅两种用途差价的10%补缴出让金后变更给职工个人;

② 原为国有划拨与集体划拨的工业用地改变为职工住宅用地的,按枫桥镇住宅用地基准地价280元/平方米的10%标准补缴出让金后出让给职工个人。

2. 对未批土地的处置。

浙江征天集团有限公司未批土地12宗,土地面积239.34亩。其中浙江征天印染有限公司、诸暨市征天自来水有限公司等7宗土地24.8亩允许补办用地审批手续,按目前土地审批收费标准计算应缴土地出让金 14.71 万元。其余 5 宗因系基本农田及林地等原因,暂不办理用地审批手续,保持现状。为对浙江征天集团有限公司拥有的土地资产有个全面的估算,对 12 宗未批土地计 239.34 亩照地区综合(诸政发〔2003〕112 号诸暨市人民政府《关于印发诸暨市集体土地征用若干规定的通知》)核定土地价值。即未批耕地:166.61 亩×2.45 万元/亩=408.19 万元;林地:73.10 亩×1.225 万元/亩=89.55 万元,两项合计为 497.74 万元。

3. 对诸暨特种钢厂舟山地块的处置。

诸暨天阳会计师事务所有限公司在对浙江征天集团有限公司资产评估中,诸暨特种钢厂舟山地块已按账面值 35.25 万元列示,而国土部门调查评估的土地资产中未包括舟山地块资产,故在计算土地净值时有误。应委托有资质的中介机构对诸暨特种钢厂舟山地块资产单独进行再评估,并按该地块资产评估值由诸暨特种钢厂变现直接缴入征天水库管理处。

八、改制后,企业土地、房屋权证过户,以及办理职工住宅土地、房屋权证问题涉及的有关政策和费用,按市有关规定办理。

九、改制后的企业,按市有关规定实行属地管理。

十、企业改制前形成的债权债务和改制后新发生的债权债务均由改制后企业享受和承担。

十一、因企业瞒报资产或其他行为造成集体资产流失的法律责任,由企业负责承担,不因改制方案批复而转移其法律责任。

十二、接到批复后,请认真组织企业实施,并及时向工商行政管理部门办理企业营业执照变更登记手续,确保改制工作平稳有序。

诸暨市体改委办公室

二〇〇六年一月十八日

3. 1950—2020年征天灌区湖畔水利会主任名录

水利会名称	主任	任职年份	水利会名称	主任	任职年份
青龙畈水利会	陈昌全	1950—1960	西畈水利会	楼文贤	1950—1978
	陈全炳	1961—1963		楼胡法	1978—1979
	陈和堂	1964—1965		楼仁浩	1979—1980
	陈全炳	1966—1980		楼仲新	1980—2002
	陈燕传	1981—1982		宣方舟	2003—2019
	陈旺辉	1983—1995		楼国荣	2020—
	金爱祥	1996—2014	栎新畈水利会	陈文炳	1957—1967
	赵祖光	2014—		陶赵忠	1967—1979
山塘畈水利会	陈幼焕	1950—1990		楼炳江	1979—1989
	陈茂新	1991—2008		冯铁华	1989—2016
	谢绍灿	2008—2009		阮洪法	2017—
	陈东海	2009—			

4. 征天灌区管理委员会章程[1]

第一章　总则

第一条　征天灌区管理委员会(以下简称管委会)是征天灌区群众性自治组织,其最高权力机构是灌区代表大会。

第二条　管委会的宗旨:维护征天灌区的权益,巩固和发展征天灌区的水利事业。

第二章　组织机构及负责人

第三条　管委会的组成:由枫桥镇人民政府镇长,分管农业的副镇长,市水利局分管副局长,枫桥镇政府水管站站长,征天集团董事长,征天水库管理处主任,征天渔场法人代表,征天灌溉站站长,栎新畈、西畈、山塘畈、青龙畈水利会

---

[1] 《征天灌区管理委员会章程》,2014年。

主任,梅苑、齐东、霞朗桥村的党支部书记组成。主任由枫桥镇人民政府镇长兼任。村党支部书记、村主任、灌溉站站长为灌区代表大会的代表。实行职务替补制。

第三章 任务和职责

第四条 主要任务:

(一)维护征天灌区的利益,规划、完善灌区的水利工程建设,制订完善灌区支农政策和合理负担政策;

(二)听取、审议灌区管理委员会年度工作报告,财务预决算报告,并作出决议;

(三)讨论决定灌区重大水利建设项目和投资合作意向。

第五条 管委会行使下列职责:

(一)制定修改章程;

(二)审查灌区代表大会代表资格;

(三)决定重大业务活动计划和资金管理使用计划;

(四)制定内部管理制度;

(五)督查梁焕木水利基金的管理与使用;

(六)决定其他重大事项。

第六条 管委会会议每年召开一至二次,灌区代表大会每三年召开一次。会议由管委会主任负责召集和主持。有三分之一委员提议,必须召开管委会会议和灌区代表大会。如管委会主任不能召集,提议委员可推选召集人召开管委会会议和灌区代表大会,管委会主任或召集人须提前五天通知全体委员代表。

第七条 管委会会议须有三分之二以上委员出席方能召开,管委会决议须经出席委员过半数通过方为有效。

第八条 管委会主任行使下列职权:

(一)召集、主持管委会会议和灌区代表大会;

（二）检查管委会决议的落实情况；

（三）代表管委会签署重要文件。

第九条 管委会依托水库管理处做好库区和输水干渠工程改造和建设。

第四章 财产管理与使用

第十条 管委会的资金来源：征天集团于2006年2月改制时，根据诸暨市体改办〔2006〕2号文件批复精神，划拨灌区的全部资产。

第十一条 灌区资产全部授权征天渔场法人经营管理，确保资产保值增值。

第十二条 水库供应市水务集团所发生的水费归征天水库管理处收益。

第十三条 灌区资产收益分配：90%用于征天灌区灌溉经费，干渠、堰坝涵闸等水利工程维修养护经费，政策性支农经费；10%提取公积金。

第十四条 灌区资产管理实行独立核算，并委托有法律资质的单位对财务进行审计与监督。

第五章 附则

第十五条 本管委会如需终止，必须由主任、副主任组成的办公会议提出报告，经管委会会议审议、代表大会通过后，按国家有关法律程序办理注销手续及处理剩余财产。

第十六条 本章程服从于国家法律法规。

第十七条 本章程经灌区代表大会讨论通过之日起生效。

第十八条 本章程的解释权归征天灌区管委会。

5. 诸暨市水利会——农村小型水利工程管理模式探讨[1]

浙江省诸暨市湖畈水利会和湖民代表大会制是解决这类问题的一种比较可行的管理机制。"水利会"是诸暨市农村小型农田水利设施的"业主"，从长期

---

[1]《诸暨市水利会——农村小型水利工程管理模式探讨》，1989年。

的实践中看,它是一个能够妥善解决小型水利设施所有者主体"缺位"、政府"越位"、政府与农民在农村水利中角色"错位"的组织。

一、诸暨水利会的产生

诸暨水利会管理组织起源于明清时期的圩长制。诸暨地处浦阳江中下游,两岸多沼泽湖泊,《水经注校》云:"诸暨夹水多浦,浦中有大湖,春夏多水,秋冬涸浅。"历史上随着人口增长等因素,逐步发展筑圩御洪,围湖成田。出于一种共同的利益关系,根据地形不同形成各自不同规模的防洪御潮共同受益区——诸暨的湖畈。因此,诸暨的湖畈实际上就是一种圩区,居住在此的居民也叫湖民。浦阳江是钱塘江的一条重要支流,上游源短流急,一遇洪水,来水迅猛,下游受钱塘江潮水顶托出水不畅,防洪任务十分繁重。湖民为了共同抵御自然灾害,自明代开始,便有湖民自定地设立圩长的管理制度,对圩区的主要水利设施——堤防进行统一管理。至民国时期,有的湖畈在圩长制的基础上成立水利公会,新中国成立后在原有水利公会的基础上以湖为单元,以受益村为单位选派代表,组成湖民代表会。湖民代表会作为湖畈人民共同参与民主管理湖畈水利事务的管理形式,是湖畈水利日常管理的最高权力机构。湖民代表会一般每年汛期前召开一次,具体研究本湖畈当年岁修与防洪有关事宜,审核上年水利经费支出及本年水利经费预算等事项。而水利会则是湖民代表会所辖的日常管理机构,有工作人员若干人,一般均从本湖湖民中选拔,经湖民代表会通过产生。水利会则负责本湖湖民代表会休会期间的一切日常管理工作:负责区域内各水利设施的日常维护管理,具体落实区域内防汛抗旱工作,负责区域内的小型水利工程建设管理,协调处理区域内水事纠纷。

二、水利会的经费

水利会的经常性开支经费来源于受益区域湖民每年向水利会上交的水利经常费,一般按受益田亩收取,以全湖一年水利设施的维护管理和水利会运行的必要开支等作为确定收费标准的依据,由湖民代表会决议通过,每年一次向湖民收取,收支维持基本平衡,水利会必须在每年的湖民代表会上向湖民代表汇报上年度水利经费的收入和支出情况,接受湖民代表的审核。目前一般标准为每亩3—9元不等,遇特殊年份,如防汛抢险开支增加,则另行研究解决。

三、水利会的职责

水利会作为由湖民自觉联合起来的区域性群众自治组织,它在宣传水利法规、制订区域水利规划、实施工程建设,对区域内工程进行维修、保养、管理,组织当地群众进行防洪抢险救灾、引潮灌溉、协调区域内的水事纠纷都起到积极的作用。如防汛抢险,以白塔湖水利会为例,每年汛期前成立防汛抢险领导小组,组织抢险突击队,由沿江的长山、长乐、大顾家、黄家埠4个大村各20人组成。如果水位达到警戒线以上,突击队员先到水利会集中,水利会根据险情统一调派至紧要埝段,报酬由水利会统一计付。明确抢险负担水位,山下湖到顾家12.5米,顾家到斗门12米,斗门到黄家埠11.5米,在此水位以下发生抢险,按原分责任埝段各自负担抢险费用,超过上述水位的抢险费用,由全湖负责。

四、水利会主要人员组成

水利会主任基本来自本湖畈所属村,多为当过村主要干部的人员,相对来说协调能力较强,对当地水系比较了解,且利益关系明确,因此在工程日常管理和防洪抢险中能发挥比较好的作用。其他人员也多来自本湖畈村民,由于湖畈大小不一,人员待遇相差较大,从每月几百元到上千元不等。目前水利会行政上属当地乡镇管理,业务上接受水利部门指导。

五、水利会组织

诸暨现有水利会组织50个,大小不一。最大的白塔湖水利会辖有良田近2 000公顷,水面400公顷,涉及4个乡镇48个村,有枫桥江和浦阳江堤防6 700余米,防洪任务艰巨,大小涵闸3座,引潮灌溉复杂,沿山排涝渠6 500余米,日常管理工作难。小的水利会管辖农田不足100公顷,涉及一两个村,受益范围小,相对任务也较轻。

六、水利会组成模式

50个水利会管理组织,主要有三种管理模式。第一种是跨乡镇行政区域的,以一个圩区作为一个水利会管理组织,以白塔湖水利会为典型。第二种是一个乡镇范围内的水利会,同样以一个圩区作为一个水利工程建设与管理组织,山下湖镇西泌湖水利会是这类水利会中比较典型的,水利会以湖民代表会的形式产生,一些工程的建设和日常管理均由水利会承担和完成,但一些重大的事情决定,往往上升到以行政手段代替湖民代表大会制,久而久之有一种行政化的倾向。第三种是以一个乡镇为范围成立的水利管理委员会,分管几个圩区,甚至一些小型水库。其辖区内所有小型水利工程均归其管理,实行的是集约化管理模式,形式有点类似于乡镇水利管理站,但它是一种群众性的管理自治组织,湄池水利会就是这种形式。这三种形式是诸暨水利会的主要存在形式,是目前比较好的管理当地农村小型水利工程的形式。

七、水利会办事程序

三种形式的水利会办事程序不尽相同。仍以白塔湖为例,如堤防高程不足、堤身单薄需要进行加固建设,由水利会统一进行规划,拿出具体实施方案,向主管乡镇行政领导汇报,在主管乡镇同意的前提下,与其他乡镇分管领导再进行事前协商,在统一各有关乡镇规划意见后召开全体湖民代表大会。会上水利会主任向大会汇报为什么要进行此项项目建设,以及建设此项目可以向政府争取到多少资金,地方政府和村需配套多少资金,且明确各村负担数额,并给予一定时间进行讨论,然后进行大会表决。如果通过则进行建设,否则暂不实施。

八、水利会性质

水利会组织是一种以自然水系、流域或以共同受益的水利工程为纽带组织和联合起来的群众性管理水利日常性事务的自治组织,它可以担当起农村小型水利设施建设和管理的业主职责,能真正体现农村水利工程设施集体所有集体管理的权责关系。水利会切实解决了政府在农村小型水利工程设施管理和建设上的越位与错位问题。政府在规划决策上给予指导,在经济上给予支持,但政府不包办代替。水利会实施的是真正的民主化管理,所有大事均通过民主化决策程序,有利于科学决策,避免了盲目性,群众认可,有利于工程的良性运行。

九、水利会尚存在的问题

一是民主化有待进一步完善。由于一些当地的行政领导不很了解水利会的性质,水利会的一些同志也比较愿意行政任命,因此有很多水利会主任不是湖民选举产生而是行政任命的。一些重大事项也不是通过湖民代表会决议而是直接由当地行政领导决定的,长期如此致使水利会逐渐有行政化的倾向。二是收费方式有待改进。随着城镇化进程的推进和工业经济的发展,农业相对来说有弱化的趋势。农田大量减少,原有以农田为收费对象的模式已不适应当前的水利会正常运转,必须寻找一条新的解决水利会生存和发展之路。三是合法地位需要确立。目前水利会从其性质来说是一种区域性群众自治组织,但没有到民政部门注册,合法性没有得到确认,对其正常工作的开展带来诸多不便。

3.2.3.3　水利工作发展成效

1. 诸暨县领导群众修建小型水库的经验[1]

中共诸暨县委和县人民委员会,几年来,大力领导农民在山区和半山区修建小型水库,蓄水防旱。到 1995 年年底为止,全县已经修建了大小水库 1 251 处,不仅使 14 万多亩农田,摆脱了旱灾的危险,而且使其中 80% 以上的田亩可以改种双季稻,1 000 多亩旱地可以改为水田。广大农民由于集体修建水库,也促进了农业合作化运动的发展。我们在领导群众修建水库的工作中,获得了以下几点经验:

---

1 《诸暨县领导群众修建小型水库的经验》,1995 年。

领导和群众相结合,充分做好各项准备工作

兴建水库以前,中共诸暨县委采取领导和群众相结合的方法,首先做好了规划。具体做法是:由群众自报可以兴修水库的地点,由农林水利部门进行调查勘测,在县委统一领导下确定指标任务,随即建立各级水利组织,指定专人负责。县设水利指挥部,由一个县委委员具体负责。同时,县委在各种会议上做统一布置,把修建水库工作列为冬季生产工作的主要内容。区县也加强了对兴修水利工作的领导,区成立指挥所,由区长或者其他干部负责。各区还普遍召开水利代表会议,交流经验。1955年全县兴建的44处较大的工程,是由50个区县干部分别担任了负责工作。在其中37处水库工程的所在地,还在党支部的领导之下分别组成了群众性的建库委员会,建库委员会的成员中国共产党党员、青年团员和贫农积极分子,一般都占到2/3左右,这就在组织上保证了水库工程的顺利施工。

由于党委加强了领导,农林水利部门也改变了以往孤军作战,业务上的一切措施都通过区、县各级组织,有问题及时向区、县汇报,研究解决。这样就有效地克服了过去县包办、区不问、乡不管的现象。为了切实地做好技术指导工作,保证工程符合规格要求,现水利指挥部在深入调查的基础上,根据工程大小,通过乡支部确定训练农民技术员的人数和对象,及时做好训练工作。1955年10月间就开办了一期修建水库技术训练班,培养了97名农民技术员。县里又把7个水利技术干部分配到城区、牌头、紫东、枫桥四个区里去,分别建立了技术指导站,实行分片包干,巡回指导。这样就基本上解决了技术指导的力量问题。

执行民办公助、费省效宏的原则和合理负担的政策

诸暨县在修建小型水库的工作中,由于贯彻执行了民办公助、费省效宏的原则,几年来随着修建规模的逐年扩大,群众自筹经费的比例也逐年增加,国家投资的比例逐年缩小。1953年兴修的18处水库,国家投资占工程总经费的

40%,1954年兴修的28处水库,国家投资经费占33%,1955年新建的37处水库,国家投资仅占工程总经费的7%。同时,在保证提高工程质量和效用的前提下,合理地降低了工程的造价。1955年全县水库工程的造价,比1954年降低了50%,特别是管理费用比1954年节省了2/3。

上述事实,有力地说明了某些同志单纯依赖国家投资和贷款,而不去发动群众、依靠群众的观点是错误的。1955年中共诸暨县委在全县干部大会上和水利代表会议上反复地讲清了民办公助、费省效宏的原则,教育干部树立依靠群众的观点。接着又在各个建库委员会、合作社社员大会和村民大会等各种会议上,以及在工地上反复地进行宣传教育,算受益账和负担账,使民办公助的思想深入人心,达到干部通、群众懂的要求。大家都明确认识到:为国家多节约一分资金,就是为社会主义工业建设增加一份力量。因此,大大地提高了群众自筹经费修建水库的积极性。同时,积极研究降低工程造价,厉行节约,做到"费省效宏"。降低工程造价的办法,首先是采取了低坝设计。1955年冬季新建的37处水库除个别工程外,坝高都在十公尺以下,每亩负担的工程经费一般在二元左右,最低的只有九角,适合当前一般农民的负担能力。其次,打破技术干部的保守思想,改进勘测设计工作,节省一切非生产开支,特别是紧缩管理费用。再次,依靠群众在施工过程中处处精打细算,节约开支,就地取材,挖掘潜力。

在群众自筹经费和出工中,执行了合理负担政策。首先,由建库委员会查清受益田亩,根据受益田亩的水源条件和受益情况,召开受益户代表会议,按照分等负担的原则,造好负担费用的清册,再召开受益群众会讨论修正,报请乡支部或者区委审查批准,张榜公布。经过群众讨论,适当解决贫困农民的出资困难,做好烈属、军属及其他缺乏劳动力的农民出工的减免工作。在农业生产合作社内,出工一般是按劳动力底分负担,经费由社员按入社田亩或者评定产量向社投资,有的老社是在公积金当中开支的。在筹集经费和动员出工中,发挥了合作社统一经营的优越性,社员积极出工、出资,推动了社外农民热烈投入修建水库运动。

执行上述原则、政策的结果，大大地鼓舞了群众出工和出资的积极性。他们提出了"修库如修仓，积水如积粮"的口号，1955年全县小型水库的自筹经费，共收了23 000多元，超过原定计划的23%，因此，相对地减少了国家投资和贷款的金额，而且民工出得齐，施工进度快，工程质量也有了提高。

做出样子，组织观摩评比

在小型水库的施工过程中，每个区都掌握了一个中心水库，各项技术作业提前一步，做出样子，组织周围各个水库工地的农民技术员参观实习，步步带动，教会技术。1955年新建的小西区马家坞水库的农民技术员到区的中心水库参观实习以后，回去组织了包括六个人的技术小组，为周围正在修建中的水库浇制混凝土工程，因而节省了大量的技术工资的支出，并且大大提高了工作的效能。

为了更加广泛深入地发动群众，交流修建水库的经验，相互学习，相互推动，在1955年12月间，县水利指挥部组织了两次全县性的巡回观摩，共计参观了28座水库。参观的是各个水库建库委员会的主要领导干部。由县水利指挥部预先选择进度快慢不同的水库，组织他们深入工作仔细参观，结合座谈、访问。在观摩的基础上进行总结评比，展开红旗竞赛。这样做，不但广泛地交流了经验，而且鼓舞了群众修建水库的积极性，同时，又促进区、乡干部加强了对建库工作的具体领导。因此，在组织观摩以后，各个水库的工程质量普遍地提高了，进度也加速了。如虎眼弄水库在第一次观摩评比以前，输水道、溢洪道都没有做好，土方只完成了35%；观摩评比之后，到12月21日，全部工程就提前完成，而且心墙和内坡都普遍做到加夯一次。

做好管理养护工作，发挥水库工程的效用

水库修建好以后，就要建立群众性的管理养护组织，加强对工程的护养工作，并且做到合理用水。1954年春季，我们在全县水利工作会议上专门研究了

这个问题。此后,全县1 200多座大小水库的所在地,还根据需要设置了专职的管水员(其工资按照受益田亩数字由受益者负担,或者在水库内养鱼等公共副业的收入中开支)。他们根据水库蓄水量和各个季节农作物需水情况,统一管理蓄水和放水。这样,就保证了合理用水,避免了偷水、抢水等纠纷,提高了水库抗旱的能力。

2. 全省水利工作会议开启"诸暨时间"[1]

诸暨市水利会是全国特有的群众性管理水利日常事务的自治组织,起源于明清时期长江中下游的圩长制,距今已有400多年历史。

水利会以自然水系、流域或以共同受益的水利工程为纽带,按堤防闭合圈和防洪区域来划分管理,打破了行政区域界线。

2015年,诸暨市出台意见,规范水利会运行机制和专职人员管理,明确其防汛参谋、排涝抗旱、五水共治的工作职责和考核机制,多渠道落实工作经费保障,引导水利会成立具有法人资格的规范性民间组织,大力支持水利会开展维修养护、工程监管等合法经营性业务,进一步保持水利会区域水利民主自治特色,促进其可持续发展。

3. 诸暨市发挥民间水利会"四大员"作用掀起全民治水热潮[2]

诸暨市基层水利会作为全国首创的民间水利社团组织,自"五水共治"工作推进以来,充分发挥群众基础好、基层情况熟、水利业务精等优势,积极当好"战斗员、巡查员、监督员、宣传员",引导带动群众参与管水、治水、护水,增强群众"主人翁"意识,夯实"五水共治"社会基石,取得了较好成效。目前,该市水利会成员担任责任河长或公益河长200余条(段),占到全市所有河渠(段)的30%;累计发动5万余人次群众参与治水或义务劳动。

---

1 《全省水利工作会议开启"诸暨时间"》,2017年。
2 诸暨市水利水电局:《诸暨市发挥民间水利会"四大员"作用掀起全民治水热潮》,2015年12月23日,http://slj.sx.gov.cn/art/2015/12/23/art_1485371_17625676.html。

一是当好河渠管理的"战斗员"。水利会使该市农村点多面广的小型农田水利设施有了统一建设、维修、管理的专业机构。河渠畅通工程和"清三河"是该市推进"五水共治"工作的重要任务。该市组织水利水电局、水利会再次对全市所有大小河渠开展地毯式摸排,对摸排出的278条干支排灌渠683条(段)黑河、臭河、垃圾河以及48条重点河渠的支渠、全市饮用水水库上游河渠和穿集镇河渠,建立完整的数据库,对每条河渠存在的重点问题进行分门别类,为全市加快推进"清三河"提供基础保障的同时,根据水利会管理区域,配合当地镇乡(街道)"清三河"工作,组织力量开展河道清淤清障、堤防养护保洁、清除乱搭乱建乱种养等行动建立完善河道长效保洁机制。2014年至今,全市水利会共负责清淤河渠200余条(段),累计清淤49.3万方;开展河道堤防集中式养护153次、长效型养护2 270次,清理违章种植27.1万平米,清除违章搭建1.3万平米。

二是当好防汛抗台的"巡查员"。水利会以自然水系、流域或以共同受益的水利工程为纽带,按堤防闭合圈和防洪区域来划分管理,打破了行政区域界线。由水利会人员担任基层防汛防台体系规范化建设中的"最后一公里"巡查员,可有效避免行政区域界线的防汛"死角"。今年,对三级"河长"进行调整后,该市将水利会等民间组织组成河道巡查队伍,对辖区内河渠(塘)每周至少巡查两次。诸暨湖畈水利会组织覆盖全市15个浦阳江沿线的防汛重镇(街)。在每年主汛期间,水利会人员执行每日一次的巡堤检查任务,遇汛情可迅速通知并组织当地村级抢险队,上堤巡防抢险,有效避免防洪"一寸不牢、万丈无用"的现象发生。作为党员的水利会成员主动认领责任区,担任民间"河长",自觉做好日常巡查,确保责任区内水面无漂浮物、河中无障碍物、河边无垃圾并做好责任区域日常保洁工作。

三是当好水利建设的"监督员"。该市现有水利会41个,工作人员近300人,遍布全市15个镇(街),管理农田25.85万亩。其中有工程技术职称的占65%左右。有"防洪水"建设任务的镇乡(街)充分发挥水利会水利工程管理经验作用,委派水利会管理人员作为工程现场代表,参与水利工程现场的施工管理,有利于抓好工程质量,推进工程进度。近两年来,受"防洪水"工程建设业主委派,水利会担当现场业主代表督管了近百个水利工程,发现问题300多个,联系发出整改函告33次,既有效缓解了镇街工程多、任务重、人手少的矛盾,也对调解政策处理纠纷、缓解政府与当地群众之间矛盾起到了"润滑剂"作用。同时,水利会人员不定期对河道进行巡查监督,劝导各类破坏河道卫生行为。今年,通过水利会发现各类河渠问题50余个,已全部整改到位。

四是当好"五水共治"的宣传员。由于水利会管理人员都是从本湖畈湖民中选拔,对当地的水情、民情了如指掌,在宣传水利法规、协调区域内水事纠纷方面均能发挥优势。一方面,水利会积极配合市级层面开展的"全民治水"、"五水共治义务劳动日"、争当"公益河长"等活动,组建民间河道巡查队伍,主动参与到"五水共治"中,经常性参与河道保洁、环境卫生整治等义务劳动。把倡议书发到每家每户,积极动员广大群众关注、支持治水工作。积极参与"妈妈(村嫂)护河队"各项活动,每月开展两次以上护水行动。另一方面,积极发挥示范带领作用,引导影响群众日常生产生活行为,商议"五水共治"村规民约,着力破解社会治水"上热下冷"局面。2014年以来,全市水利会共组织专项宣传80次,竖立"五水共治"村规民约宣传牌552块,形成了全民治水的良好氛围。

4. 诸暨:创新基层水利会组织践行"枫桥经验"[1]

在治理水污染的过程中,诸暨市首创的民间水利社团组织发挥了重要作用。水利会是以自然水系、流域或以共同受益的水利工程为纽带的群众性管理水利日常事务的自治组织,这与"枫桥经验"中"发动和依靠群众"的做法一脉相承,在建设美丽河湖的实践中,发挥了"战斗员、巡查员、监督员、宣传员"的作用。

---

[1] 《诸暨:创新基层水利会组织践行"枫桥经验"》,2021年。

诸暨市水利局枫桥西畈水利会负责人楼国荣说,水利会的成员有近七成是退休的镇村干部和具有防洪抢险经验的群众。这些水利会专职管理人员,根据湖畈大小从本湖畈周边的干部群众中选拔而出,并报当地乡镇街道备案。

5. 诸暨市探索"枫桥式"水利会治水模式搭好为民服务"连心桥"[1]

今年以来,该市有效利用全国唯一民间水利专业自治组织——湖畈水利会,以"涉水矛盾不上交、管水平安不出事、治水服务不缺位"为立足点,积极探索新时代"枫桥式"治水路径,全力搭好水利为民服务"连心桥"。截至目前,该市以自然水系、流域或水利工程为纽带,共建立水利会35个,吸纳当地退休镇村水利干部及抢险人员300余人。

一是当好"参谋员"谋民事。站稳群众立场,积极参与山塘水库、堤防等工程规划设计过程,结合水利会成员多年巡查检查经验及险情记录资料,对工程特殊断面设计等因地制宜提出本土建议,真正将民意写进设计图纸、在萌芽期解决涉水矛盾,如在浦阳江治理三期工程规划阶段,针对堤防沿线涵管、抗旱机埠、水闸等交叉建筑物,提出专业改造意见69处。

二是做好"放哨兵"为民督。水利会成员充分运用其水利经验与专业知识,自发担任水利工程管理员,协调工程、村民、政府等多方关系,发挥好"第四方监督"作用,对第三方监督缺位失职以及资金浪费等问题进行监督管理,助推工程质量和建设进度"同步走",确保管水平安不出事。今年以来,已参与督查9个民生实事项目,发现并解决问题15处。

三是组好"急救队"护民安。探索"小事不出村,大事共参与"治水服务模式,主动开展"补位式"检查及销号,巡查发现山塘水库、堤防工程、涵闸水闸、湖畈渠道等防洪薄弱点,针对小型薄弱点,通过水利会内部维修养护专业队伍落实度汛措施,针对较大薄弱点,第一时间与属地镇街及市水利部门共同复查踏

---

[1] 《诸暨市探索"枫桥式"水利会治水模式搭好为民服务"连心桥"》,2021年。

勘、协商解决,切实保障群众生命财产安全。今年以来,累计检查发现隐蔽薄弱点11处,目前已全部整改或落实安全度汛措施。

6. 浙江绍兴:"枫桥式"治水助力"美丽河湖"建设[1]

浙江省绍兴市位于杭州湾南岸,境内河湖纵横、水网密布,向以"水乡泽国"享誉海内外。全市共有大小河道6 759条,总长10 887公里,还有557座水库、2 801座山塘,全市总水域面积641.6平方公里,占全市总面积的7.76%。

如何治理这么多的江河湖库,成了该市治水工作的难题。近年来,绍兴诸暨结合新时代枫桥经验的实践,充分挖掘并利用当地水利民间自治组织——"水利会",探索出了一条"涉水矛盾不上交、管水平安不出事、治水服务不缺位"的新时代"枫桥式"治理路径,搭建起为民服务的"连心桥"。

田间地头谋民事倾情服务解民忧

水利会成员们表示,他们和很多当地的诸暨老百姓都保持着紧密的联系,经常会利用一些空余的时间串串门,向他们了解最近遇到的一些困难。

一直以来,他们以朋友和倾听者的姿态与老百姓"打成一片",贴近群众、积极调研。结合多年巡查检查及历史记录资料,因地制宜提出本土建议,从群众实际需求出发,在萌芽阶段解决涉水矛盾,成为为民服务的水利"参谋员"。如浦阳江治理三期工程规划中,累计提出改造意见69处。

治水管水为民督河湖建设出成效

水利会近七成是退休的镇村干部和具有防洪抢险经验的群众,队伍素质过硬,成员利用专业特长自发担任河湖管护监督员,自发担任水利工程管理员,发挥好"第四方监督"作用。

同时,水利会积极协调维养承包单位、村民、政府等多方关系,协助维修养护工作的有序推进,破解水利工程维修养护第三方监督缺位失职以及资金浪费

---

[1]《浙江绍兴:"枫桥式"治水助力"美丽河湖"建设》,2021年。

等问题,共参与督查民生实事项目 9 个,发现并解决问题 15 处,确保了河湖面貌和美丽河湖建设"同步走"。

应急处置护民安多措并举治水患

水利会探索"小事不出村,大事共参与"的"枫桥式"治水服务模式,激发了群众主动投入的主人翁精神。

在水利工程汛前检查中对巡查员的巡查检查进行补充检查服务,及时发现堤防工程、涵闸水闸、湖畈渠道等防洪薄弱点,对小型薄弱点通过水利会内部维修养护专业队伍落实度汛措施,对较大薄弱点采取报送镇街及市水利局复查踏勘共同协商解决的方式,确保防洪薄弱点在第一时间销号,保障群众生命财产安全。

替群众考虑,为群众服务,让干部群众广泛参与到每一个难题的解决中,水利会这一民间组织的机制活力,得到了有效的激发。

水利会依靠群众,协调区域内的水事纠纷,参与防洪抢险救灾、引潮灌溉,实现水资源的可持续发展,解决一系列涉水民生实事,践行了新时代的"枫桥经验"。

第四章
商业主体带动农村经济社会发展的"枫桥经验"研究

提要: 农村商业体系,或农村商贸流通体系,是以农村市场为背景、以农村生产资料、生活资料及农产品在内的农村产品为主要流通对象,由多主体、多渠道、多层次、多环节及软硬件基础设施以多种方式组成,涵盖物权交易、物流运输、仓储配送、包装分装、加工处理、信息处理、市场监管等多类活动的经济运营系统。农村商业体系的发展历史,可以说与农村市场活动的存在一样漫长。以1978年中共十一届三中全会为标志,中国进入改革开放时期,由此打破了此前计划经济对市场的限制,诸暨市深入贯彻"枫桥经验",为农村商业体系带来多元化投入的格局。除国营企业和供销社外,各种集体、个体、私营、股份制以及外资进入农村市场,农村市场上涌现出一大批专营或兼营的农村商贸主体,包括个体商户、经营大户、农民经纪人等,加快了农村商业体系的建设与发展,带动了诸暨的农村经济社会发展。

本章主要围绕诸暨市枫桥镇、岭北镇和店口镇的个体经济、集体经济、私营经济、国营经济、股份制经济等商业经济展开,并且收集相关的"枫桥经验"商业发展调查报告史料辑录,较为全面地展现了诸暨市"枫桥经验"农村经济社会发展的商业面貌。

4.1 枫桥、岭北等镇相关商业概况

4.1.1 枫桥商业的历史发展概况

4.1.1.1 经济概况(1949年前)

手工业以竹编、制茶、酿酒、造纸、粮油加工、糕点饮食等为主。山乡人多从事竹编,所产竹箩、竹簟、竹椅、竹篮、蒸笼、靠背椅多销往杭嘉湖一带。炭窑和纸槽也是山区人民谋生之业,生产的白炭和土纸,年输出量很大。东和、梅岭、东山等地纸厂,规模颇巨,生产连七纸、毛太纸、毛六纸、桃花纸、皮纸、鹿鸣纸等,畅销宁波、绍兴及苏北各地。其中东三乡屠家坞村,300户人家,岁出鹿鸣纸(六明纸)3 000担,民国八年(1919)地银价值2万数千元。枫桥镇上经营土纸的商店达48家之多。早在宋代就设有纸局,是当年越州四大纸局之一。

枫桥的酿造厂,历史也很悠久,传说早在宋代枫桥镇上已有一定规模的酿酒作坊。当年,慰劳韩世忠抗金将士的老酒,就产在枫桥。郭凤沼《青梅洞》:"土酒新荔潋滟杯,杏花初坼一步开。隔帘小妇三弦子,低唱华家蝴蝶媒。"自注云:"邑中土酒,胜于东浦。"光绪年间,枫桥创办东成酱园,生产黄酒、酱油、腐乳远销会稽、嵊县和天台。1949年以后,东成酱园和萃泰酱园合并,成为今枫桥酒厂的前身。枫桥的冶铁业,唐末时街上已有零星铁铺,打制农具。清道光十年(1830)始有一定规模的冶铁厂,地址在采仙桥头。咸丰年间改为锅铁厂,以生产铁锅为主。咸丰十一年(1861),太平军攻克诸暨后,该厂曾为太平军制造兵器。同治五年(1866),改名何万祥铁器厂,它是诸暨县最早的冶炼厂。

糕点饮食业,多由南货店兼营,其中以北春阳、骆恒兴两家的糕点最著名,选料讲究,制作精细,尤其是茯苓糕、焦桃片、麻酥糖、金橘饼、寸金糖、八果饼,口味好,色泽鲜,至今仍为旅居海外的枫桥人所津津乐道,赞美家乡糕点之佳,

他乡不及。

现代工业起步较晚,如织布厂、造纸厂、印刷厂、丝织印染厂、火力发电厂等,大都是民国时期兴办的。民国四年(1915),楼成良最早在楼家开设坤益织布厂,雇用女工25人,生产爱国布和各种格子花布。民国六年(1917),王仲明创办元吉茶栈,有茶灶百余座,职工达200多人。同年4月,骆治在青山头灵峰寺创办振华造纸厂。民国十年(1921),枫桥电气公司成立,装灯300余盏,民国三十一年(1942),宣灿火在齐东畈头村,创办万兴园记机坊厂,用土制纱和马尾生产云条纱,至20世纪50年代公私合营后迁往诸暨,是今五里亭诸暨丝织印染厂前身。民国三十五年(1946),陈志楠在杨树下(今和平路)创办大华印刷厂,20世纪50年代公私合营后,迁往诸暨,成为今诸暨印刷厂前身。此外,枫桥纶章茧行、赵家厚生茧厂,都具有一定规模。厚生茧厂当年还从日本引进先进的烘茧设备。汤村、永宁等地,也兴办茧站、茧行,所产蚕茧大都运销沪杭。民间私人茧灶也很多,生产丝绵、绵绸,数量也很可观。

枫桥的现代交通,铁路和公路起步较早。民国二十二年(1933),枫桥士绅陈仲默、何变侯等集资兴建枫桥至尚山头的窄轨铁路,这是浙江省第一条民办铁路,它与钱江航运公司的轮船接班,是20世纪30年代枫桥去沪杭的重要交通线。民国三十五年(1946),枫桥至诸暨县的简易公路通车,这也是诸暨最早的公路。当年因汽油系国外进口,价格昂贵,因而改用木炭车,汽车尾部均装着一只大铁桶,木炭烧红后,才能发动开车。次年,枫桥至谢家桥段,又通了汽车,50年代以后,采用民办公助的办法,陆续修通了枫桥至绍兴、枫桥至嵊县谷来、枫桥至湄池、枫桥至大溪的公路,以及新店湾至石佛、桥亭至象山、东三至屠家坞、赵家至丁家坞、宣店至降霞等县级公路,形成以枫桥镇为中心的公路网。

枫桥镇往年水陆交通方便,民丰物茂,经济繁荣。北宋大观二年(1108),建置枫桥镇以来,历时900余年,历来为绍兴地区重镇,历史上遭受的灾难也较多,如宋元之际、元明易代,大军所至,杀戮百姓,街衢多次夷为白地。明亡后,又曾作为战场,许多明代建筑均遭破坏,清代咸丰同治年间,太平军围攻包村,首王范汝增、梯王练业坤率部10余万壁于枫桥,镇上枫桥大庙、小天竺等部分古建筑遭毁。抗日战争时,枫桥又遭日本侵略军飞机轰炸,小股日本侵略军时来扫荡。继之汪伪军、国民党各式杂牌军以枫桥为争夺目标,时进时出,扰民尤甚。中华人民共和国成立以来,社会安定,生产得以迅速恢复和发展,市容逐年改观。

4.1.1.2 集市的形成与发展[1]

枫桥市的形成,西汉时据司马迁在《史记》中介绍江南这个地方,低洼潮湿,人口稀少,当地人还是用火耕水耨的原始方法进行耕作,吃的是稻米加鱼虾,受冷挨饿的穷人不多,千金的富户也很少。东吴政权建立后,鼓励山越人出山耕作,给予种子与耕牛,实施减免赋税等一系列优惠政策,使江南农业有了发展。永兴(今萧山)一带粮食的单位面积产量达到亩产精米3斛[2]多,接近了北方的先进水平。到了东晋南朝时期,由于中原地区人民大批渡江南迁,落籍江南,使南方的农业生产发展更加迅速。南方稻米的生产已超过了北方。当时人说:"自淮以北,万匹为市,从江以南,千斛为货。"南北生产,北方以纺织业的布匹为市,南方则以粮食生产为代表。南朝时,枫桥江流域已是会稽郡辖下的重要粮食生产基地之一。在优越的自然条件下,又兴修了一些水利工程,如塘、堰、圩、闸,农业上需要的肥料,也由原始的火烧田改为使用粪肥。枫桥是会稽郡境内北方士族侨居的地方,传说郑、杨、阮诸姓,早在东晋时已落籍枫桥。到了南朝,已被编入当地户籍,他们利用经济上的优势,生产技术上的先进,和当地人民一起披荆斩棘,垦荒播种,使过去丛林茂草之地变成一片"绿野",他们围湖决水使湖沼成为沃壤。今日枫桥镇的"湖头畈"可能就是南朝时开垦的圩田。

农业生产的发展,促使商业的兴旺。南朝宋、齐、梁、陈4个朝代,建都建康

---

[1] 陈炳荣:《枫桥史志》,方志出版社1998年版,第158—164页。
[2] 斛,古代以十斗为一斛,南宋末,改五斗为一斛,两斛为一石。

（今南京）。梁朝时，建康人口已有一百四五十万。梁武帝信佛，他屡次舍身同泰寺，表示要当和尚，在皇帝的影响下，江南佛寺遍布州县。枫桥在大同二年（536）也建造了规模壮观的东化成寺。寺内和尚的政治待遇和士族一样，可以免除赋役的重负，因而有许多失去土地的贫苦农民，为了逃避赋役，多托名佛寺做了和尚，使东化成寺和尚总数超过500人，成了社会上不劳而获的寄生虫。建康城中的佛寺更是靡贵豪华，金碧辉煌，为了供应京城市民的消费，秦淮河上有来自江南各地的大小船只，其中有来自"千岩竞秀，万壑争流"的浦阳江，也少不了从枫桥江驶往的船只。据记载东晋刘宋之时，绍兴已有新兴的小市，米、布、绢、帛、绵、丝、纸、席等商品在这里聚散。光是钱塘江、浦阳江两条江上的渡口税，一年就可以征收到四五百万钱之多。小市上还有卖针的，卖糖的，卖葱的，穷苦人家的子女采菱、采莼、捕鱼、捉虾，也拿到市上去出卖。会稽山区的毛皮、药材、竹木、笋干等土特产都集中在枫桥，由枫桥江转运钱塘。作为会稽郡属下的商业网点，枫桥在南朝时已出现集市的雏形，这个市的位置在今日陈家陶家山脚叫作"市下"的地方。

市下是当年枫溪江和浑水江的交会处，北面是浩渺的泌湖，南面是陶家山，沿山一带是居民区。时人阮佃夫，住在市下附近。他的家人和他自己就是往返建康从事贩卖细布、苎麻为业的商人。后来做了宋明帝的中书舍人，"势倾天下"。南朝的大小官吏大都兼营商业，他们利用职务上的方便，转运贩卖各地方物，从中获取暴利。甚至草鞋、蒲扇之类，也成为官吏赚钱的货源。由于商品经济的活跃，市税成了南朝政府的主要收入之一，设有专门管理市场的官员，一般抽取百分之四的估税，凡是商品过津的渡口都设有关卡，过渡的货物则抽十分之一的关津税。南朝的商业是在农业和手工业发展的基础上兴盛起来的。枫桥生产的土纸和原始瓷器，在会稽郡已经有一些名气，从茅草山六朝墓葬中发掘出来的碗、盘、壶、罐之类可以得到证明。

隋的统一，使江南经济更加活跃，隋行军总管杨素来到会稽，修筑驿道、建立驿舍，枫桥的集市从此南移至钟山西麓今枫桥头的地方，这里是枫桥驿所在，也是水陆交通的枢纽，特别引人注意的是，枫溪江上架起了一座大石桥，使原来的枫溪渡顿时热闹起来，从此枫桥作为地名代替了枫溪渡。嗣后，枫桥头这个小市不断向驿道东西两头延伸，到了唐贞观初年，尉迟敬德在修枫桥时，在桥头已有酒肆、邸店，在市上已可买到日用器皿和山区土产。

枫桥市的繁荣始于唐末，在钱镠建立吴越国时期，南方政治稳定，经济持续上升，枫桥为山区出入平原之孔道，是枫桥江流域商品的集散地。唐时形成的"婺越通衢"，到吴越国时得到进一步的发展。当年陆路交通有会稽路、天台路、东阳路、诸暨路、绍兴路，县内有枫桥—璜山路、枫桥—花山路、枫桥—义安路、枫桥—紫岩路、枫桥—驻日岭路。水路，自枫溪江可达临浦、萧山、杭州，竹排可上溯檀溪、白水。地方的富庶，交通的便利，社会的安定，吸引了部分世家大族徙居枫桥定居，其中最有名的是钱镠的部将都知兵马使杨洋，自钱塘迁居枫桥杨蔬园。

宋代，枫桥市三里长街已经形成。这三里长街不是连续的闹市，而是断断续续地分布在府县大道上，叫上市、中市和下市。上市指五显桥以西，是县大路；五显桥至枫桥头叫中市，中市是人口密集的闹处；下市是枫桥头以东，俗称府大路，是去绍兴的驿道。每到日中，来自山区和水乡之民熙熙攘攘，挤满通衢，商业之盛，远超隋唐。下市是驿舍所在，有邸店供商旅住宿；有骡马坊，可代步去绍兴。中市是日用百货、杂货集中之处，上市是乡社所在，东阳、义乌、浦江诸地客商，多在此市落脚。宋代，枫桥市兴起了造纸业和造船业，会稽山区丰富的竹木资源是造纸和造船的重要原材料。枫溪江沿岸的枫桥头、宅埠（船坊基）、鱼码头都有制造木船的作坊。枫桥生产土纸的纸槽遍及山区各乡，使枫桥成为越州四大纸局之一。枫桥镇上还有染坊、油坊、酒坊。大小店铺作坊，市肆的繁荣，人口的剧增，使赋税收入也随之增加，据日志载，枫桥场岁课占诸暨县三分之一以上。宋大观二年（1108）升为镇；乾道八年（1172）建义安县，枫桥为县署所在;淳熙元年(1174)复为镇,开禧年间(1205—1207)辛弃疾申奏朝廷,在枫桥设东尉司,仍派"京官监镇"。

元季丧乱,枫桥遭祸尤甚,民多远避他乡,市肆化为焦土,版藉多亡。明洪武初年,社会始安定,诏颁天下编造黄册,以户为主,量度田亩,次以字号,悉书户主及田亩之数,编类入册,叫作鱼鳞册。鱼鳞册和黄册互为经纬,以为赋役之依据。

枫桥镇上居民,宋元时,以丁、穆、江、唐四姓为主。元末,战祸连年,民多逃避深山或外迁,四姓衰落。至明初,代之而起有陈、楼、骆、王,陈、楼两姓居镇之北,骆、王两姓居镇之南,四姓广置地产,富甲一方。

明初,推广植棉,水稻种植面积也较元代有较大增加,青龙畈的水田就是明代扩展起来的。山区多种荞麦和豆类,甘薯和玉米是从天台引进的。炭窑和纸槽是山民的经济支持,水碓和水磨在山区溪流中十分普遍。农业和手工业的发展,投入市场的商品也就日益增多,经济也随之繁荣起来。到了明代后期,枫桥镇新出现一个南市。南市东起东溪桥,沿溪至彩仙桥,转大部弄至十字街口,与中市相衔接,全长达500多米,这条街以山货为主,分布着木炭行、柴爿行、纸花店、粮食店、酱油店、酒店、南货店等,这一路的商客有来自会稽路的蒋坞、横路、陈村和嵊县境内的苦竹溪、洋坑、袁家岭等地,山区人所需的生活日用品都由枫桥市场供应,其辐射网点可远达百里以外。山区出市的人,都是用的扁担、躲柱,不论晴雨下雪,都穿一双厚实的山袜,因此有"箬壳草鞋尖头帽,千条扁担进枫桥"之说,他们来到南市,出售山货,换回粮食,吃了酒饭以后,就得赶路进山。一般山民,当天在降霞村或赵家镇歇脚住宿,第二天清晨进山。出来时,也要起早摸黑,先在降霞、赵家住一宿,第二天早上才能到枫桥镇,因而也带动了赵家、降霞两地的饮食和宿夜店得以繁荣起来。大户人家出枫桥街,都坐轿子,轿的种类有兜子轿、布篷轿、乌篷轿、眠轿。绍兴大路尚有骡马,俗称"狸狗头",可从枫桥去娄宫,在娄宫下船进绍兴偏门。

明代时,去杭州的水路,可在枫桥头下船,沿枫溪江经丁家埂、水门头、陈家西埂出鱼码头遮山、骆家桥、乌程埠、阮家埠、尚山头、斗门头、湄池、尖山、临浦,出闻家堰入钱塘江。枫桥头成了水陆联运码头,因而这一带非常热闹。明万历年间,陈性学出使广东,就有"车马填衢江满帆"的场面。

明代中期以后,枫桥镇上土地集中现象颇为严重,贫富之间的差距也愈来愈大。诸暨民谚:"万田十三家,枫桥得七家。"陈、楼等四姓尤为突出。陈姓有名叔坚者,家中奴仆以数十计,占有湖畈良田万亩以上,他曾独力兴建青龙堰和黄沙堰。又有个叫陈文鸾的人,以儒医起家,置田3 000多亩。骆问礼辞官还乡,据说拥有10多个田庄,山区有嘉林庄(今梅岭乡仙甸一带),湖区有泌湖庄,俗话说"晒煞畈田有湖田,没煞湖田有畈田",是枫桥有名的官僚大地主。楼姓拥有三五千亩以上的人也有几个,他们占有西畈,拥有枫溪江上的铁石堰。明嘉靖时,宦官魏忠贤专权,中枢腐化,地方糜烂,吏治败坏,人民负担日重。明代中期以后赋税一项除农桑需按时收税外,尚有廛之赋(房产税)、船之赋(输往北方的马价银和驿夫银)、兵之赋(军饷)、户之赋(商税分派黄麻钱、络麻钱、茶叶钱、油榨碓钱、窑灶钱、果价钱、酒醋钱、渔课钱等)、口之赋(分为盐粮米、盐钞),又有里之赋(分为额办银,有桐油、麂皮、狐皮、弓箭弦条、药材、农桑绢银等)。此外,尚有坐办银、皮料银、历日纸银、军器料银、缎匹银、漆木料银、四司工料银、果品银、牲口银、蜡茶银、录笋银。又有所谓杂办银,如举人进士牌坊银、预备送给上司各衙门的书手工食银、新官到任银、修理城隍银、各祠庙的祭银、乡饮酒礼银、拜进香烛银、习仪香烛银、起送科举生员路费花红酒席银、贺新进士旗匾彩缎酒礼银、府县(官)升迁酒席银等达五六十项之多。力之赋有二类:一为银差,一为力差。嘉靖四十三年(1564)以后,一概征银雇募。

明万历年间,由于关外用兵,复加兵饷,这是一项额外的征税,兵饷又分辽饷、剿饷和练饷之类。"辽饷",是辽东方面连年用兵所增的专饷;"剿饷",是用来镇压农民起义的饷银;"练饷",是为了练兵所设。熹宗天启间(1621—1627)

又有"买铜买硝"之役,"奸商冒领国帑,其弊种种,暨邑尤甚",银人私囊,任其花费,公务难竣,辄肆株连,司差县役,杂沓如雨,钱房菜佣,共遭其辱。枫桥镇上"有差役全家,值举箸而一喧辄毙者;有差役十余人乘轿马登门,积至数十人,而一饭破家者;有寡妇苦守十余年,差役到门,计无所出,不得已而失节嫁人,将所得财礼仅完差钱而赃银仍未能完者。至若鬻妻卖子,号泣之哀,颠沛之状,笔难馨述,人难枚举,此皆民困之至隐全极……"[1]。内忧外患,愈演愈烈,终于导致了明王朝的覆灭。

清代自乾隆以后,枫桥镇上最大的变化,一是枫溪江河道的淤浅,水运衰落;二是新街的形成。清初,山区人口有了较快的发展,由于滥使垦殖,山林被伐,枫溪河床淤塞,主流改向西流。五显桥、大虹桥,水道直,泄水快,无航运之利。而原有东溪因航道日浅,枫桥头船埠从此冷落,去杭州的水路需至遮山下船。清代中叶,镇上出现了一条从十字街口往北,经楼家去遮山的所谓"船路"。在这条"船路"的南端,十字街口至盐店横头(今枫桥电影院)开设了数十家店铺,成了日后的枫桥新街。清光绪年间,枫桥镇一纵一横的街道格局,终于形成了。这个交叉点就是大庙前闹市口。

清末,枫桥镇有粮食、南货、酒酱、棉布、百货、饭馆、茶楼、卷烟、陶瓷、中药、竹木、油漆、山货、纸花、点心、旅馆等20多个行业,商店达250多家,又有镬厂、油坊、染坊、茶栈、茧行、官盐店、当铺、水作坊、篾竹坊等手工作坊。官盐是凭户部所发"盐引"才能营业,卖官盐的地方设在新街底盐店横头。当铺在今新街中段。镬厂在彩仙桥大溪头,油坊在桥上街,茶栈、茧行在铺前街,即今学勉路。此外镇上尚有小猪市场(今新街北段)、竹木专业市场(今枫桥头)、石灰专业市场(今庙后弄一带)、柴行(今桥上街)。枫桥市场经济的繁荣,在诸暨县日日开市的集镇中,枫桥镇是首屈一指的大镇。来枫桥经商的有绍兴人、萧山人、宁波

---

[1] 工部营缮司郎中骆方玺疏奏。

人、江西人、徽州人,做学徒的除本地人外尚有璜山人、澧浦人、牌头人。枫桥镇周围人口密集的大村,如全堂、赵家、降霞都有小集市,又有干溪街、银杏街、王家宅市、石硼市。清代前以枫桥镇为核心的商业网点的覆盖面已超出了枫桥区的范围,远及盛兆坞、墨城坞、大宣、樊家岭、墙头、石家弄、阮家埠及泌湖等地。其范围相当于元代枫桥巡检司所辖各乡。

清宣统三年(1911)枫桥镇继城关镇之后,成立了商会,第一任会长是枫桥镇米业同业公会董事长陈锡麟,号称"锡麟大货",被授予九品顶戴。

枫桥山中多纸厂,如东和、梅岭、乐山、东一等乡山中均有规模颇大的纸厂,生产的纸类有毛太、毛六、桃花、皮纸等。梓坞山产鹿鸣纸,降霞、冯蔡产连七纸。枫桥纸业多与米业同营,故称"纸花水店"。民国三十四年(1945),抗日战争胜利后,纸业日渐衰落。

4.1.1.3　民国时期枫桥镇商业概况[1]

辛亥鼎革以后,枫桥镇的农村经济持续上升,商业也进一步兴旺起来。以三四十年代为鼎盛时期。枫(桥)上(尚山头)铁路的通车,第三产业的崛起,又为枫桥镇带来了新的繁荣,当时枫桥镇有大小店铺300多家,仅米店就有48家,日销白米四五万斤以上。

南市

指三矶石头、东溪桥、彩仙桥、大部弄至十字街口,这条街全长600多米,是会稽山区出入枫桥镇的必经之路。这条街以山货行、木柴行、米店、纸花店为主,老字号的店铺也集中在这里,如创办于清同治五年(1866)的何万祥镬厂和万顺镬厂,创办于清光绪年间的东成酱园(今枫桥酒厂前身),以及新泰米店、坊记纸花店、颐和堂药店、骆恒兴南货店、致和碗店,创办于民国十年(1921)的枫桥电灯公司也分布在南市。

---

[1] 陈炳荣:《枫桥史志》,方志出版社1998年版,第164—168页。

北市

指清代乾隆以后形成的新街。南起十字街,北至盐店横头,总长约300米,新街街面较窄,宽仅3—4米。这条街以经营小百货、杂货为主,较著名的商店有贻康当铺(资本10万元)。同德堂药店、振丰碾米厂、安定医院和普济医院以及众多的杂货店和水作坊。枫桥小猪市也在新街北端。民国二十二年(1933),通车的枫桥火车站在原盐店横头(今枫桥电影院门口),通车后这条小街又兴起了水陆联运的过塘行和各类饮食店和小吃摊贩。

西市

自海觉寺至五显桥,长约250米,又叫桥上街,原是唐宋时驿道,俗称县大路。民国时期已冷落,仅有打铁铺、磨坊、糖坊和安寓客栈,楼房陈旧,设备简陋,多为义乌人所经营。民国三十五年(1946)前后枫桥汽车站设在桥上街西首。

中市

自五显桥经十字街口、大庙前、杨树下至枫桥头,全长约400米,今叫和平路。大庙前是枫桥镇最繁华的地段,街面平均宽度4—5米,店面多是砖木结构两层楼屋,间有西式店面汇晋、汇昌,经营华洋哔叽、呢绒绸缎、布匹。大街上招牌耀眼,琳琅满目。著名的老店有三元饭店、萧公茂酒店、萧万茂酒店、北春阳南货店、恒舒泰南货店、鼎和酱园、瑞泰酱园、恒丰烟店、汇泉隆棉布店、高义泰棉布店、茂大南货店、恒春堂药店、济生堂药房、大华印刷厂、义泰肉店以及米店、杂货店、茶馆、水作店、铜器店、银楼、烧饼铺、灯笼店,等等。枫桥大庙门口集中了小卖小吃,有豆浆、馄饨、汤圆、麻糍、包子、炒面、糖糕。特别是春发的豆浆、罗茂盛的肉馒头、三元饭店的炒面,均具有枫桥特色,脍炙人口,为外地人所津津乐道。民国时期,枫桥生产的"南京货",也颇有名气,如北春阳、骆恒兴所制的茯苓糕、豆沙糕、焦桃片、雪片糕、麻酥糖、姜汁糖、牛皮糖,选料讲究,操作严格,创造了自己的牌子。时至今日,尚有海外游子,对枫桥南京货之口味,仍念念不忘。枫桥镇北春阳、骆恒兴、致和碗店三家销售的"双卤香榧",以独特的工艺,用白炭焙烘出来的香榧,清香可口,远销津京沪杭等地,闯出了"枫桥香榧"的名牌。民国二十三年(1934)产香榧6 000担。民国三十四年(1945)以前,枫桥镇上没有蔬菜市场,自产自销的个体农民多在大街两侧设摊叫卖。只有家禽和水产集中在大庙前照墙下,买卖时由牙行按当天行情出售,牙行从中收取佣金。

东市

自枫桥头经大东乡学堂(原义安县署)直至三里店,全长约750米。今称学勉路,是谓枫桥东市。民国时期,东市已冷落,枫桥最高学府大东公学、纶章茧行、元吉茶栈、枫桥育婴堂、紫阳宫都在这条街上。抗日战争时期,省会杭州沦陷,浙东各县及江西、湖南等地客商往来宁、绍,均取道枫桥,使这条街异常繁荣起来。当时饮食业、旅店业及其他服务行业勃然兴起,南来北往,车水马龙,热闹非凡。人力运输队和黄包车是主要交通运输工具。枫桥升记黄包车公司由民国初期30多辆黄包车至民国二十八年(1939)猛增至200多辆,公司从五显桥下迁到紫阳宫。行车路线,主要是枫桥镇至绍兴娄宿,枫桥镇至诸暨城关。人力运输队叫"脚班",由农民自发组成。初期是肩挑,后来改为手拉车,多时有板车百余辆。又有轿行,设在大部弄。山区旅客,多以轿代步。此外尚有搞专业运输的过塘行2家,四达行和广义行均设在骆家桥。船运物资在骆家桥埠头落塘转运。

公路交通创办于民国三十五年(1946)8月,由绍诸长途汽车股份有限公司投资,枫桥区署组织沿线各乡镇民夫修筑枫桥至诸暨段。次年3月,开通枫桥至谢家桥段,当年因国内汽油奇缺,行驶的车辆均以木炭代用,每辆车后均装有一只大铁桶,待木炭烧红后才能启动行驶。

铁路的建造比公路早,民国二十一年(1932)开始测量枫桥镇至尚山头段,全长13公里,次年通车,枫上铁路沿途有3座桥梁,20多个涵洞,在义燕头设有中间站。蒸汽机车从德国进口,轨距一米,有10多节车厢,每节车厢可坐旅客40余人。正常情况,每天上下午往返各一趟,运输繁忙时,一天增开4—5趟。

民国二十六年(1937)抗日战争爆发,同年 12 月杭州陷落,燃煤来源中断,改用木柴代替煤炭。后因时局紧张,经营亏本,于民国二十七年(1938)冬停业。枫桥火车站的位置,即今枫桥电影院的门前广场。

枫桥邮局始办于清宣统元年(1909),直属宁波邮局,不受诸暨局管辖。抗战时,枫桥邮局下设银杏树下、毛家、全堂、花明泉、泉畈、降霞等 7 个邮点,邮路行程 80 公里,来往信件多由脚夫、人力车夫捎带。民国二十七年(1938)枫桥有电报代办所。民国三十七年(1948)枫桥电信局装有 20 门总机 1 部。

枫桥镇的娱乐场所有戏院,一般是租用祠堂或在大庙内临时装修而成。三四十年代最盛行的剧种是越剧和绍剧。枫桥大庙、东溪桥大房祠堂、楼家小祠堂(今枫桥电器一厂)是经常演出的场所。著名越剧演员姚水娟、姚月明、祝银花、黄攸笑是最受枫桥人欢迎的演员,姚水娟后来嫁给了枫桥人楼介清。

民国时期枫桥镇还有几个专业市场,如石灰市、竹木市、大猪市、柴炭市,上述专业市场是沿袭明清发展而来的。尚有不定期的牛市、农历九月半的台阁市。届时,上自浦江、东阳、义乌,下至嘉兴、嘉善、硖石、王店均有牛贩来枫桥镇交易。

镇上从事商业活动的商人,除了本地人外,多为绍兴人,如南货业、棉布业的史姓和高姓,原籍绍兴。崔永春铜器店老板祖籍宁波;郗德成钉靴店老板祖籍江西丰城;萧公茂酒店老板祖籍也是绍兴。此外,还有嵊县人、萧山人,店铺做学徒的除本地人外,有牌头人、璜山人、澧浦人。

枫桥镇的公共设备和环境卫生设施,还不完善,全镇仅有两架"保安龙"作为消防用,这是由枫桥镇商会承办的。民国时期没有自来水,饮用水全靠溪水供应。每天均有专人去大溪挑水。水质很好,没有污染。镇上的环境卫生由专职的清道夫(卫生员)负责打扫。值得一提的是,枫桥人有敬惜字纸的习惯,凡是写有文字的纸张,绝不随便乱丢,无论是大人、小孩或是妇女,看到地上的字纸,就会捡起来丢到纸篓中去,由专人送往"字纸亭"烧毁,这样的字纸亭镇上有二三个。公共厕所就差了,街头巷尾常可见到尿桶,甚至有露天的粪缸,很不雅观。民国十六年(1927),枫桥镇已有店员工会、农会等组织,还设立民众教育馆,出借图书。民国二十八年(1939),祝更生任枫桥区区长时,在新街北面建造了枫桥镇小菜场。

4.1.1.4　1994年枫桥经济概况

80年代至今,随着社会经济的发展,枫桥的第三产业也迅猛发展,人民的生活条件逐年提高,许多高档消费品,如彩电、洗衣机、电冰箱、空调、摩托车、电话机已进入普通民家。人民的住房条件也不断改善,昔年砖木结构的二层楼房,已为今日钢筋水泥结构的多层楼房所替代,用瓷砖装饰墙面、花岗石铺地面的民居逐年增多。

1994年,全镇已有工业企业1 200多家,年生产值达8.76亿元[1]。其中,轻纺业产值3.98亿元,机械工业产值2.1亿元,分别占工业总产值的45.43%和23.97%,初步形成以机械纺织为龙头的工业结构。轻纺业中的衣衫企业有步森、开尔、海魄、情森、皮皇等30余家,流水线增至80条,年产衬衣2 000万件以上,产值达4亿元。枫桥镇工业发展规划,今后将继续发挥轻纺、机械工业优势,并加速发展陶瓷、墙砖等建材工业,因地制宜发展食品、饮料和其他工业,重点发展外向型高科技产业。

诸暨枫桥、绍兴柯桥,同为绍兴市名镇,民谚誉为"上有枫桥,下有柯桥"。但千条扁担怎能与千根撑竿相比,枫溪江的水道已经淤塞,今后交通与电力的发展,仍然是振兴枫桥经济的先决条件。相对来说,枫桥是落后了。只有人文景观,仍是枫桥的优势,如陈老莲故居宝纶堂、王冕隐居处白云庵遗址、全堂铁崖万卷楼遗址、宋元祐古塔、明代建筑小天竺等,仍然吸引众多海内外游客来枫

---

[1]　1997年审稿时,枫桥全镇工业企业已有1 850家,年产值达12.85亿元,利润6 384万元。已拥有衬衫厂33家,流水线增至96条,平车2 517台,职工6 230人,年创产值8亿元。

桥考察。早在1958年,枫桥就对外开放了,当年就有新西兰、苏联、阿尔巴尼亚、捷克斯洛伐克等国的艺术大师来枫桥参观和访问陈老莲故居。遗憾的是,前人留下的丰厚的文化遗产和自然景点,至今仍没有充分利用起来,有时,甚至是人为的破坏,如唐代的大石桥、后晋正觉讲寺、牛头山永枫庵与永枫塔以及枫溪江畔的三矶石就是遭人为毁坏的。

1991年11月15日,枫桥镇被浙江省人民政府命名为全省十五个历史文化名镇之一。1995年4月1日,又荣获浙江省首批"东海文化明珠"称号。今后如何发展历史文化名镇的文化特色,如何进一步振兴"东海文化明珠"集镇的经济,这又是一个值得枫桥人深思的问题。

4.1.1.5 枫桥镇主要经济指标(2006—2010年)[1]

单位:万元

项目	2006	2007	2008	2009	2010
村民委员会(个)	28	28	28	28	28
居民委员会(个)	2	2	2	2	2
总户数(户)	27 159	27 291	27 383	27 260	27 154
总人口(人)	72 421	72 358	72 473	72 436	72 411
#女性	35 650	36 257	36 336	36 368	36 386
1. 非农业人口	4 271	4 668	4 672	4 544	4 454
2. 农业人口	67 493	67 690	67 801	67 892	67 957
农村劳动力(人)	43 565	43 093	43 766	43 696	43 070
第一产业	7 350	6 640	6 487	6 230	6 163
第二产业	29 307	29 210	30 375	30 115	29 878
#工业	26 072	25 862	27 102	27 030	27 106
第三产业	6 908	7 243	6 904	7 351	7 029

---

[1] 《诸暨统计年鉴2011》,第270—272页。

续表

项目	2006	2007	2008	2009	2010
耕地面积(亩)	46 277	44 677	43 471	43 646	43 614
#水田	40 323	38 723	37 435	37 435	37 329
农业机械总动力(千瓦)	92 558	93 522	96 238	98 301	100 121
工农业总产值	689 833	799 965	932 279	989 815	1 234 936
农业	21 860	25 375	26 035	28 014	33 368
工业	667 973	774 590	906 244	961 801	1 201 568
#500万元以上	454 382	556 834	634 218	644 425	747 031
500万元以下	213 591	217 756	272 026	317 376	454 537
生产总值	236 953	278 607	318 133	347 814	407 954
第一产业	15 254	16 215	18 015	19 236	21 987
第二产业	174 045	205 494	234 230	257 023	301 175
#工业	167 640	197 648	225 121	246 958	289 188
第三产业	47 653	56 898	65 888	71 554	84 792
人均生产总值(元)	32 719	38 504	43 897	48 017	56 339
农民人均纯收入(元)	10 700	11 995	13 085	14 308	15 781
预算内财政收入(万元)	16 142	19 738	25 358	26 900	29 326
全社会固定资产投资额	85 682	90 092	92 584	112 138	134 066
工业生产性投资项目数	64	39	36	35	39
工业生产性投资完成额	85 541	96 162	89 042	96 856	111 825
乡村学校数(个)	15	16	16	11	11
在校学生(人)	12 575	12 172	11 547	11 327	11 284
#小学	5 064	4 994	4 855	4 506	4 370
专任教师(人)	546	597	577	573	566
卫生机构(个)	10	10	7	7	7
卫生技术人员(人)	260	375	306	324	305
参加农村新型合作医疗人数(人)	59 665	62 434	62 365	62 421	62 316

续表

项目	2006	2007	2008	2009	2010
参加农村社会养老保险人数(人)	4 716	5 516	6 226	6 526	12 180
农作物总播种面积(亩)	64 711	67 191	72 374	75 423	76 075
粮食播种面积(亩)	44 303	45 222	47 735	48 117	49 444
粮食总产(吨)	19 603	20 207	21 421	21 605	21 099
茶叶产量(吨)	1 518	1 537	1 579	1 510	1 325
蚕茧产量(吨)	6	6	4	3	1
水果产量(吨)	3 470	3 744	3 627	4 791	5 501
年末生猪存栏头数(头)	10 877	10 862	20 041	23 581	20 524
生猪出栏头数(头)	17 279	15 511	29 669	34 993	32 198
水产品产量(吨)	317	474	425	587	725
农村经济总收入	795 072	891 275	944 752	1 039 277	1 296 682
农村经济总费用	763 903	805 557	842 294	881 382	1 192 947
农村经济纯收入	77 921	80 960	88 420	95 490	103 735
乡镇企业和个体单位数(个)	11 224	11 321	9464	10 219	10 294
#工业单位	7 452	7 441	4 803	4 829	4 926
#500万元以上	52	61	70	77	87
500万元以下	7 400	7 380	4 732	4 752	4 839
交通运输单位	1 425	1 419	829	837	837
贸易餐饮单位	1 874	2 641	2 608	2 618	2 618
乡镇企业和个体年末从业人数(人)	48 915	53 133	36 938	41 836	43 420
#工业单位	39 782	42 344	28 549	29 047	30 106
#500万元以上	13 386	13 539	13 683	13 939	14 629
500万元以下	26 396	28 805	14 866	15 108	15 477
交通运输单位	2 867	2 861	1 008	1 626	1 626
贸易餐饮单位	5 321	7 928	4 564	6 975	7 660

续表

项目	2006	2007	2008	2009	2010
500万元以上工业企业主要财务指标	—	—	—	—	—
产品销售收入	441 396	513 853	62 043	625 239	723 825
应交税金	11 099	15 063	16 050	16 804	22 037
利润总额	28 943	33 580	34 743	45 146	49 127
资产总计	226 748	266 766	353 108	412 625	537 131
年末流动资产	137 574	166 506	221 810	242 136	322 279
年末固定资产	61 158	91 641	83 091	145 625	214 852
负债合计	115 086	137 272	185 488	214 011	2 975 50
自营出口(万美元)	13 331	15 181	20 737	17 147	21 784
外商实际投资额(万美元)	735	1 192	1 069	702	828

4.1.2 枫桥商业主体辑录[1]

(一)浙江黄金机械厂(1954—1992年)

黄金机械厂位于枫桥镇枫北路4号。该厂前身为创办于1954年10月1日的枫桥区铁器生产合作社。

1966年,浙江黄金机械厂。

1966年6月,原枫桥冶铸社并入该社,更名为枫桥农机修配合作工厂。

1972年2月,又与诸暨五金轴承厂合并,成立枫桥农机修造厂。

1978年12月,因从事锅炉改造、消烟除尘工作而改名为诸暨环保设备厂。

1989年6月,与诸暨矿建设备厂合并,成立浙江省诸暨有色冶金机械总厂。

1992年6月9日,被国家黄金总局定为指定生产厂家,经省工商局批准,始名浙江黄金机械厂。

---

[1] 陈炳荣:《枫桥史志》,方志出版社1998年版,第190—203页。

该厂隶属于诸暨市二轻工业总公司,为集体所有制企业。现有职工400多人,厂区占地面积70余亩,固定资产1 424万元,总资产4 666万余元。主要产品有黄金机械、水泥机械、冶炼机械、家用电器和环保处理等成套设备。

该厂自1990年以来,对矿山机械系列产品配套技术改造与新型选矿机械设备生产技术改造获得成功后,使企业的生产规模迅速壮大,该厂的"山灵"商标荣获1994年诸暨市地方名牌商标称号。自1995年12月起已升为国家中型一档企业。

(二)枫桥蚕种场(1955—1971年)

始建于1955年9月,场址在齐东乡毛家村,初名地方国营诸暨蚕种场。

1958年,场址迁枫桥镇郑宝山。1958年,更名地方国营诸暨县枫桥蚕种场。

1971年,改名国营枫桥蚕种场。原蚕饲育区分布在东一乡王村、葛村、银杏,枫桥镇彩仙,赵家镇泉畈一、泉畈二、泉畈三、泉畈四和舞风乡(今东和乡)大林、杜家坞等村。

(三)枫桥酒厂(1956年)

枫桥酒厂前身叫东成酱园,位于今青年街(旧名大部弄),创办于清光绪年间枫桥镇上的百年老厂。生产的黄酒、腐乳、酱油、酱菜等产品远销嵊县、会稽(今绍兴市境内)。1956年改名绍兴市枫桥酒厂,厂址迁关王庙(今学勉路51号),又向路南扩展,占地面积21 000多平方米,职工111人,中高级专业技术人员与管理人员10多人,拥有固定资产880万元,产量、质量、销量均居全市首位,生产规模与经济效益在绍兴市同行业中名列前茅。

该厂主要生产黄酒、加饭、元红、米酒、糟烧、料酒等"斯风"牌8个系列,20多个包装规格的产品。黄酒曾获绍兴市质量评比第一名、市优产品称号。

(四)征天集团公司(1962—2021年)

征天集团公司是以征天水库为基础,由小到大,由农及工,以工促农走综合经营的道路逐步发展壮大起来的综合经营实体。自60年代初,利用水库库区水土资源开辟了鱼种塘,建设起小水电,到80年代末,先后办起了水利机械厂、水泥厂、葡萄糖厂、罐头厂、铝制品厂、特种钢厂、水工商公司和一所职业学校、一个灌溉总站,形成了以水库为基地,拥有固定资产1052万元,在册固定职工577人。自创办伊始至1989年工业总产值达3500多万元,已成为水、农、工、商综合发展的经济联合体。

征天水库多次被评为全国水利系统综合经营标兵和先进单位。不仅完善了水库和灌区的工程设施,促进了灌区的农业生产,而且向社会提供了大量的物质财富,在推动枫桥地区商品经济的发展中起了重大作用。

征天渔场创建于1962年,在省淡水水产研究所等单位帮助下,人工孵化白鲢鱼苗取得成功。

1963年

征天渔场1963年以后对深水捕捞进行不断的探索,水库根据不同水质和水深,调整了鳙、鲢、草、鳊、鲤等鱼种的比例,进行分层放养,使每亩水面放养鱼种从80尾增加到230尾。从1962年到1989年,水库共产成鱼78.6万公斤,鱼种673.9万尾,总产值235.46万元,盈利82.61万元。

1976年

石灰氮厂创建于1976年12月,厂址位于学勉路北首,1977年6月电石车间建成投产。1979年空分车间与石灰氮车间亦相继投产。生产石灰氮耗电量大、成本高而售价低,每吨亏本200元,因此1982年后,采取用电石向上海、无锡、常州串换化肥的办法以弥补生产过程中的亏损。自1979年至1981年石灰氮厂向灌区提供平价化肥1641吨,使灌区每亩年平均化肥用量增加到25公斤。

1979 年

征天水利机械厂原名征天"五七修配厂",1979 年更名征天水利机械厂,厂址位于枫北路,现有建筑面积 1 800 平方米,职工 50 余人。厂内设有金工、铸工、钳工等生产线,拥有车、刨、钻、滚、磨和铸工化铁等机械设备,固定资产达 55 万元。

征天水泥厂创建于 1979 年 4 月,厂址位于骆家桥。当年 12 月投产,工程设计规模年产水泥 4 万吨。工程设备除球磨机等标准部件外,其他设备如塔式液压立窑均由征天水利机械厂和灌区乡镇机械厂加工制造。水泥质量经省建材总公司检验,1984 年 5 月发给产品合格证书。

水泥厂有职工 107 人,从 1979 年底投产到 1989 年底,累计产值 2 286.57 万元,实现利税 328.76 万元。

1981 年

征天葡萄糖厂创建于 1981 年 9 月,厂址设在水库大坝左端,占地 16 亩,建筑面积 6 559 平方米,设计规模日产液体葡萄糖 10 吨,酒精 5 吨。第二年 3 月和 9 月两个车间建成投产。为了提高经济效益,又陆续增建糖果和饮料车间,生产糖果、白酒和瓶酒。

1984 年

1984 年,征天葡萄糖厂经省医药局、省卫生厅批准为注射用葡萄糖定点生产厂家。自 1982 年到 1989 年底,累计产值 1 609.92 万元,创利税 165.25 万元。

诸暨特种钢厂原名石灰氮厂,由于地方电力紧张,电石车间生产电石时,连续供电难以保证,而利用低谷电炼钢却有利于地方电力峰谷的平衡,同时生产钢材能缓解钢材供需矛盾。1984 年,决定将石灰氮厂转为炼钢厂,初名诸暨铸钢厂。1987 年扩建铸钢厂,生产机械工业急需的特种钢,厂址选在紫薇村施家山湾,同年12月扩建工程动工。

水工商联合公司成立于1984年11月,枫桥镇上设有食品、建材、五金门市部。在上海、杭州、宁波设有办事处。联合公司的建立,对引进生产技术,收集经济信息,开拓供销渠道,促进商品经济的发展起了一定作用。到1989年止,经营额共397.1万元,完成利税9.5万元。

征天水库综合经营企业效益自1969年至1989年总产值达12 885.4万元,上缴利税1 591.74万元。

1986年

征天罐头厂1986年筹办,厂址设在葡萄糖厂内。当年兴建,当年投产,1987、1988、1989三年中,共生产蔬菜、水果(黄桃、黄李、樱桃、竹笋)等罐头500吨,产值254.31万元,完成利税17.43万元。兴办罐头厂对推动枫桥地区农业产业结构的调整起到了一定的作用。

1987年

征天集团公司

征天水利机械厂至1987年,共生产水利农业机械9 285台。产品销售省内29个县(市)和国内5个省(市),其中256台插门启闭机还远销乌干达、乍得、多哥等非洲国家。累计产值598.33万元,创利税137.34万元。

征天铝制品厂1987年1季度开始筹建,厂址位于枫北路,建筑面积1 960平方米,设计规模年产茶壶100万把。该厂在建设过程中,曾遇到许多困难,如无法搞到现成图纸,大量成型模具无处购置,工艺流程又无处学习。当年水库成立了领导、技术员和工人三结合的筹建班子,群策群力,摸索前进,自绘图纸,自制模具,自行设计工艺路线,终于按期投产。

从1988年到1989年,累计产值319.21万元,完成利税18.75万元。

1989 年

诸暨铸钢厂 1989 年 2 月更名为诸暨特种钢厂。6 月 19 日炼钢车间建成投产,7 月 1 日,锻钢车间亦建成投产。

特种钢厂占地 60 亩,建筑面积 1.736 8 万平方米,设计规模年产特种钢 5 万吨。设有炼钢、锻钢、轧钢 3 个车间。增设 5 吨电弧炉 1 座,3 吨、1 吨蒸汽锤各 1 座,250 公斤空气锤 1 座,直径 350 毫米三机架和直径 250 毫米五机架轧机各 1 座。厂内桥式行车、推钢机、顶钢机、电炉体、轧钢机全部传输设备,均自行制造和安装。

从 1985 年到 1989 年底,已生产钢锭 5.01 万吨,累计产值 6 952.08 万元,完成利税 786.37 万元。

1993 年

浙江诸暨征天集团公司(股份合作)章程(第二、三产业)[1]

(1993 年 1 月 29 日职工代表大会通过)

第一章　总则

第一条　为了转换企业经营机制,实现企业的自主经营、自负盈亏、自我发展和自我约束;开辟新的资金来源,聚集建设资金;增强企业的凝聚力,稳定职工队伍;增强职工的主人翁意识,实行企业的民主管理,组建以公有制为主体的社会主义股份合作制集团公司。

第二条　集团公司依上级有关文件和股份制企业有关规定,经政府批准,工商行政管理部门核准注册登记,依法取得法人资格。

公司下属诸暨特种钢厂、征天水利机械厂、征天水泥厂、征天食品厂、征天集团公司上海经营部、征天铝制品厂、征天渔场、征天水工商公司为集团公司核

---

[1] 《浙江诸暨征天集团公司(股份合作)章程(第二、三产业)》,1993 年。

心层企业,诸暨联营食品厂、浙江亚东制药厂为紧密层企业,上述企业对外经营均具有独立法人资格。公司下属征天水库管理处、征天职业技术学校为事业单位。

第三条　公司是一个独立的水利系统综合经济实体,公司资产属集体所有,受法律保护。任何单位和个人不得侵占、分割或平调。

第四条　公司的宗旨是:遵守国家的政策、法规,充分利用拥有的人力、物力、财力扩大生产经营能力,提高经济效益,不断壮大公司资产,为全体股东和公司职工谋取合法利益,并支持灌区发展农业。

第五条　公司为诸暨市人民政府所属企业,接受市水利局、乡企局的业务指导。

第六条　本公司法定名称为浙江诸暨征天集团公司。公司总部设在诸暨市枫桥镇学勉路83号。

第二章　职能

第七条　根据党和国家的方针、政策、法律、法规制定公司经营方针和政策措施及规章制度,并组织实施。

第八条　领导和协调生产、经营、管理,根据市场需要,开发当地水、农、工、商、渔各业和劳动力资源。

第九条　指导和帮助所属企业、事业单位改善经营管理,提高经济效益,加强精神文明建设,提高职工队伍素质。

第十条　兴办为企事业服务的业务经营设施、教育设施和福利设施。

第三章　股份及股权

第十一条　公司现有账面资产3 000万元,设置的股份总额为4 000万元,由公司集体股、劳动补偿股、个人现金股、社团法人股和外资股组成,每股股值100元。

(一)公司集体股:以现有公司账面资产(固定资产、流动资产)的70%,计

2 100万元所折成的股份。

（二）劳动补偿股：以现有公司账面资产的30%，计900万元所折成的股份。

（三）个人现金股：公司职工现金投入所形成的股份。

（四）社团法人股：公司以外的企事业单位、社会团体向公司投入资金等生产要素所形成的股份。

（五）外资股：外国和港、澳、台地区的投资者向公司投入所形成的股份。

第十二条　劳动补偿股按工龄长短、工资高低、岗位职务、聘用职称和荣誉称号量化到职工个人，其中工龄、工资和荣誉部分原则上为固定不动股份，职务、职称部分随其变动而进行相应调整或终止，职工没有所有权，只作为职工分红依据；职工离退休后，生前仍可享受劳动补偿股；职工不入现金股，不得享受劳动补偿股；受刑事处分或被公司开除、辞退或自动离职的职工，取消劳动补偿股享受资格。

第十三条　个人现金股有所有权、继承权，但不准买卖，一般不得抽资、退股，特殊情况须经董事会批准，方可在企业内部转让。

第十四条　股份确认后，公司统一编制股权登记清册，劳动补偿股、个人现金股和外资股，公司发给记名股权证。股东凭股权证向公司领取红利及个人现金股股息。

第四章　股息、红利分配

第十五条　公司和下属企业实现利润按下列顺序分配：

（一）企业提取10%的社会性开支作为支农基金，缴水库管理处。

（二）企业依法缴纳国家税金。

（三）企业在税后利润中提取10%的法定盈余公积金和6%的公益金。

（四）企业按经营承包责任制向公司上交利润。

（五）公司提取任意盈余公积金（风险金）后，按股分红。

第十六条　个人现金股实行保息分红，股息不低于银行同期贷款利率，按股分配时息红相加一般为股金的20%，最高不超过25%，超过部分作为增扩个人现金股股份。

第十七条　公司集体股、劳动补偿股、社团法人股和外资股，实行只分红利不计息的制度。

第十八条　公司集体股的分红所得，全部作为增扩集体股股份，用于发展再生产。

第十九条　参股于公司下属企业的社团法人股、外资股，在其合股企业内部进行分红。

第二十条　公司实行股份制以后的新增集体资产，根据股份组成、变化情况，每三年作一次划分调整，具体办法由董事会研究决定。

第二十一条　公司发生亏损时，用风险金抵补，亏损未弥补前，不分配红利。公司结业清算，亏损分摊，享受劳动补偿股的职工，也应承担经济风险责任。

第二十二条　公司破产时，按国家规定的破产法办理，成立资产清算委员会清理公司债务和资产。资产清算的顺序为先抵偿债务，有剩余时按股东股金份额进行清偿。

第五章　财务与审计

第二十三条　公司根据国家的有关政策、法规，结合本公司分级核算的实际，制订出相应的财务会计制度和内部审计制度。

第二十四条　公司按照国家规定的期限，向有关部门报送会计报表，年度会计报表须经公司审计部门验证，每年将当年的会计报表备置于公司本部。供股东随时审阅。

第六章　董事会

第二十五条　公司设立董事会，为公司最高权力机构，董事由职工代表大会选举产生，董事名额十一至十三人，董事任期三年，可连选连任。

第二十六条　董事会行使下列职权：

（一）审议公司的发展规划、年度生产经营计划。

（二）审议公司的年度预、决算，利润分配方案及弥补亏损方案。

（三）制订公司增、减股本，扩大股份认购范围。

（四）决定公司重要资产的抵押、出租、发包和转让。

（五）制定公司分立、合并、终止的方案。

（六）任免总经理、公司财务主管人员和根据总经理提名的副总经理，并决定其报酬和支付方式。

（七）制订公司章程修改方案。

第二十七条　董事会议每半年至少召开一次，在三分之一董事或公司总经理的提议下，应召开临时会议，董事会议应作会议记录，并由出席董事和记录员签字。

第二十八条　董事会设董事长一人，副董事长若干人。董事长、副董事长由董事会选举产生。董事会在必要时设名誉董事长一人，由德高望重的老同志担任。

第二十九条　董事长行使下列职权：

（一）召集、主持董事会。

（二）检查董事会决议的实施情况，并向董事会报告。

（三）签署公司股权证。

（四）在紧急情况下，对公司决议行使特别裁决权和处理权，事后向董事会报告。

（五）董事会授予的其他职权。

2019 年

浙江征天集团有限公司章程（第二、三产业）

（2019 年 8 月 5 日全体股东会议通过）

为规范公司的组织和行为，保护公司、股东和债权人的合法权益，依据《中华人民共和国公司法》(以下简称《公司法》)及其他有关法律、行政法规的规定,由股东各方制订并签署本章程。

第一章 公司名称和住所

第一条 公司名称:浙江征天集团有限公司(以下简称"公司")。

第二条 公司住所:诸暨市枫桥镇学勉路83号。

第二章 公司经营范围

第三条 公司经营范围:经销建筑材料、五金交电化工(除危险化学品及易制毒品)、机械设备、金属制品、针纺织品、日用百货。

第三章 公司注册资本

第四条 公司注册资本:人民币5 080万元。

公司增加或减少注册资本,应当召开股东会并由代表三分之二以上表决权的股东表决通过。公司减少注册资本,还应当自作出决议之日起十日内通知债权人,并于三十日内在报纸上公告。公司变更注册资本应依法向登记机关办理变更登记手续。

第四章 股东的姓名或者名称

第五条 股东的姓名或者名称:

股东姓名或名称	证照号码
浙江征天印染有限公司	91330681732012349N
浙江天基重工机械有限公司	91330681146238898U
诸暨市征天浆纱纺织有限公司	913306811462615969
浙江天伟生物科技股份有限公司	9133068173600264XN
诸暨市天旭进出口有限公司	91330681313540139L
浙江征天机械股份有限公司	91330681753953615O

第五章 股东的出资方式、出资额和出资时间

第六条 股东的出资方式、出资额:

股东姓名或名称	出资方式	认缴出资额(万元)	出资比例(%)	出资时间
浙江征天印染有限公司	货币	2 649.73	52.16	出资已到位
浙江天基重工机械有限公司	货币	1 585.98	31.22	出资已到位
诸暨市征天浆纱纺织有限公司	货币	263.14	5.18	出资已到位
浙江天伟生物科技股份有限公司	货币	254.00	5.00	出资已到位
诸暨市天旭进出口有限公司	货币	254.00	5.00	出资已到位
浙江征天机械股份有限公司	货币	73.15	1.44	出资已到位

第七条 公司成立后,应向股东签发出资证明书。

2021年

征天灌区管理委员会暨梁焕木水利基金会2021年度工作汇报(第二、三产业)[1]

征天灌区资产管理与运作

现使用"诸暨市征天水库渔场"的营业执照对外以企业的形式开展经营活动(查账征收)。目前主要经济来源为旧厂房、店面房的出租所得。

1. 店面房:主要集中在枫桥宾馆对面,有1号楼一幢,底层11间,店面以饮食为主,2—5层住宅用房34小间;4号楼1—2层,1层店面21间,以经营服装、生活用品为主,3层21间已签订五年合同租赁(经营教育培训机构)。

2. 老厂房:分布在库区周围,有原联食厂、原征天食品厂、原亚东制药门、原征天技校区块,省水科所(代管代收)以经营纺织为主,目前有6家私营企业承租,石灰氮厂已废弃多年。

由于网购电商的飞速发展和近年受新型冠状病毒疫情的影响,对实体店的出租招租带来一些难度。承租企业也受到经济大环境因素影响,小微企业效益

---

1 《征天灌区管理委员会暨梁焕木水利基金会2021年度工作汇报(第二、三产业)》,2021年,枫桥工商所供稿。

差,去年实体店在减免租金的情况下仍有店面闲置。为了求稳搞好2022年度房屋招租,将继续采用公开招租,同等基价优先续租的招租方法。

1. 对枫桥镇上的店面房,租金保持上年租金基价,实行公开招租,续租优先,落实承租者。对于退租的店面房少于原租金基价就要通过镇招投标中心公开招标,协议一订三年。

2. 对库区点的旧厂房出租,在上年度租金基价的基础上递增5%的租金,实行公开招标,续租优先(合同一年)落实承租者。目前已完成租金的收缴工作,对于5间退租的店面房已张贴招租广告。

存在的主要问题

1. 关于转资资产存在着产权不够明晰(原联营食品厂、征天食品厂、征天技校区块等相关土地出让、过户手续),多年的老问题现在要解决确实有难度。

2. 老厂房使用值已到瓶颈,设施破败老旧、资源得不到有效整合和利用并潜伏着安全隐患。

3. 实体店面临电商冲击,困难会越来越大,网上购物已成为趋势,实体店已处于转型升级的阵痛期。

今后的工作思路

征天灌区管委会和基金会的工作,紧紧围绕着枫桥镇党委政府的要求展开,本着发展是硬道理的原则,在不断总结目前管理模式的基础上,多出去走走看看,借鉴先进的管理经验,管理好现有资产的同时加快对废弃、有严重安全隐患的老厂房的开发整治。今后我们的工作重心是对一些旧厂房的整治,特别是对老石灰氮厂的招商,同时争取原联营食品厂(东-16亩)旧厂房的改造项目。

进一步规范财务制度,在资产管理上严格执行资产管理运行规则,做到公开透明。资产收益分配作适度调整,应加大对水利工程建设的补助。

安全方面上加强对出租房安全生产管理,对有严重安全隐患的老旧厂房(征天技校区块和粮油食品厂),加大巡查、监督力度,做到防患于未然。

（五）轻纺业（1969 年）

枫桥的轻纺业,起步于 1969 年,当年为发展乡镇企业,多系各村集体经营,由乡村自行购置织机,生产化纤被面,产品大部分通过乐清人销往全国各地。

80 年代后,产品滞销,集体经营的轻纺业一度衰落。1991 年绍兴县控制个体经营,致使百余名精通纺织技术和经销业务的绍兴师傅涌入枫桥境内,他们在枫桥镇附近齐东、乐山、东一各乡帮助个体户置办纺机,传授技术,产品由绍兴师傅实行包销。由于经济效益较集体经营时高,从而迅速转为一家一户的个体经营者。产品也由化纤被面转而生产化纤布。

柯桥轻纺市场的扩大,使化纤布生产的需求量越来越大。枫桥境内的轻纺业得以迅猛发展,一般的小家庭拥有 2—3 台织机。至 1995 年底,枫桥、赵家、全堂、东一、东和各镇乡共拥有织机一万余台,牵经车 282 部,日产化纤布百万余米,经营方式由初期加工代销转为自产自销。1996 年产值达 7 亿—8 亿元,上缴税款 500 余万元,成为枫桥地区又一个重要支柱产业。

（六）衬衫业（1984 年）

枫桥镇服装业兴起于 80 年代初,当时多由一户或几户人家出资,雇请几个或一二十个家庭妇女,自备缝纫机聚集在一起,组成家庭作坊式的小厂。产品以风衣、滑雪衫、防寒服为主。也有一二家制作西服,曾风行一时。然作坊式的小厂,终因技术素质差、资金力量薄弱,产品适应不了瞬息万变的消费潮流。后来,因男式衬衫款式变化不大,且老少皆宜,一些厂家转产衬衫。但由于设备、技术等因素的制约,当时生产的衬衫均为软领,仍不能适应市场需求。实践使这些小厂家认识到,要使自己的产品能在大市场中站稳脚跟,没有好的质量是不可能的。

1984 年 11 月,枫桥区领导聘用枫桥文化站干部陈才章负责办厂,通过他在上海纺织局工作的哥哥穿针引线,迅速取得上海第五衬衫厂和新光内衣厂的无私支援,他们为枫桥培训工人,后又派出技艺精湛的5位老师傅来枫桥言传身教。陈才章任厂长,厂方与职工共同筹集资金12万元,职工每人800元,不足数由厂方向银行借贷。有了资金,就从上海引进了两条衬衫生产流水线,厂址设在东溪桥原枫桥人民大会堂内,新招收职工102名。这是枫桥镇第一家现代化的专业衬衫厂。企业名称为诸暨服装工业总厂。1985年元旦投产,日产树脂领衬衫1000件,当年产值超过100万元,创税利8万元,受到区委、区公所的嘉奖。后由于销路不畅,人员变动,资金回收困难等原因,企业面临困境。

1987年,枫桥区领导决定将诸暨服装工业总厂和上海开开百货公司搞联营,借助上海的管理、技术、营销优势,以提高衬衫产品的质量档次"借牌"打入大市场。同年5月调永宁羊毛衫厂何志江任枫桥区工业办公室副主任,并负责与上海开开百货公司洽谈,在枫桥镇海觉寺筹建上海开开诸暨衬衫厂。何志江任厂长,新建了厂房,在上海师傅的指导下,实行严格的质量管理,42道工序,道道严格把关,终于生产出合格的"KK牌"衬衫,成为上海开开百货公司三个定点生产厂家之一。"借船出海"获得成功。接着镇上蓓蕾、步鑫、丰乐、三友、施罗特、丰利达等制衣厂也纷纷仿效。如蓓蕾制衣厂借上海"飘鹰""菱中菱"名牌,严格按龙头企业的要求,进行生产管理,使产品一投入市场,就受客户青睐。

1994年11月,上海开开诸暨衬衫厂改制为私营企业,厂名改称浙江开尔制衣有限公司,借牌是行不通了,他们就自己注册"开尔牌"商标。商标注册后,由于产品的质量过硬,产品誉满大江南北。1995年10月,在天津市举办的"95中国名牌服装推荐活动"中,"开尔牌"衬衫被评为"中国精品衬衫"第一名。1996年"开尔"商标又和"情森""海魄"一起,先后被认定为"诸暨市地方名牌商标"和"绍兴市著名商标"。

枫桥衬衫业的崛起,质量和品牌是打入市场的通行证,而最先为自己的产品注册商标的是开先服装公司(浙江皮皇制衣有限公司的前身)。他们早在1990年6月10日,就经国家工商总局、商标局核准,注册了"凯仙牌"商标。该公司成立之初,由于他们实行从织布、服装制作到设点销售的一条龙生产方式,因此减少了流通环节,降低了生产成本,在市场上颇具活力。

"创名牌""拓市场",这是浙江步森集团有限公司的成功之路。其前身原为百树服装厂。1990年,他们的产品上报"双凤""百凤""百美达"等商标,均因与人类同而未获准。1991年,该公司总经理陈能恩专程赴北京,委托国家工商总局、商标局设计了"步森"商标,次年7月20日取得"步森"牌注册商标专用权。由于产品质量过硬,价格合理,"步森"衬衫迅速走出浙江,辐射全国。1994年4月被评为诸暨市首届地方名牌商标。同年10月,又被评为"浙江省著名商标"。1996年10月,已有职工1500名,衬衫流水线16条,年产衬衫300万件,年产值1.2亿元,年创税利900万元。厂房面积2万平方米,拥有固定资产2000万元。1996年11月,组建浙江省步森集团有限公司,使企业又迈上了一个新的台阶。

"一石激起千重浪",步森、开尔的成功,使一批衬衫企业脱颖而出。自1993年以后开办的厂家就有24家。1995年5月,枫桥镇领导发起成立诸暨市枫桥衬衫企业协会,在协调企业之间的关系和促进衬衫业的发展方面起了重要作用。至1996年11月,枫桥地区已拥有专业衬衫厂31家,生产流水线达80条,日产衬衫6万件,年产值达6亿—8亿元。一个"创牌热"也迅速形成,继步森、开尔之后,情森、海魄、皮皇、顶呱呱、戈蕾雅、派昂、绅开、越丹、风港、森福、康富得、威力奇等一只只品牌,先后获得各大城市消费者的认可。枫桥衬衫已经打入全国各大城市的专业市场,闯出了自己的新天地。至1996年,各衬衫厂上报注册的商标已达56只,其中25只已经国家商标局核准注册并发给注册证书。

从年生产衬衫的数量来说,浙江省步森集团有限公司已雄居全国同类企业排行前五名,公司总经理陈能恩荣任中国服装协会衬衫专业委员会常委。枫桥衬衫以其"名牌的质量""工薪阶层的价格"享誉神州大地。

枫桥衬衫业商标注册证发放日期一览表

商标名称	注册核准日期	商标持有者
凯仙	1990.06.10	浙江皮皇制衣有限公司
步森	1992.07.20	浙江步森集团有限公司
恒森	1994.09.28	浙江步森集团有限公司
步鑫	1995.05.28	诸暨市天恣制衣有限公司
情森	1995.05.28	浙江情森制衣有限公司
步亨	1995.09.21	诸暨市三友纺织衬衫厂
越丹	1995.12.14	浙江越丹制衣有限公司
顶呱呱	1995.12.28	浙江省诸暨市顶呱呱制衣有限公司
小天竺	1995.12.28	诸暨市丰誉制衣有限公司
两得利	1995.12.28	浙江皮皇制衣有限公司
枫桥	1996.01.07	诸暨市丰誉制衣有限公司
三棵树（图形）	1996.01.14	浙江步森集团有限公司
海魄	1996.02.14	浙江海魄服饰有限公司
开尔	1996.03.07	浙江开尔制衣有限公司
风港	1996.03.07	浙江风港制衣有限公司
派昂	1996.04.07	诸暨市开达制衣有限公司
步晶	1996.04.14	诸暨市国民制衣厂
丹美	1996.04.14	诸暨市国民制衣厂
戈蕾雅	1996.05.14	浙江戈蕾雅服饰有限公司
丰誉	1996.06.14	诸暨市丰誉制衣有限公司
康富得	1996.10.21	诸暨市康富得制衣有限公司
恩莱	1996.10.21	诸暨市康富得制衣有限公司
皮卡	1996.10.21	诸暨市康富得制衣有限公司
皮克	1996.10.21	浙江越丹制衣有限公司
玛瑙（羊毛衫、衬衫）	1990.05.30	诸暨县永宁综合福利厂

枫桥镇制衣公司一览表

公司(厂)名称	董事(厂)长	商标	公司(厂)地址
浙江步森集团有限公司	寿彩风	步森	镇北路
浙江开尔制衣有限公司	何志江	开尔	桥上街海觉寺
浙江情森制衣有限公司	郭菊新	情森	桥上街海觉寺
浙江海魄服饰有限公司	陈茂水	海魄	镇北路
浙江皮皇制衣有限公司	李志松	皮皇	桥上街海觉寺
浙江越丹制衣有限公司	沈祖新	皮克	绍大线海觉寺
浙江绅开制衣有限公司	骆楚官	绅开	钟瑛大厦
浙江省诸暨市顶呱呱制衣有限公司	陈兆军	顶呱呱	桥上街海觉寺
浙江派昂制衣有限公司	金大进	派昂	紫薇路
浙江戈蕾雅服饰有限公司	陈耀炯	戈蕾雅	镇北路
诸暨市森福制衣有限公司	楼新民	森福	绍大线海觉寺
上海纺织品进出口公司斯罗特公司诸暨枫桥衬衫厂	魏吉成	斯罗特	学勉路
浙江风港制衣有限公司	陈小斌	皮尔	绍大线海觉寺
诸暨市三友纺织衬衫厂	王志明	大拇指	孝义路
中外合资康富得制衣有限公司	陈仲文	康富得	枫桥镇十字街口
诸暨市亚太制衣有限公司	骆通贯	步鑫	冷水庙十一林场
诸暨市丰乐制衣有限公司	徐重荣	丰乐	镇北路
中外合资威力奇制衣有限公司	王强	飞威	钟瑛封金博坞
诸暨市开乐衬衫制造有限公司	陈洪	五色	彩仙桥
诸暨市兰若制衣实业有限公司	陈建勇	兰若	镇东路
诸暨市凯燕制衣有限公司	王耒佐	凯燕	栎江桥亭
诸暨市皮森制衣有限公司	傅琪虎	皮森	镇北路
诸暨市利达制衣厂	陈意云	精利达	学勉路
诸暨市金枝兰制衣有限公司	徐解新	金枝兰	天竺路
诸暨市飞瀑制衣有限公司	陈建虹	情侣	孝义路
诸暨市国民制衣厂	陈国民	皮晶	紫薇路

续表

公司(厂)名称	董事(厂)长	商标	公司(厂)地址
诸暨市豹王制衣有限公司	俞永林	豹皇	镇东路
中外合资丰誉制衣有限公司	魏纪春	丰誉	学勉路
诸暨市学勉服装厂	魏纪春		学勉中学
诸暨服装七厂	楼生华		镇北路
诸暨市海莱富制衣有限公司	杨金龙		今属全堂镇

（七）视北花木场（1979—1992年）

视北花木场位于视北乡西山村，60年代初，中共枫桥区委决定在该村创办果木场，至1979年发展为花木场，现有固定资产38万元。花木场面积达100余亩，培育繁殖优良花卉树木达450余个品种。主要有五针松、茶梅、苏铁、广玉兰、雪松、金银桂花、四季桂花、紫藤花、南阳松及各档老桩盆景等。

1987年被《中国花卉报》评为中国十大花木基地之一，获"双十佳"称号。上海、杭州等大城市有关单位均与其建有业务关系。并与上海市通联房地产公司合作，在上海浦东新区发展了面积达20余亩的花卉培育基地，经济效益明显。

1992年视北乡并入阮市镇。

（八）诸暨市茶综合利用基地（1991—1996年）

位于东和乡东一村，这个基地是农业农村部于1990年批准建立的。它是一个集茶叶科研、加工、技术培训为一体的综合性基地。

1991年，基地开发的西施牌制茶专用油被评为省级新产品，1992年评为国家级新产品，1993年在泰国优质农产品展览会中获国际金奖，该产品已在全国茶区推广应用。

基地生产的"石笕茶"已成为诸暨名茶，当前，诸暨市茶综合利用基地已成为诸暨市茶叶技术服务中心、茶系列产品开发中心和茶叶技术培训中心。

至1996年已建有诸暨市出口茶厂、诸暨市制茶专用油厂和诸暨市茶综合利用研究所二厂一所。拥有固定资产500万元,中级以上科技员工10名。

(九)诸暨市现代茶业园区(1996年)

现代茶业园区坐落于枫桥镇白米湾,园区内有茶园面积6 700亩,园区中心在永宁林场,茶园面积为270亩,周围连结19个村,1万多个农户,有茶叶初制厂15家,精制茶厂3家。

园区内年产名优茶50吨,大宗茶500吨,总产值达1 000万元,占枫桥镇农业总产值的1/5,是这一区域内的骨干农副产品。

园区内名优茶以石笕茶和浙江龙井为主,大众茶以加工珠茶、眉茶、烘青、红条茶为主。已经形成一个"宝塔形"的加工模式和"多茶类组合"加工技术,茶叶资源利用充分,产品质量上乘,市场应变能力强。

(十)高岭土制品加工企业(1996年)

高岭土是枫桥镇工业企业中支柱产业之一。1996年,年产值达12亿元。

高岭土是一种重要的非金属矿产原料,具有粘结、可塑、耐火等性能,广泛用于陶瓷、建材、造纸、橡胶等行业。枫桥镇的高岭土资源十分丰富,主要分布在镇南大悟、泰山、大竺一带,初步估算储量在1 082万吨以上,是浙江省已探明的储藏量最大的高岭土资源区。而且原矿品位较高,为片状结构,游离石英含量较低,是国内难得的造纸涂料级高岭土原矿。脉状延伸稳定,矿体厚度大,适宜露天开采。1996年枫桥镇有高岭土开采点18个,高岭土制品加工企业4家,年矿石开采量约10万吨左右,矿粉年产量2万吨,但开采设备陈旧,加工工艺落后,产品档次低,大量产品仍是原矿出售,如何更新设备,提高产品质量,建设陶瓷原料专业化工厂仍是一个亟待解决的问题。

4.1.3 岭北镇和店口镇的商业发展

4.1.3.1 岭北镇生产关系和体制变革[1]

岭北镇,气候温和,四季分明。山多地少,土地贫瘠。全镇有耕地 0.50 万亩,人均 0.39 亩,山林 7.38 万亩。农业为本镇传统产业,祖辈以农为业,以农为生,以农为乐。主要产玉米、番薯、稻谷、大豆、大麦、小麦。据资料显示,1936 年水稻亩产 240 斤,1958 年亩产 444.5 斤;1936 年大豆亩产 40 斤,1958 年亩产 91 斤。岭北的耕作制度,地里以小麦、大豆、玉米为主,也有人不种玉米而改种番薯的。田里则以大麦、水稻、玉米为主,也有不种玉米而种上萝卜菜。种萝卜菜不但为了养猪,也为了弥补粮食的不足,借以节约粮食渡过饥荒。新中国成立前,人们面临饥寒交迫的命运,历经半年糠菜半年粮的悲惨日子。

1954 年农业合作化大规模开展,岭北周星星农业生产合作社成为全乡的一面旗帜。后来,岭北周周长林等创办了 5 个合作社,组织了 8 个联合组,55 个互助组,占全乡总户数的 85%。1956 年 9 月,合作社发展到 10 个,全乡 2 577 户,入社户数 2 221 户,占全乡总户数的 86%。

1958 年 7 月,开始人民公社化和"大跃进"运动,浮夸冒进风愈演愈烈,玉米打针或将正在孕穗的稻秆移于大坵田中,结果稻秆腐烂,生产受到严重破坏。

1961 年,贯彻《农村人民公社条例(草案)》实行"三级所有,队为基础"的体制,农业生产得到了提高和发展。

1963 年,东阳县人民委员会落实岭北公社购粮指标 78 400 斤,定销指标 231 900 斤。并指示,严禁盲目开山,积极改变耕作制度,实行精耕细作,努力提高单位产量,逐步做到粮食自给有余。

1964 年,实行低产畈改造。岭北周大队在山顶泥白岭造房 10 余间,兴办农

---

1 诸暨市岭北镇志编纂委员会:《岭北镇志》,中国文史出版社 2017 年版,第 107—115 页。

场,给社员居住。对123.39亩冷水田进行改造。摘树叶割青草作为基肥,大烧火坪,采取一系列有效措施,提高单位面积产量;孚家湖村的苦麻湾100多亩的水田也进行了改造。

1965年,岭北供销社在下新屋建造了氨水池,凭证供应氨水。同年,全境秋玉米因黑条矮缩病成灾绝收。

1968年以后,全面开展"农业学大寨"的运动,全境进行造田和旱地改水田建设。公社党委提出"百天无雨保丰收"的号召,岭北周、潘宅、孚家湖、稳草等地相继建造了水库。三洲村在海螺畈造坝,改沙滩为良田。下田坊村自力更生,艰苦奋斗投工五万多,开石三万方,凿通了高、宽各5米,长180多米的山洞,"令河水改道,叫溪道变田"。大恬村在眠牛湾造田三坵,计11亩。最大坵石塥高9米,长70米,面积有6.6亩。

70年代,夏粮改春粮,高秆改矮秆。"三三得九,不如二五得十。"熟制的改革是提高粮食产量的又一措施,老三熟改为新二熟。2 000余亩水田改为小麦、杂交水稻两熟制,旱地改为春玉米、番薯(豆),亩产自300公斤以下上升到500余公斤。境内普遍种植春玉米。

1973年,公社成立农科站,站长周永良、农科员周凤朝,各大队建农科组。同年利用岭北旱地多的优势,农科站成员赴舟山"省番薯研究所"取经,引入产量高、口感好的优良品种"红头8号"试种成功。1974年,全面铺开,获得了空前丰收。有的农户收获番薯一百多担。1976年10月27日,诸暨县委派粮食局、农业局各一人及周永良,赴辽宁丹东玉米研究所采购玉米种子,时逢唐山地震,克服了种种困难,为时67天,采购"丹玉6号"种子5 000余斤,为1977年夺取全乡100多万斤的玉米产量,打下了良好的基础。

1977年后,公社农科站在稳草大队设杂交玉米(丹玉6号)配种基地,玉米籽农科站统一收购。全社配种基地45亩,培育种子1.3万斤。同时又在骑龙厂、上尖岩设立亲本繁育提纯复壮基地。基本上解决了"种子难"问题。农科站又在泥白岭农场、桐坑、孚家湖建立水稻配种基地,做到自繁自种。使玉米、水稻亩产量翻了番。

新中国成立前土地所有制

新中国成立前,实行封建土地所有制。它可分为官有制、民有制和民间共有制三类。官有制所属之田称"官田",指宋以后为封建朝廷或皇室所控制并由政府征收出租的田地。民有制所属之田称"民田"(宋以前多称"私田"指民间私有,准许移转买卖,依法缴纳赋税的田地)。民间共有制所属之田有"族田"及"寺庙田"等,不能自由买卖,并须依法向政府缴纳赋税,族田来自原有宗族公地及同宗族人捐赠土地,所有权属宗族共同所有。自元至民国各代,民间私有田地始终占绝对多数。

民国时期,岭北乡6 490.433亩土地中拥有族田4 615.745亩,占有总数的71.1%,地主占有400.917亩,占总数的6.11%,富农占有72.019亩,占总数的1.11%,中农占有855.987亩,占总数的17.18%,贫农493.229亩,占总数的7.59%,占农村人口90%以上的贫农只拥有极少土地,土地占有情况严重不均。梅坞乡2 424.295亩土地中拥有族田1 429.426亩,水带乡2 017.918亩,土地中拥有族田1 071.927亩。

族田分祀田、义田,祀田其田租用于祭祀祖先或阖族活动,每年以其部分所入缴纳族中,作为祭祀祖先的费用。义田其田租用于赈济贫困族人。义田中,其田租用于举办义塾,供族中儿童入学或资助应试者,称学田或庠产、资产。据岭北周氏宗谱记载:光绪年间,奖励和补助有志上进者每为川资所困的,文武入泮者贺礼钱一千文,补廪邦钱廿四千文,文武乡试费四千文,恩拔贡生钱二千文,中文武举人给会试费一百千文,民国时期小学毕业,分养贤租谷五秤。初中、高中、大学毕业加倍。

新中国成立后土地所有制

中华人民共和国成立后,土地逐步由农民个体所有制转为社会主义公有制即国家所有制和农民集体所有制。1951年,境内进行土地改革,没收地主及其他公地,统一由乡农民协会接收,按全乡人口分配给无地、少地的贫苦农民,岭北乡贫农自耕地,由土改前493.229亩,增加到1900.321亩,占比由7.59%提高到49.36%。从此,封建土地所有制彻底消失,实现了农民梦寐以求的"耕者有其田"的夙愿。但是,岭北乡土改前公地出租达4615745亩,土改后,出租外地放弃的与租入外地已由本乡分配占有使用的差数计2473.782亩,占38.1%,即土改后岭北土地占有减少之数。梅坞乡差数309.202亩,水带乡增780.248亩。

土地改革结束至建立高级农业生产合作社期间,农民在人民政府领导下,相继组织帮工组、农业生产互助组和初级农业生产合作社,互助组土地作为农民个体所有,初级农业生产合作社统一经营入社农民的土地,规定入社土地参加收益分配权属不变,为农民个体所有,建立高级农业生产合作社,土地归集体所有,统一经营,取消土地报酬。1958年初,土地归人民公社所有。1961年,实行三级(公社、大队、生产队)所有,队(生产队)为基础的体制。1981年推行联产承包责任制,规定农村集体土地属村民集体所有。1983年,取消人民公社体制,村建立经济合作社,乡(镇)建立经济联合社。1986年规定宅基地、自留地和自留山属集体所有。

新中国成立前土地使用权

封建土地使用权自耕制是土地所有权属土地使用者自有的一种使用制度。自耕农即是中农,耕种自己土地的农民。其中占有较多的生产资料,自身参加田间劳动,但有短期少量雇工,经济状况比较富裕的称上中农或富裕中农。占有较少生产资料,除自身参加田间劳动外,还须出卖少量劳动力,生产水平低下的称下中农。土改时,岭北乡中农占855.987亩土地,占总数的13.18%。

一般的租佃关系是土地出租者(地主富农)将土地租赁给土地租佃者(即租户)后者向前者缴纳一定数量的地租,作为使用土地的代价。这种租佃关系,一般以契约形式固定,为双方权益的法律依据,租佃关系中,主要为永佃关系,即农民向地主缴纳地租得永久佃种地主土地的关系,亦称永佃制。地租形式:封建地租有多种基本形式:劳役地租、实物地租、货币地租。实物地租主要形式有:定租制,又称死租、硬租;分租制,又称分权租,议租;予租制又称垫租,地主不受灾害影响其照样收利;押租制佃产向地主租种土地须以相当于一年或数年租额的财物作抵押(称押租金)地租照样缴纳。租佃关系有着种种形式:

双头租,农民向地主租种土地,每亩田要交租20秤,每秤为天平15斤,合市秤22斤半,每亩田合计应交给地主稻谷450斤。

单皮租,地主购买土地时,只付出一半地价,佃户还保留使用权。这种土地佃户应交给地主租谷十秤。计225斤。

银租,农民向地主租种土地,应预付租金若干,租期通常一年,次年若不续付,田主就收回土地,另作安排。有的农民向有钱人借到一笔款,讲好每年交租若干,以租代利也叫银租。

值祀佃户,为业主或某公看守坟墓,管理山林,除按照规定交纳地租外,每到清明,要为业主祭祀值祀,招待其子孙吃饭。如接待不周,往往有受罚或被逐的危险。

劳役,除交清地租外,地主家有事,佃户应无偿为地主干活,而且召之必来,随叫随到,否则就有夺佃的危险。

杂租,田塍上种有豆子,收获时要交豆租,田头地边种有乌桕树,收获后要交桕籽租。

岭北流传着:"手艺手艺守守自,衙门饭,一燧烟。锄头铜钿万万年。"岭北田少人多,认为购买田产,是稳定可靠的投资,是一个人生活来源最可靠的保证。稍有节余,首先想到的是买田,所以,岭北周在新中国成立前拥有大量的"太公田"即"公常田"。据宗谱记载,光收租庄屋就有72处(附所在地),几十里方圆之内。田地山荡都归周氏公常所有,每年秋收以后,各处庄屋的佃户,把管公常的人接到村里,一边以酒肉相待,一边向周氏公常交租。各处庄屋都建有仓库,就地保管租谷。这大批的租谷除了留一定的分量归公常开支外,有的以"丁谷"的名义,按丁口人数分给子孙;有的补贴给学生作为学费,借以激励周氏子孙,刻苦攻读,力求金榜题名,荣宗耀祖。公常田遍布九个都:三、六、七、十四、三十八、六十六、六十二、六十七。诸六十四,从东阳巍山到六石口一带,从卢宅至黄田畈、浪坑口,从本地区下延诸暨乌岩蔡、大庄岭后。

600多年前周元实置田于前山湖田庄开始,到周锭,产业越来越大,明朝末年,义字辈周守英以岭北周为中心点,东南向石马坑方向发展,西南向浪坑口方向扩大。土地越来越多,获租谷数以千计,成为东阳公常田首屈一指的乡村。除岭北周外还有部分村也拥有公常田,下院村民说"黄城坞的租箩,下院的炭箩",足见黄城坞村的公常田之多。

4.1.3.2　岭北镇工业发展概况[1]

岭北工业最早可追溯到宋代,南宋时,潘宅村的银坑曾开采银矿和冶炼白银;岭北妇女自古在家纺纱、织布;30年代前后,岭北人闯入上海滩从事丝绸织造并自主创办上海锦孙绸厂等。新中国成立前后,以农产品为主要原料的加工业遍布各个村落,个体手工业凭一技之长走村串户上门服务,新中国成立后组织个体手工业走合作之路。在"大跃进"年代围绕以大办钢铁为主,先后办起了一批小型工厂。60年代中叶开始社队企业遍地开花,由于是计划经济时代,受到"三就地"方针(就地取材、就地加工、就地销售)的限制,规模小且效益不佳。90年代初,岭北个体纺织业异军突起,快速发展,很快成为全社(镇)农村经济的主导产业,农民收入的主要组成部分,2005年全镇织机达6 000多台,工业总产值达8.19亿元,上缴税金260万元,利润5 000多万元,人均收入达到579元。

1　诸暨市岭北镇志编纂委员会:《岭北镇志》,中国文史出版社2017年版,第195—207页。

1. 历史时代性工业

（1）银矿开采和冶炼

南宋时,潘宅村的银坑发现银矿且矿床丰富,矿石中含银量颇高。开采商金镛得知后,想方设法,组织工匠进行采矿和冶炼。银洞洞址有潘宅银坑、坞底岩顶银洞山（洞口约4平方米）、新阳杉树湾口等多处。银洞洞口小、直井深、横洞长、斜径陡,且洞洞相连。冶银场（炉）有:潘宅楼家塘（又名前山）占地3 960平方米;坞底横岩头门堂下,占地280平方米;三洲上白坑里桃树坞口,占地300余平方米,现尚有银矿渣遗留;当时工人用数个小竹箩（又名银星篮）在矿洞由内向外运矿。没有不透风的墙,金镛私自开采炼银被官方发觉,皇帝派御史潘琼前来查处。潘御史查处金镛开采银矿事件,发现金镛对当地政府、百姓非常好,把炼银所得大部分上交当地政府和偿还给百姓。潘一面上报已平乱,一面继续开采冶炼,因潘治矿乱有功赐地立宅。

（2）丝绸工业

30年代前后,岭北人闯入上海滩从事纺织业,特别是岭北周周品湘、周宝满自主创办上海锦孙绸厂,分别任总经理、厂长,工人达100余人,仅岭北老乡就有60余人。40年代又在杭州创办上海锦孙绸厂杭州分厂。除绸厂外还有岭北人在上海经营铁加工、棉纺业、印染业、被服业。船山吴满松创办上海精冶铁工厂,工人达60余人。

（3）粮油加工

新中国成立前后粮食收获后加工,乡村有磨、砻,场院有踏碓、牛磨、腰磨、水磨等。甚至有麻车（榨油）坊。踏碓用于舂米,牛磨、腰磨、水磨用于将玉米、大麦、小麦等磨成粉,西周村民做索面,每天需要较多面粉,当时不足百人小村有12家用牛磨磨面粉,既方便又实惠。麻车用于榨油,将当时盛产的油桐,柏籽、茶籽等加工成桐油、青油和茶油。据统计,岭北曾拥有水磨25座,碾屋16处,麻车坊6家,从事粮食和油料作物加工。50年代末被机械加工所替代。

表1 新中国成立前后农村粮油加工业情况

村名	水磨	碾座	麻车	备注
岭北周	2	2	1	
下新屋	3		1	与岭北周联户办（水磨2座）
高台门	1	4		
三洲	2	2	1	
下田坊	2	1		
曼坑	1			
古塘	1			
潘宅	1	1	1	
界头	1		1	
新阳	1			
孚家湖	4	1	1	
陈村	2			
大岭头		1		
梅坞口		1		
梅坞		1		
金山湖	1			
茶山	1	1		
水带	2	1		
合计	25	16	6	

（4）"跃进"工厂

在1958年"大跃进"运动，岭北大烧木炭，大办"跃进"工厂，把各家各户的镬铁、犁头铁等作原料拿去炼"钢铁"，高炉建成投产后有少量"铁水"流出来，就敲锣打鼓报喜，欢庆胜利。除钢铁厂，铜厂、硫磺厂、耐火砖厂等一批"跃进"工厂相应短期问世。

表 2　"跃进"工厂情况表

厂名	性质	厂址	负责人	人数	产品	备注
硫磺厂	国营	金山湖	黄孝根	100	硫磺	
铜厂	国营	塘湾	任宝泉	30	铜	
钢铁厂	社办	塘湾	黄	300	钢铁	
硫磺厂	社办	资本	陈宝银、杜子岩	20	硫磺	
耐火砖厂	社办	竹园长坊	周万其	25	耐火砖	
火药厂	社办	新殿	陈宝银、杜子岩	15	火药	
酒厂	社办	新佛堂	陈章奎	5	白酒	
纤维厂	社办	长湾	周永月	30	纤维布	
铜厂	社办	塘湾	王	30	铜	矿石在下院开采
林产化工厂	社办	塘湾	吴其法	15	松油、香油	
农药厂	社办	大岭头	楼宝荣	4	农药	
云母	国营	前山湖	蒋洪荣	50	云母	总厂设前山湖
砩石	社办	丫坑		20	砩石	

2. 手工业

(1) 小手工业

遍布岭北乡村的小手工业者有篾匠、木匠、泥匠、裁缝、油漆、铁匠、理发师傅、石匠、小五金匠等等。这类有一技之长的能工巧匠除个别(如理发师傅、铁匠等)设有相对固定场所,一般的手工业者均走村串户凭着手艺上门服务,即便收徒亦只有1—2人,规模极小。

篾匠

在岭北人数最多,达数百人。篾匠虽不分大小,但技艺高低千差万别。一般篾匠只会制作地笠、方箩、畚斗、砻筛、米筛、竹席等大众产品。但有高超技艺的师傅能编制出要求特异精细的沓篮、梁龙篮、小桃篮和挈篮等。

木匠

分大木、小木、圆木等行业。大木主要是在建造房屋中制作柱、梁、桁、椽等木结构部分。小木主要是制作箱、柜、桌、椅、床等家庭用品。圆木俗称箍桶,即制作面盆、饭桶、米桶、水桶、茶桶、蜂桶等。

铁匠

铁匠有帮手或徒弟。一般每个村都有一户东家,每年根据农家需要到村建炉开张。多为锻打锄头、柴刀、菜刀等。农户必供柴炭,以件计算报酬,一般要负责铁匠的饭食。60年代岭北的铁匠主要有永康人吕章月,下院宗福唐,岭北周周金龙等。

泥匠

以替人建造房屋、修墙补洞、理瓦防漏为主,兼营砌灶台、打围墙等。

石匠

在盛行碾磨、水磨、手推磨、腰磨、牛磨的时代,磨齿光滑,石磨的效率低下,石匠就会加工,用凿敲打,渐渐加深磨齿的深度。下新屋周永六在岭北小有名气。

小五金匠

主要从事加工金、银饰品和铜、锡等制品。高台门周养武从事铜加工,制作铜火铳、铜罐、铜壶等。

裁缝

替人做新衣服和修补旧衣服,一直采用手工缝补,裁缝师傅带着大剪刀、粉线包、烫铁、三元尺上门服务。50年代末改用缝纫机,80年代开始推行马达,90年代马达盛行。

理发师傅

理发师傅一般在家设理发店为村民理发,有时也带理发工具箱上门服务。工资按回(次)计酬,也有按年计算(俗称"包头"),每人每年付给一定报酬,家中小孩免费,顺便给理发师傅供饭。

油漆

替人油漆桌子、凳子、椅子、橱柜等,特别是煎桐油,上真漆,贴金需要高巧的技艺。真漆产品经久耐用,不易褪色,且越用越光亮。

(2) 技艺

木雕

发展

东阳木雕是浙江三大名雕之一,居全国四大木雕之首。岭北木雕,师承东阳。岭北周"斯可堂""麟振堂"、高台门"光裕堂"等古建筑群,雕饰精美、神态生动、造型简练、风格朴实,是现存的早期岭北木雕代表作。岭北木雕迅猛发展在明、清时期。70年代,掀起木雕花床、书橱、八仙家具之风。木雕形式由简趋繁,技法精益求精,追求装饰性、实用性、欣赏性的有机结合。题材广及人物、山水、花鸟、虫鱼、走兽。内容多取自《红楼梦》《三国演义》《水浒传》《白蛇传》等。民国时期,礼户村周全芳、水带村应生苞的木雕技艺已颇有名气。1958年,应生苞进入东阳第二木雕工艺合作社,即当时巍山木雕生产合作社,成了该社技术验收员。然后,移厂并入东阳卢宅木雕总厂。水带应秦棋是东阳木雕厂青年技术骨干,1985年在武汉举行中国残疾基金会木雕技能比赛中获全国冠军,1990年出席香港世界国际残疾人艺术大奖赛荣获银奖,由全国人大常委会副委员长阿沛·阿旺晋美颁奖。水带应秦良,木雕工艺独树一帜,擅长悬雕,1974年浙江省轻工业局工艺作品《花瓶》入展人民大会堂(其中底座由应秦良创作)。三洲吴国春,是东阳木雕古建园林有限公司木雕技艺师傅,舟山普陀寺、天台国清寺等存有他的作品,代表作有《红楼梦十二金钗》《百鸟朝凤》等。1973年3月,原岭北手工业社创办诸暨县木雕工艺厂,属诸暨县二轻局领导,主要生产挂屏、花板等工艺品,远销日本,特别是大型屏风和工艺台灯等产品被评为中国国际旅游会议旅游纪念品优秀作品。1983年兴办岭北木雕厂,厂址:古塘;负责人:周土木、周新葵;1987年又创办诸暨市艺术品雕刻厂。厂长:周文采。在岭北木雕工艺的发展过程中,赵仕高可称老师傅,从1968年高台门新洋房创办木雕厂到1973年3月岭北木雕工艺厂,赵仕高及徒弟沈金民、孙新木、赵茂龙带出许多木雕人才。此后,岭北周天龙、周路明,盛庄张爱花,三洲骆海清等办起个体木雕企业。

应用

建筑装饰木雕:传统的木雕工艺,依附于祠堂、厅堂、庙宇、园林、居宅。凡祠堂、厅堂的牛腿、雀替、抬梁、斗栱、桁等都有木雕构件。居宅中的牛腿、雀替、藻井、门窗等。

家具装饰木雕:床、几、桌、凳、橱、柜、箱等家具装饰。内容大多为人物、花鸟、山水和书法。东阳岭北地区,盛行"千工床""百工橱""十里红妆"。大多家具都有木雕花床(一根藤、实地)、八仙桌(一根藤、六钩坊)、一字椅、茶几、顶箱橱、拼角箱、梳妆台、台灯等木雕装饰家具。配以土漆、鎏金,谓之红漆朱画。

陈设欣赏木雕:屏风,分插屏、围屏。插屏为大面积独幅雕刻。围屏有4扇、6扇组合。挂屏有独幅和成堂2种。一般称独幅为挂屏。成堂4条、8条等为条屏。

宫灯:90年代后,三洲大会堂,制有大型六方宫灯、六角龙柱、龙凤呈祥、母子灯。下田坊祠堂自制玻璃、竹丝、各式宫灯。

宗教木雕:产品有佛像、神像、佛龛、香案桌、供桌、木鱼等,岭北周周海忠,上海东阳木雕古建园林有限公司董事长,上海静安寺、宝山寺等大寺庙由他承建,颇有名气。岭北木雕工艺厂雕刻大型木鱼(高1米、宽1.2米)等产品出口东南亚国家。

竹编是岭北传统手工艺产品,且自然资源丰富,精巧艺人云集,如岭北周村有周德太、周和田、周章琴、周文标等等。他们以巧手妙法编织出简朴实用的篮、箩、匾、帘等家具。明清之时,考生上京赶考所挑的"考篮",以及民间用的沓篮、香篮、鞋篮、凉笼篮、小桃篮、银星篮(宋)被笼轿顶篷、箴席、团圜、细火熜等做工讲究,工艺精细,造型美观。竹编工艺品编织技艺要求高,难度大。图案设计,从简单花边发展到复杂多变的、提花图案、隐花图案和山水花鸟等自然图案。亦有编织出人物者。沓篮上能编织"花草耀琪""福禄寿喜"等篆体字样。岭北竹编厂创立于1958年,生产天台笠帽,销往东阳各地。1964年,生产各式面包篮,产品销往日本。1981年,竹编"山鸡""熊猫"工艺品被省土畜产品公司列为定点产品,销往日本、美国、东欧等国家和地区。

其他技艺

灯艺

挂灯,按用材和制作工艺分木雕、篾丝、玻璃、串珠、明角、羊皮、绫罗等。挂灯追求典雅庄重的整体性,称著者有岭北周新祠堂(右序堂)、五间厅(缵绪堂),下新屋下祠堂(敦本堂)。八十年代后,三洲大会堂、下田坊祠堂,挂灯都很精妙。元宵灯,以竹编为框架的龙身灯,竹扎的板桥灯、灯头。还有礼坞的剪纸针刺棚灯、三洲调龙灯。灯笼,旧时作照明外,婚丧喜庆、祭祀活动等必备之物。灯笼的制作工艺:先是壳子的制作,要选用又韧又软的油竹剖成竹丝,编成大小各异形态不一的成品壳;接着是黏糊、贴字;最后是上熟桐油或清漆,配插烛。岭北周周永芳三代祖传,灯笼店独行营业,生意很好。

箍桶

箍桶就是用竹篾或金属做成圆形的"箍",套在圆桶上,使桶片之间坚固而不渗水。以此为业者俗称箍桶匠。自古以来,从早到晚,洗脸、洗脚,无论生活或生产,都离不开箍桶匠。所以它历史悠久,遍布全国各地,传统戏《箍桶记》反映人们与箍桶这一行的息息相关。旧时,女儿出嫁,作嫁妆的木器家具,大脚盆、小脚桶、饭桶、茶桶、马桶、米桶、水桶、便桶……;过年时祭祀用的肉桶,质地、式样讲究,技术要求高、难度大。下新屋村周寿桃,箍桶技艺闻名乡里,50年代末,在东阳上卢区比武,10多人各显技能箍1只水桶,装满水,然后打掉上、下两道"箍",看水桶渗漏多少,确定成绩。下新屋村周寿桃荣获上卢区箍桶第一名。

油漆

古时油漆材料以土漆、桐油为主,沿用几千年。熬煎桐油是技术活,熬嫩无光、勿躁,老之报废。土漆配油也得另行处理。上漆、鎏金,光滑如玻璃,闪光若明镜,难度较大。桐坑葛品其技艺精湛,徒弟众多,闻名乡里。

理发

理发师潘仕伦,自清、民国在岭北周氏大宗祠右侧厢房,开设理发店。他剃刀刮脸轻若浮云,热水洗头不留残发。这"头等事业,顶上功夫"迎来四方宾客,带走满面春风。

佛像泥塑

佛像是以具体的艺术形象来宣传宗教,感动信徒的。佛像制作工艺主要材质为黄泥和木材。佛像制作:先是设计图稿,其次是制作座架,即中心主干木架,绕上草绳,以便山泥粘贴,接着是打泥坯,然后打光,上漆,贴金。岭北从事佛像雕塑的人不多。水带村应为政,专业画生,从事塑佛画像。岭北周周龙标,凭自己聪慧,给各村土地庙塑像。金山坞村陈苗春,年幼时拜师学艺,其精湛技艺深受东阳、诸暨宗教人士赞赏,岭北佛殿、庙宇留有他的作品。

家织土布、荷花被

土布的制作流程:去掉棉籽,将棉花用弹弓弹花,摘成条块搓成一条条的絮棉,再用手摇纺车,把絮棉牵成棉线,通过盘车盘成丝线。经过米粥糊上浆,晒干。用笼卷笼在卸轴上,拉成经线进筘上布机轴头。最后通过梭子引导纬线,使纬纱与经纱通过脚踏分上下经纱织成白布或各种花格子土布。

印荷花被有两种方法:①把花板放在白坯布上,刷上靛青,待干后,洗净,再晒干,这样重复多遍,才能印成白底蓝花的荷花被;②先把白坯布用靛青染黑,叠上花板,把豆腐、石灰拌匀后,涂在花板上,洗净晒干,重复几遍就能印出黑底白花的荷花被。

结花围裙

结花围裙的工艺流程:①捻线:把3支或4支丝用双手搓成1支线;②打栏:用搓成线打栏,2排栏打出头叫实栏,又名胡椒栏,中间结蜥的称桂花栏;③结花:结花就是"栏""蜥""屋柱"的互相组合,变成花篮、蝴蝶、麻糍、人形、核桃……花样品种繁多,变化各异;④染色:染成紫色、靛青、黑色、鱼白等;⑤缝腰:缝上12公分宽边白布作腰,腰边两头再缝上大球花带即成。

大球花带

原料:棉纱、染料。工具:纱车、盘车、笼卷、卸轴、竹箝、带梭等。工艺流程:①并纱紧线:用2支或3支棉纱合并成1支线,通过纺车紧线;②用盘车、笼卷将棉线盘成丝卷;③染色:根据需要,染成各种色线;④穿箝:大球花带,有31支经线,其中16支线经过竹箝缝隙,15支线穿过竹箝小孔,其顺序是:一青三白、二青三白、三青三白、一青;⑤织造:带轴牵在1把交椅上,穿过带钩缚在腰上。纬线穿在竹片带梭上,一手拿住竹箝,上按下提分出2层经线,一手拿梭挑动不同颜色的经线,穿过经线,织出不同花纹的大球花带。

布鞋

布鞋,纯以布为材料,手工制作。材料:鞋面布、破布、苎麻线、纱线、糨糊等。工具:剪刀、鞋楦、尺、针、顶针、鞋样等。工艺流程:①剪鞋样:根据脚的大小,用旧报纸,剪出鞋底样。②糊布褙:即用旧布用糨糊一层层粘在门板上,晾干后备用。③包底边:依照鞋样剪出底子,用白色布滚边。④填鞋底:依照鞋样,滚边过的底边上,用事先准备好的破布,一层层垫起来。鞋底有2种:一种是纯破布填的白布鞋底,另一种是青黑破布填的鞋底叫青布底。⑤纳鞋底:用准备好的苎麻线,穿上鞋底针,先在鞋底周围缝一圈,然后按顺序、按圈密密麻麻缝上,每缝1针要拉紧线脚,使鞋底结实,不易磨损。⑥做鞋面:依照鞋底长短,剪好鞋面样,用牢固的直贡呢之类的新布做鞋面,用柔软的绒布做里子布,用糨糊粘好,滚上边。⑦做鞋内底:方法同做鞋垫。⑧上鞋:将纳好的底子、内底、鞋面对好,周围缝1圈;再用鞋楦楦紧,以使鞋丰满合脚。

牧牛草鞋

牧牛草鞋是岭北塘岭、横山村独有的草鞋工艺。它的用材特别讲究,工艺繁复耗时。样式如鞋,经久耐磨。做草鞋老手,一天也只能做一双。山里人穿它上山打猎、开山、割柴,不畏荆棘、蛇虫。取材:苎麻绳、葛藤根(麻葛)、破布。工具:与普通草鞋相同,九齿草鞋耙、腰钩、四尺凳、扎钩、木榔头。工艺流程:①制经绳:用苎麻手工搓成粗细一致的长绳备用;②备料:每年农历八月后,挖葛藤根(麻葛)敲打洗净晒干备用,破布剪成条状;③编制:安装草鞋耙在四尺凳上,人坐在长凳另一头,腰上系半月形的腰钩。先做草鞋鼻纽,然后用葛藤根及破布条,边搓边编,每编1抱,左右两边再用苎麻绳编1鞋纽,一只草鞋一共编50个鞋纽。最后把鞋纽连结成鞋面帮,成了牧牛草鞋。

麦秆扇

麦秆(棕榈芯)扇,材料有两种,一种是洁白细长的大麦秆顶带,剪去细穗部分。整理成束,经淘米水浸洗、煮蒸、漂晒等工序,使麦草既白又韧,待用。另一种材料是棕榈树,洁白的芯,割来后,经煮蒸、漂白、晒干,分离出细条。姑娘们将麦秆、棕榈芯编织成弯曲、条形扇条。再将扇条盘缝成圆扇面。再在扇面外圈镶上染有多种色彩的齿状编条。然后用白布背面贴上几层旧布剪成圆形"月亮"。请人绘画花鸟、鸳鸯、松鹤等图案,或百年好合、花开富贵等寄语,用色彩鲜艳的丝绒线作刺绣。"月亮边"又用绒线绕扎成花边,表面罩上透明的塑料玻璃纸。最后配上竹扇柄,柄尾缀扎红、绿丝穗。

岭北火腿

金华火腿名闻全国,远播重洋。金华火腿出自东阳,岭北火腿师承东阳。它选自金华两头乌,皮薄细嫩为佳品,冬至前后宰杀的猪腿,每只腿不超20斤,为火腿原料。它的咸制过程为:①修理:割去表皮的油肉,让腿心饱满,锉去露骨,压挤血水。②着盐:肉盐的比例为10∶1,把盐在锅里炒干。腿用白酒搓拭消毒灭菌。先用盐擦腿、脚表皮,再用手掌将盐嵌入腿四周,然后将腿放平,用手把盐敷上,腿心处盐厚达一节指。每过几天要检查,上下翻动,盐溶得快的地方,要补盐。咸制40天左右。③漂洗:拂去表盐,放溪流水里浸泡几个小时,清洗捞起。④晒制：四尺凳头凿一圆孔，将猪爪插入孔中，让爪弯曲成雨伞柄状，挂在太阳底下晒。直至半月以上，表皮发黄，油滴落。特点：色泽红亮、香气四溢。

曲酒

金秋十月，稻谷进仓。岭北人家此时正是酝酿红曲老酒的大好时光，亦称"重阳酒"。重阳节，时入深秋，气温适宜。红曲老酒的制作：①选料：选糯性（黏性）十足的晚糯米，红曲在市场泽色紫红，酒香浓烈，手指碾拧即成齑粉为上乘之曲。②蒸糯饭：蒸饭前糯米浸水时间长短视气温而定，一般情况下需5—6小时。先将水烧开，放入饭甑，分次倒入沥干的糯米。手触饭蒸烫手后，加饭蒸盖，再闷10多分钟即成，然后倒入座团内摊凉。③下曲、兑水：酿曲酒控制水量是酿好酒的关键。一般1斤糯米兑1.5斤水，将水入缸，然后确定红曲量视天气和曲的力度而定，一般每百斤糯米需8斤。接着将曲倒入水缸内，拌匀，将饭团下缸。若入冬时，饭可趁热置入缸里，缸上用被单加盖，让其通气。待一昼夜后，饭团和曲经发酵浮出水面待开裂。这时，侧耳倾听酒缸里发出"哔卜、哔卜"的响声，视缸内有小水泡不断出现，米饭正在发酵，用擀面杖戳洞通气，每天必须1次，否则酒会"闷头酸"。用手指蘸水，尝到甜味，此时，酒香飘溢十分诱人。待1个月后，米饭酝酿、发酵成糟，潜入缸底，酒色红里透黄，成琥珀色，酒则老矣。④蒸酒：先将酒抽潜入缸中舀出酒精，再把酒糟装入榨袋，经压榨，榨出酒水澄清。蒸酒有两种方法：一是将酒装坛，用箬叶封口，上面放生米，置入大锅水中，罩上木盖，待米成饭，酒已熟；二是生酒直接置入锅内，烧开装坛，若每坛放入两斤红枣就成红枣酒，用箬叶封口，加上泥封。置入地下室或阴凉处。

（3）手工业社

新中国成立后，政府对私营工商业和手工业进行社会主义改造，农村手工业者纷纷组织起来走集体化道路。1954年先后成立岭北篾业社、木业社、铁业社，岭北被服社、水带被服社。1956年9月岭北建筑社、理发组、砖瓦组也相继建立,人数达200余人。

1958年因天台笠帽脱销,岭北篾业社从社会上招来20余人,从事编笠帽,产品销往县内外。同年岭北篾业社因居无住所,工无场地,自力更生造厂房,每个职工自愿捐款20元,义务投工30工,花150元向岭北周村购买地皮,建造了五间楼房为厂房,其建筑面积达400多平方米。

1962年11月12日东阳县手工业联社召开二届一次社员代表大会,岭北代表周寿福、周桂其,列席代表周法水。

1962年中央号召精简干部,支援农业,下放城镇居民,减少非农业人口。岭北手工业各社职工报名下放支农。

1963年6月30日,岭北篾业、木业、铁业、建筑合并(岭北被服社与上卢被服社合并)共52人成立岭北铁木篾生产合作社,主任周寿福,副主任周法水,监事主任周永龙,会计陈顺春,出纳吴龙生。岭北铁木篾生产合作社(简称岭北手工业社)归东阳县手工业联社管辖。

1964年岭北手工业社又从社会上招收50余人(包括在家加工人员)从事编面包篮,产品销往日本。1967年1月岭北划归诸暨,岭北手工业社归诸暨手工业联社管辖。1972年10月,诸暨县手管局成立,直接领导全县手工业社和综合厂。

1973年3月因木雕产品出口需要在社会上招收了一批木雕师徒。专设木雕车间,生产雕刻屏风、工艺台灯、单箱花板等产品销往日本等地。1980年改为岭北综合厂,因业务发展,销售需要经批准又更名为"诸暨县工艺木雕厂"。

1983年3月该厂生产的"鲁迅故乡脚划船"被评为国际旅游会议旅游纪念品优秀产品,以后生产的"山鸡""熊猫"等竹编工艺品被省土畜产品公司列为定点产品,销日本、美国、东欧等国家和地区。

1989年诸暨县工艺木雕厂并入诸暨家具厂,属二轻局管辖。

表3 1955年手工业社概况

企业名称	成立时间	职工人数（人）	产值（元）	工资（元）	自由资金（元）	固定资产（元）
铁业社	1954.12	17	12 900	3 128	348	131
篾业社	1954.8	62	13 387	8 937	1 299	35
被服社（岭北周）	1954.10	27	28 397	3 505	36	3
被服社（水带生产小组）	1953.7	14	25 712	2 040	370	

表4 1962年手工业社概况

企业名称	人数（人）	产品	产值（元）	工资（元）	利润（元）	负责人
岭北篾业社	17	地笠221篇	13 693	7 209	916	吴龙生、周根文
岭北铁业社	11	锄头1 005把	5 866	3 960	111	周金龙、许金木
岭北木业社	11	犁815具	13 495	4 858	319	周寿福、周再其
岭北被服厂	4		19 000	3 116		周桂其、周仕洪
岭北建筑社	3					周海法、周考相
岭北砖瓦小组	7					韦永成

表5 岭北手工业合作社基本情况

年份	人数（人）	总产值（万元）	工资（万元）	产品
1972	51	1.35	0.92	竹制农具、笠帽
1973	66	2.07	1.31	竹制农具、笠帽
1974	81	2.77	1.58	竹制农具、笠帽、箱花板
1975	67	3.21	1.4	谷罗、箱花板
1976	92	3.00	1.65	
1980	113	3.55	1.68	

注：岭北手工业社1980年改名为岭北综合厂。

3. 社队企业

（1）骨干企业简介

岭北建筑工程队

岭北工程队创办于1965年，由应三谷带领一班人到衢州承包衢州化工厂生活区基建工程和衢州七七一矿矿仓工程。逐步接收衢州七七一矿矿部基建和下属一工区、三工区、五工区基建及开矿业务。工程队职工均由公社统一安排分配给各大队，由大队落实到生产队，每年用工人数达200—300人，直至1983年政社分设，岭北公社分为岭北、水带二个乡，岭北工程队归岭北乡政府经营。1984年水带乡政府利用个体资金和乡自筹资金购买设备，组建水带工程队，由朱希荣带队到杭州承包工程，陆续完成"杭州民航机场宿舍楼"等工程，后又派应三谷等人到巨州承包工程。1992年撤区并乡，岭北、水带并为岭北乡，重新组建工程队，后经批准成立岭北建筑工程公司（三级），并挂靠衢州市建筑总公司，（因三级企业不能直接承包工程）承包衢州市区，衢化和衢州七七一矿基建和开矿业务，每年上交公社（乡政府）10万—20万元，并为解决岭北人民就业，培养工程管理人员、专业技术人才和促进岭北经济发展作出了贡献。

诸暨市瓷厂

1971年公社在坞底大队创办"岭北陶瓷厂"。主要生产瓢羹、瓷碗、盆、碟、杯等，当时设备简陋，晚上点煤油灯，瓷土粉碎用舂臼，工人操作也是原始工艺。职工近20人。1976年12月迁至界头，改名为"岭北瓷厂"。厂房面积1 100平方米，设原料、成型、窑房三个车间，主要生产瓢羹、瓷环，操作流程为半自动化。职工达100余人。1983年，经上级批准改名为"诸暨县瓷厂"。1986年，投入生产建筑瓷釉面砖，产品销往全国各地，建筑单位纷纷上门求货。1988—1996年，创建"诸暨市陶瓷建材厂"除生产原产品外还生产药品包装品、珍珠粉瓶、余庆堂药瓶、天津救心丸药瓶。职工人数由100多人增加到360人。1989年彩花瓢羹，获省"天厨杯"奖，娃娃牙签筒得国家专利产品销往香港，为纪念毛泽东诞生

100周年,厂制作的毛主席座像,被评为省级旅游产品。诸暨市瓷厂是浙江陶瓷行业有影响力的企业,产品注册品牌"西施牌"产品定量出口日本。1980—1996年,年产值100万—400多万元,每年上交公社(乡、镇)利润5万—10万元。1997年转制给私人经营。2004年,瓷厂在广东个体瓷业兴起及保护石壁水库水质的情况下停业。

诸暨市艺术品雕刻厂

东阳木雕历史悠久,举世闻名。原属东阳的岭北镇,工艺木雕源远流长。诸暨市艺术品雕刻厂是一家生产传统木雕工艺的专业厂家,工艺水平高超,技术力量雄厚。1990年由乡政府投资30多万元,在资本建造厂房和办公楼600多平方米,承包给雕刻厂经营,3年上交承包费4.3万元和厂房租费14万元。同时安排一部分残疾人就业(福利企业)。所产的各档挂匾、神堂花、全雕樟木套箱、首饰箱、旅游产品等,精雕细刻、巧夺天工,具有较高的艺术观赏价值,深得中外客商青睐。产品远销美国、日本及东南亚国家。全厂拥有职工50余人,1997年产值达180多万元。

诸暨市瓷土加工厂

岭北拥有丰富的瓷土资源。1992年前一直零星开采,瓷土原矿出卖给岭北瓷厂和东阳、兰溪等瓷厂,由于交通不便,仅靠肩挑车拉(独轮车),价格低,产量少,收入不多。1992年4月9日经市计经委批复成立"诸暨市瓷土加工厂"。乡政府投资40万元,征用土地、购置设备、建造厂房。又投资18万元,并发动横岭村村民义务投工,开通金山湖至横山的瓷土矿机耕路。乡政府还特地到杭州邀请省地矿厅韩副厅长及专家到实地考察并商讨瓷土开发事宜。事后省地矿厅派专家到现场勘探,探明瓷土储蓄量约30万吨,经化验瓷土品质较好。1992年以来把开采出来的瓷土由横山瓷土矿运到岭北瓷土加工厂进行破碎、磨粉(半成品),销往东阳、兰溪、连云港等地。当年加工瓷土5 000吨,后产量逐年增加,成效显著。直至1998年第一次实行承包责任制,规定承包期限三年(1998.01.01—

2000.12.30）完成销售任务分别为6 000吨、7 000吨、8 000吨，每年上交利润分别为12万、14万、16万元，合计42万元，超奖50%，不足赔50%。横山村租山费由原每吨3.5元提高到4元。2001年后，分别承包给绿化乡蔡兆生、金昌森，阮市镇何汤校，承包总收入达200多万元。瓷土开发不仅解决了一批劳力出路，还增加了镇、村集体收入，为振兴岭北经济作出了较大贡献。

（2）企业概况

60年代中期，岭北工程队等社办企业相继成立，70年代初队办社队联、户办企业快速发展。

表6 社（乡）办企业概况

名称	创办时间	负责人	人数（人）	地址
岭北建筑工程队	1965	应三谷、陈志贵、周永昌、王顺山、周启龙、周志维、周荣明、朱希荣、马生文、周永土	250	衢州
岭北硼石矿	1966	周森福、陈志其	10	岭北周
岭北运输队	1968	周万其、周生高、周贤山	20	岭北周
岭北农机厂	1969	金学信、周永土	5	下新屋
岭北羽毛厂	1970	周顺其、陈永寿、应顺标	30	水带
岭北染色店	1970.09	吴志祥	2	下新屋
诸暨瓷厂	1971	应邦高、周永土、周夏元、周品祥、周顺其、吴启龙、周荣杰	200	坞底、界头
岭北针织厂	1973	朱福寿、陈达生	100	高台门
岭北茶场	1974	陈福银、应三谷、朱希鹏	6	寺基坪
岭北轻纺织厂	1977.08	陈达生、陈正明、周天龙	35	下新屋
岭北菌种场	1978.11	周顺其	10	水带
岭北木雕厂	1983	周土木、周新葵	20	古塘畈、岭北周
水带丝织厂	1984	应章生	40	水带
艺术品雕刻厂	1987	周文彩	50	高台门、下新屋
岭北针织二厂	1990	陈国茂、周海权	25	岭北周
瓷土加工厂	1992	周秋林	10	高台门

续表

名称	创办时间	负责人	人数（人）	地址
岭北皮革厂	1989	周峥明	20	盛庄
岭北金龙皮虎厂	1992	陈富生	20	金山湖

表7 队办、联办企业概况

名称	创办时间	法人代表	人数（人）	村别	备注
三洲索粉厂	1973	吴寿其	15	三洲	
岭北塑料厂	1974	陈章文	35	大岭头	
曼坑纸厂	1974	陈卢松	15	曼坑	
岭北纸厂	1975	周顺其	15	下田坊	
岭北服装厂	1976	周生华	25	岭北周	
岭北火炮厂	1976	周希荣	20	稳草	
岭北回纺厂	1976	傅为火	30	孚家湖	
曼坑索粉厂	1976	陈卢松	16	曼坑	
古塘索粉厂	1976	曹章元	15	古塘畈	
北腰坑袜厂	1976	宣金木 宣灿林	20	北腰坑	
岭北手套厂	1976	葛桃园 葛万才	20	桐坑	
金山布厂	1977.11	陈梦生	50	金山湖	社队联办
岭北碎布加工厂	1978.03	周志维	25	下新屋	社队联办
新阳丝线厂	1978.06	周荣根	15	新阳	
水带丝织厂	1978.09	徐森林	40	水带	社队联办
岭北小竹木加工厂	1980.01	王火荣	5	岭北周	
岭北周丝织厂	1980.03	周月生	40	岭北周	
三洲丝织厂	1980	吴其法	30	三洲	
三洲孵坊	1980	吴时珍	10	三洲	
岭北工业瓷厂	1984.11	周夏元	20	梅坞口	
岭北木雕厂	1985	周天龙	25	岭北周	
岭北蓬莱工艺厂	1986	张爱花	15	盛庄	

表8　1977年社队工业主要产品产量

产品名称	生产单位	计算单位	产量	销售何处	出厂价格(元)
硼矿	公社硼矿	吨	910	诸暨矿建厂	40
瓷环	公社瓷厂	吨	140	诸暨化肥厂	550
瓷碗	公社瓷厂	只	62 000	县土产公司	0.077
瓢羹	公社瓷厂	只	60 000	县土产公司	0.035
塑料粒子	大岭头塑料厂	吨	17	江苏、杭州、丽水	2 600—2 800
外贸服装	岭北服装厂	件	10 337	诸暨服装厂	0.5
劳动服	岭北服装厂	套	883	杭钢、杭州纺织厂	19
劳动布	金山布厂	米	48 000	东阳、义乌、杭州	3.13
鸡毛帚	羽毛厂	只	11 274	县土产公司	0.27
棒冰模	农机厂	只	438	诸暨食品厂	73
染色	农机厂	尺	3 400	本社	
农具修理	农机厂	件	5 420	本社	

表9　1986年岭北乡、水带乡办村办企业基本情况

名称	人数(人)	产值(万元)	性质	名称	人数(人)	产值(万元)	性质
岭北建筑队	137	56	乡办	岭北丝织厂	40	3.9	村办
水带建筑队	240	105	乡办	金山丝织厂	11	2	村办
水带茶场	4	2.5	乡办	岭北稳草火炮厂	15	2	村办
岭北瓷土矿	3	1.2	乡办	岭北塑料厂	10	0.48	村办
诸暨轻纺织厂	65	10.4	乡办	梅坞口瓷厂	21	2	村办
岭北木雕厂	12	0.34	乡办	三洲丝织厂	30	8.95	村办
岭北农机厂	2	0.22	乡办	水带丝织厂	39	12.53	村办
诸暨瓷厂	197	39	乡办	新阳制线厂	4	0.8	村办
水带壹丝厂	35	18.27	乡办	孚加湖预制场	5	0.76	村办
羽毛厂	20	2.95	乡办				

4. 纺织业

（1）崛起

岭北纺织业自古以来就有单家独户纺丝、织布。到70年代末,上海绸厂工

人岭北周周宝满、周维忠、周锡余、周尧昌,水带应芝荃等退休回乡,利用他们的一技之长相继帮助办起了岭北周、三洲、水带村办丝织厂。社会上一些头脑活络的人也陆续办起了织机,既当挡车工又当机修工,既当采购员又当供销员,硬是闯出了一条新路,但由于经营、供销等原因发展速度缓慢。直至1989年,绍兴市按照农民人均收入在绍兴市确定2个贫困乡,岭北乡是其中之一。1989年7月23日岭北、水带两乡又遭到了特大洪灾的袭击,当时恰逢义乌、绍兴轻纺市场刚开业,需要大量低档布,乡政府就发动群众筹集资金引进萧山、绍兴发达地区的淘汰设备"木机",生产春秋丁等低档产品到义乌、柯桥市场销售,每米利润0.5元,每天每台按100米计算,20天就可赚1 000元。按当时每台"木机"市价1 000多元计算,20天就可购买1台木机;按每台K74铁机3 000元计算,2个月就可购买1台铁机。织机户纷纷把赚来的钱添置设备,1台变2台,2台变3台……几个在外经商的岭北人纷纷回乡把赚来的钱,率先购买了牵经车、网丝机,办起了家庭纺织厂,产品销往东阳、义乌等市场。后来又吸引了绍兴轻纺市场等许多外地客户,很快形成了产、供、销一条龙。

(2) 政策措施

随着纺织业不断发展,面对个体织机良好的发展势头,乡党委、政府因势利导,积极改善投资环境。

集资办电保动力。电力不足,发动群众集资办电,两乡先后增容1万多千伏,增容费达600多万元,如下新屋村原30千伏,仅能解决社员生活用电,后来增至200千伏,每台织机需交纳2 000元。虽然群众经济困难,还是乐意出资。

各显神通扩厂房。场地不够,大家千方百计,各显神通。织机户纷纷把仅有的住房改为厂房,家里的陈设家具一律搬出,楼下放织机,楼上烧饭,睡觉。屋内面积不够就占用廊下,廊下不够就占用道地搭建临时棚,房屋不够高,挖地三尺或干脆把楼板撬掉。村里闲置的祠堂、厅、队室等出租给织机和牵经车经营户。许多村在土地十分紧张的情况下村里还腾出土地由织机户、牵经车户建造厂房或集体建造厂房租给织机户和牵经车户。如盛庄、岭北周、三洲、下田坊等村创办工业集聚点就是典型的范例。

合力开通致富路。发动群众自力更生,艰苦奋斗,改善交通条件。1990年各村在抢修水毁工程同时率先开通岭北—东阳2条公路。境内主要道路岭北—石壁、岭北—东阳2条公路路面全部硬化,所需资金除国家补助外,由全镇按人口负担和老板捐款得以尽快解决。通往各村道路,由村民义务投工和捐资完成修建和路面改造工程。使全镇道路四通八达。稳草村近30户,100多人,每人投工350工,把原来3千米长的羊肠小道拓宽成5米宽的简易公路,并进行了路面硬化。2000年,该村拥有织机83台,村民收益大为改善。仅有7户人家的后山坞自然村,因为路不通,平日里进进出出都要靠肩扛扁担挑。当时全村办了4台织机,全靠拆开来用肩扛、用牛背脊驮,实在重的部件,便装在独轮车上,前面用牛拉,后面几个人推。1992年5月他们自发地动手修筑一条全长1 550米,需挖土石方1.05万方,砌石500多方的盘山机耕路。全村老老少少37人除去10个在校生仅27人,平均每人需投工300多工。为了不误工,有的把幼儿缚在背上承负着重荷一步不落地干着超强度的活。附近村民深受感动,纷纷前去义务投工。岭北周周伯良、茶山韦福旺各捐款1万元,岭北周周郁文和本村张国新、周顺荣、周荣唐各捐款0.5万元,周荣琴0.4万元,东阳城东村1.5万元,和平村1.3万元,上市头村0.8万元,共计10万余元。经过1年多时间奋战终于开通了致富路,并进行了路面硬化。

优化环境促发展。当时全镇5 000台织机,按每人管2台织机,每班织12小时计算需5 000多人,加上牵经车、网丝机、机修工、销售人员等共需6 000多人,对于只有1万多人的小乡镇确实是个难题。不仅前几年2 000多走南闯北外出务工经商的岭北人陆续返乡办织机,还把外省、外县打工者吸引到岭北来,外县、外省来岭北打工人员达3 000余人。为了引入、留住外地人,在改善投资环境方面具体做了三件事:①保证外来人员合理报酬,发现外来人员与织机户、牵经车户有纠纷时及时帮助调解,使外来人员享有与本地人同等待遇。②乡政府投资5万元在岭北周沿街靠溪边建造摊位70多个,简称路边市场,方便本地和外来人员购买日常用品、蔬菜和织机配件;投资10万元,新建1个加油站;集资20万元开通程控电话;投资20万元新建镇卫生院,大大改善了投资环境。③为了活跃山区人民的文化生活,办起了"激情""海燕"等3家歌舞厅,丰富了外来人员的文化生活。春节时,几家歌舞厅和乡文化站联合举办了青年歌手大奖赛,使外来人员住得安心、玩得开心。

规费优惠重扶持。织机户和牵经车户如何交纳税费和工商管理费,被提到乡党委、政府议事日程:交得多老百姓负担重,交得少就是偷税漏税。乡党委、政府一面向市领导反映,要求对岭北贫困乡"不要钞票要政策"(说实话当时市里资金紧张也不可能拿出多少钱来支持岭北),对岭北征收税收和工商管理费实行优惠扶持政策。一面向有关部门协调解决,开始由税务和工商部门直接上门征收,改为由乡政府出面征收,统一上交。税收缴纳实行包干制,每台织机一年交税200—300元,每台牵经车按3台织机征收,使织机户和牵经车户减轻了负担,并对特殊困难户和残疾人再给予适当优惠。为了支持岭北乡(镇)发展纺织业,税务部门还对岭北轻纺产品销售增值税由18%改为5%。作为特殊优惠政策给予扶持。工商管理交纳也实行包干制,每台织机每年上交30元,织机户暂不办理营业执照。

拓宽市场闯天下。随着织机快速发展,轻纺产品急剧增加,解决产品销路又成了燃眉之急。乡党委、政府成立了轻纺协会,接收牵经车大户参加,及时分析产品行情,研究销售对策。组织销售大军,进军柯桥、义乌、广州等市场,千方百计拓宽销售渠道。岭北周村青年周伯良只身闯入广州轻纺市场,被岭北人称为去广州创业"第一个吃螃蟹"的人。经过半年多努力,不仅自己打开了门路,还带动一批老板进军广州。岭北周村青年周天龙1990年承包了被"7·23"洪灾冲垮的乡办丝织厂,一面恢复生产,一面走向市场了解信息,第一个到义乌市场开办轻纺产品门市部,不仅救活了一家濒临倒闭的企业,还为100多个个体织机户包销了产品。下田坊村青年周晓东等积极引进绍兴、柯桥等外地客户,使岭北产品迅速融入市场大潮流。

由于织机急剧增加,产品不断更新,效益十分可观,人民生活发生巨变。全镇1989年仅200多台织机;1990年达700多台;2000年达5 000多台;2005年织机高达6 000多台,其中提花织机800台,产值达到8.19亿元,利润5 000多万元,人均收入达到5 792元。

兄弟乡镇及磐安、绍兴等县纷纷上门取经。"岭北精神""岭北模式"在1994、1995年全市干部大会和1996年绍兴市扶贫工作会议上作了交流。1992年8月中央电视台到岭北镇及岭北周、三洲、金山湖等村户办丝织厂实地采访,对岭北"发展个体经济,引导群众脱贫致富"情况作了专题报道。

表10 岭北镇2004年各村织机数

村名	数量(台)	村名	数量(台)
前山坞	35	盛庄	252
稳草	83	环城坞	68
梅坞口	168	三洲	634
里梅坞	212	北腰坑	19
礼户	178	下田坊	304
大岭头	200	古塘	197
大恬	64	曼坑	114
西山头	69	潘宅	243
岭北周	1 122	坞底	88
下新屋	480	新阳	187
高台门	139	茶山	164
桐坑	93	水带	223
西周	72	孚家湖	307
金山湖	150	合计	5 865

表 11 村办企业基本情况（1993 年）

单位项目	单位	合计	岭北轻纺厂	岭北三丝厂	金龙丝织厂	西周轻纺厂	新兴丝织厂	水带纺织厂	曼坊织造厂	江南轻纺厂	金湖丝织厂	金龙皮具厂
企业个数	个	10	1	1	1	1	1	1	1	1	1	1
筹建日期	年		1988	1989	1991	1991	1992	1989	1992	1991	1989	1992
投资日期	年		1988	1989	1991	1991	1992	1989	1992	1991	1989	1992
法人代表			周生德	骆国生	陈国锋	傅启标		周生仁	周国潭	吴国良	陈国茂	陈富生
占地面积	平方米	3 080	1 000	250	230	220	350	400	200	200	230	
建筑面积	平方米	2 580	800	200	200	200	250	350	180	200	200	
职工人数	人	185	50	10	15	10	20	30	11	8	10	21
总产值	万元	1 320	460	78	83	58	17	190	60	85	123	39
销售值	万元	1 266	440	74	79	55	14	180	57	81	10	39

表 12 镇办企业基本情况（1993 年）

单位项目	单位	合计	瓷厂	木雕厂	壹丝厂	轻纺厂	针二厂	建筑公司
企业个数	个	6	1	1	1	1	1	1
筹建日期	年		70	88	84	77	89	65
投资日期	年		71.4	88.6	85.5	77.8	90.2	65
法人代表			周荣杰	周文彩	周天龙	周生德	陈国茂	马生文
占地面积	平方米	22 426	19 300	490	1 436	400	300	1 030
建筑面积	平方米	9 820	8 065	450	635	372	300	980
职工人数	人	298	228	35	5	20	10	535
总产值	万元	438.79	300.29	63	25	64.5	31	
销售值	万元	438	270	55	25	60	28	
出口生产值	万元	63		63				
出口产值	万元	55		55				

表 13　岭北镇各村纺织业概况（1996 年）

企业名称 （户主姓名）	产品销售收入	本年实交税金总额	年末固定资产原价	自有资金	从业人员全年劳动报酬	年末从业人员数
合计	176 076 134	532 280	19 166 821	27 121 255	20 201 839	3 484
岭北周	36 885 128	104 440	3 194 000	6 085 272	3 176 312	529
下新屋	12 629 376	40 320	1 545 000	1 941 480	1 581 190	271
北腰坑	1 227 856	3 920	154 000	182 672	180 000	30
水带	11 620 780	37 100	1 353 500	1 895 708	1 374 000	229
金山湖	21 958 724	54 180	1 400 500	3 562 210	1 316 866	251
横岭	482 372	1 540	60 500	71 764	62 708	12
黄城坞	2 280 304	7 280	286 000	339 248	324 000	54
礼坞	3 288 900	10 500	412 500	489 300	534 000	89
梅户口	3 201 196	10 220	388 500	497 108	403 147	76
梅坞	3 069 640	9 800	385 000	428 630	399 049	76
稳草	2 192 600	7 000	275 000	326 200	285 005	50
前山坞	1 447 016	4 620	121 500	196 975	188 154	32
盛庄	4 999 128	15 960	619 500	764 592	648 000	108
船山	160 866	560	22 000	24 900	22 212	4
大岭头	4 122 088	13 160	517 000	613 256	5 358 970	108
大恬	1 929 488	6 160	242 000	278 049	250 831	48
西山头	1 885 636	6 020	236 500	280 532	294 000	49
三洲	15 491 938	49 700	1 985 847	2 293 200	2 099 760	348
下田坊	8 919 650	26 740	1 062 334	1 307 586	1 137 795	197
曼坑	2 551 900	5 120	214 690	325 420	338 380	56
潘宅	5 624 400	17 780	740 200	933 550	823 500	146
孚家湖	4 859 210	15 540	615 850	755 860	723 100	127
新阳	246 700	7 980	315 900	364 700	376 900	66
高台门	5 662 396	18 060	701 500	480 539	762 000	127
桐坑	3 216 910	10 220	401 500	470 800	438 000	73

续表

企业名称（户主姓名）	产品销售收入	本年实交税金总额	年末固定资产原价	自有资金	从业人员全年劳动报酬	年末从业人员数
西周	2 822 920	8 960	352 000	419 415	384 000	64
古塘畈	4 524 750	14 420	540 500	715 335	642 000	107
茶山	3 899 602	12 460	489 500	623 804	511 050	92
五店	2 974 660	9 520	374 000	447 150	390 000	65

表14 岭北镇西周村纺织业概况（1996年）

企业名称（户主姓名）	产品销售收入	本年实交税金总额	年末固定资产原价	自有资金	从业人员全年劳动报酬	年末从业人员数
合计	2 822 920	8 960	352 000	419 415	384 000	64
周学新	87 700	280	11 000	13 100	12 000	2
周世木	44 000	140	5 500	6 550	12 000	2
周有春	88 000	280	1 100	13 150	12 000	2
陈丁荣	89 000	280	11 000	13 050	12 000	2
陈朝维	87 700	280	11 000	13 040	12 000	2
周德华	132 000	420	16 500	19 600	18 000	3
周章标	90 000	280	11 000	13 050	12 000	2
周万余	45 000	140	5 500	6 550	12 000	2
吴志新	88 000	280	11 000	13 110	12 000	2
周章荣	175 500	560	22 000	26 200	18 000	3
陈文玉	131 600	420	16 500	19 500	18 000	3
周其荣	88 000	280	11 000	13 000	12 000	2
周其坚	89 000	280	11 000	13 140	12 000	2
周芝寿	44 000	140	5 500	6 525	12 000	2
周夏德	44 100	140	5 500	6 510	12 000	2
周叶天	13 500	420	16 500	19 610	18 000	3
周章天	132 500	420	16 500	19 650	18 000	3

续表

企业名称（户主姓名）	产品销售收入	本年实交税金总额	年末固定资产原价	自有资金	从业人员全年劳动报酬	年末从业人员数
周章良	131 100	420	16 500	19 700	18 000	3
周章能	87 700	280	11 000	13 130	12 000	2
周章忠	175 420	560	22 000	26 100	18 000	3
周章土	175 400	560	22 000	26 150	18 000	3
周友华	176 000	560	22 000	56 250	18 000	3
周凤英	90 000	280	11 000	13 200	12 000	2
周国浩	265 000	840	33 000	40 000	30 000	5
周国生	87 700	280	11 000	13 050	12 000	2
周荣生	43 500	140	5 500	6 550	12 000	2

4.1.3.3 店口镇生产关系和体制变革[1]

1950年前，土地大多为私有，私有土地可以自由买卖，由于土地权属不同，买卖方式各异，土地所有权属其个人，可以绝卖，属于宗族、庙宇、寺庵、祭祀等留用地，地权属公，使用权固定或轮流，此类地种植权可典可买卖，属权不变。民国初年，诸暨县公署为征收粮赋计，对全县的田、地、山、塘、杂进行了清理，将发业户的不动产登记入册，发给承粮户册。县署设立推收所，民间买卖产业需经推收所办理过格手续，实施管理。

1950年土地改革时，紫东区有各类公地17 362.3亩，占总土地面积22.9%，各阶层私有土地59 689.9亩，占总土地面积87.1%。

1. 土地改革

1949年10月1日中华人民共和国成立，土地仍维持原所有制，人民政府对土地加强了监管及征收农业税。紫东区在土地改革前，占总人口7.7%的地主、

---

[1] 《店口镇志》编纂委员会：《店口镇志》，2017年版，第251—285页。

富农占有37.2%的土地,还有22.9%的公地使用权也掌控在他们手里,中农、小土地出租及其他户占27.1%的土地,而占总人口62.9%的贫、雇农只占有12.2%的土地。为了生存,贫、雇农势必要租种地主的土地,或沦为长工。1950年秋开始土地改革,诸暨县人民政府派工作组到区指导,紫东区在五凤乡搞试点,后在全区开展土地改革。按照"依靠贫农,团结中农,中立富农,打击地主"的阶级路线,经过五个阶段,完成了土地改革工作。土改开始前,建立乡村农民协会,在土改工作中发挥了核心作用。1950年夏,各乡、村对所有土地进行调查登记入册,为土地改革做好准备。培训农会干部,培养贫农积极分子,区公所举办训练班,学习《中华人民共和国土地改革法》和华东军政府颁布的《惩治不法地主条例》,掌握土改政策,进行忆苦对比教育,提高干部和贫下中农阶级觉悟。根据中央人民政府颁布的《关于划分农村阶级成份的决定》的精神划分了阶级,确立了依靠、团结、中立对象,明确了目标。召开斗争大会,斗倒不法地主,收缴烧毁契纸户管,没收地主土地,征收富农出租土地,征收各种公地,登记入册。制定抽田户人均留田数、补田户人均分得数,留好水利设施需用地后,按在册人口合理分配,落实到户,发展农业生产。紫东区经过土地改革,各阶级的土地占有情况发生了根本的变化,贫、雇农占有土地从改前的12.2%增到55.2%,实现了耕者有其田,还分得农船48只,耕牛55头,水车571部,稻桶287只,犁耙364张,风车35部,算簟1 917张,石笸4 361只等农具。

紫东区各阶层户口、人口统计表(1951年9月)

阶级成分		地主	半地主式富农	富农	中农	贫农	雇农	小土地出租者	工商业资本家	工人	其他	合计
户数	数	381	17	170	2 143	6 579	786	338	55	45	148	10 662
	%	3.5	0.2	1.5	20.0	61.7	7.5	3.2	0.5	0.4	1.5	100
人口	数	2 052	96	1 229	10 935	26 183	2 250	1 057	240	141	878	45 062
	%	4.6	0.2	2.9	24.2	57.9	5.0	2.4	0.6	0.3	1.9	100

紫东区土改前后土地占有变化情况统计表（1951年9月）

成分项目	地主	半地主式富农	富农	中农	贫农	雇农	小土地出租者	工商业资本家	工人	其他	公地	合计
土改前占有土地亩数	20 741.5	4 179.3	4 548.4	17 332.5	8 952.4	287.8	3 003.3	390.0	113.1	141.6	17 362.3	77 052.2
%	27.0	4.3	5.9	22.5	11.8	0.4	4.0	0.5	0.1	0.2	22.9	100
土改后占有土地亩数	2 673.2	262.7	3 083.5	22 987.5	40 145.5	2 968.9	2 261.0	117.5	182.3	251.0	2 009.5	76 942.6
%	3.4	0.4	4.1	29.4	51.4	3.8	2.9	1.5	0.2	0.3	2.6	100
增加数				5 655.0	31 193.1	2 681.1			69.2	109.4		
减少数	18 068.3	3 916.6	1 464.9				742.3	272.5			15 352.8	

店口镇9个较大的五金企业历年生产表

单位：万元

单位	2002年		2003年		2004年		2005年	
	产值	利润	产值	利润	产值	利润	产值	利润
海亮	216 576	10 611	313 504	13 058	450 145	21 520	553 399	26 834
盾安	81 856	7 777	181 354	15 343	326 358	25 734	439 782	33 487
万安	29 150	3 124	51 181	4 314	55 880	5 148	67 833	4 680
露笑	15 750	1 117	16 900	998	38 256	3 574	61 155	5 359
三峰	15 006	1 430	19 282	1 774	23 003	2 098	29 357	3 071
全兴					1 020	69	12 126	1 169
中伟	4 861	654	3 779	358	3 044	370	4 059	400
灿根					1 087	172	146	216
企成	1 597	153	3 029	575	3 521	705	3 529	330
单位	2006年		2007年		2008年		2009年	
	产值	利润	产值	利润	产值	利润	产值	利润
海亮	830 395	34 917	823 106	41 659	1 001 649	55 763	935 070	61 133
盾安	523 863	36 929	642 704	40 830	841 192	50 063	906 438	60 011
万安	77 186	11 526	98 041	9 797	121 086	10 094	156 461	12 322
露笑	128 695	7 680	154 781	8 695	178 537	7 474	187 634	7 566
三峰	34 687	3 537	38 158	4 518	49 972	6 139	55 320	6 781
全兴	15 079	1 399	19 180	1 143	30 931	1 882	42 685	2 964
中伟	4 358	457	9 591	987	11 862	969	15 867	1 070
灿根	5 401	660	9 255	808	11 448	697	12 710	1 047
企成	5 419	548	9 584	948	11 720	1 156	12 769	1 494

2. 互助合作

经过土地改革，农民分得了土地、农具等生产资料，具备了发展生产的条件，但由于单家独户经营，经济基础薄弱，劳动力难以兼顾等因素制约、阻碍生产发展，遇上灾、病，生活即陷入困境。短短几年，买卖土地、雇工、高息借贷现象便又出现。1951年底,在中共中央"组织起来,走共同富裕道路"的号召下,农民先组织了伴工组、互助组,后变成常年互助组。1952年至1953年初,紫东区接连在黄家埠、西何、朱家站等村召开互助合作工作会议,培训骨干,宣传经验,制定政策,推动全区合作化进程。1952年,境内有互助组232个,1953年有329个,1954年有408个。互助组以工换工,农具调用,生产经营各户自决,土地收益归户,组不建账。1954年春,紫西乡顾家村顾纪良常年互助组转为初级农业生产合作社,参加农户142户。紫岩乡湖西村蒋筱清也建立了紫岩乡第一初级农业生产合作社。至年底,紫东区有初级社202个。农民入社,田地归社经营,耕牛、农具折价归社,价款2—3年付给。土肥折价投资,年底结算兑现。社员劳动,记工评分;根据社员的劳动技能,评定底分,在生产活动中死分活评。初级社的生产责任制分为:包工包产制,全年定工包产,季节定工包产;包工制,全年包工,季节包工,小段包工,临时分工。初级农业生产合作社设有生产管理班子,及财务会计和各种保管员,负责生产和财务。初级社的分配政策是:各种投资年终归还,扣除生产成本后,提留3%作为积累,提30%—40%按入社土地分红,其余作为劳动报酬。1956年,农业合作化进入高潮,初级社以生产地域方便为原则,合并建立高级农业生产合作社。一般入社户数上百,人口、田亩上千。高级社的记工评分办法基本上沿用初级社的方法。生产责任制实行以生产小队为单位,土地、劳力、耕牛、农具四固定,全年定工包产,超产奖励,减产扣分。高级社的分配政策同初级社基本相同,只因土地归公,取消了按土地分红的部分。由于生产规模扩大,经济总量增加,柴油机等大型农机具进入高级社。江防堤埂普遍做高,山塘水库全面修筑,提高了防洪抗旱能力。高级社建立后,乡、镇调整,村政府撤销,村行政工作由高级社管委会行使。

3. 农村人民公社

1958年9月8日,紫东区、姚江区137个高级社合并,建立"五星人民公社",今店口镇域属五星人民公社,公社管委会设在西林大队。人民公社以"一大二公""政社合一"为体制,工农商学兵"五位一体",一度实行"组织军事化、行动战斗化、生活集体化",原乡政府改为管理区,原高级社改称连,以作战方式指挥生产,以公社为核算,办79个食堂供生活之需。人民公社成立后,工业项目争相上马,土炉炼钢,诸暨砖瓦厂大型轮窑建于潭头大队,湄池罗汇办起耐火砖厂、草绳草包厂、造船厂等,各连队也兴办各种工厂。长澜水库、石灿头水库、杨梅桥水库相继开工,劳动力分散,直接影响农业生产,1958年的秋收冬种延至1959年1月结束,贻误了农时。在大办钢铁、大办食堂中无偿占用群众的房屋、财产,部分地方一度执行"吃饭不要钱",社员劳动不记工,推行"工资制"。取消农民的自留地,农民无养殖,集市贸易等自行消失,农村购销由供销社独家承担。当时人民公社执行的一系列政策违背了农业发展的客观规律,挫伤了农民的生产积极性。1959年3月,贯彻中共中央郑州会议精神,落实《关于农村人民公社管理体制的若干规定》,纠正无偿占用生活和生产资料的共产风,县、社两级进行算账退赔。一些脱离实际的工业、水利项目下马,加强农业一线劳力、实行生产队(相当于高级社)核算,恢复农民的评工记分制计酬。1961年,贯彻中共中央《农村人民公社工作条例》(即"六十条")及《农村人民公社条例(修正草案)》,调整公社规模,境内设有湄池、店口、紫东、斗门4个公社,下设71个大队。公共食堂停办,社员口粮到户。1962年根据中共中央《关于改变农村人民公社基本核算单位问题的指示》,落实497个生产队为基本核算单位,土地、农具、财产、劳力、人口固定长期不变。生产队有了自主权:在生产上,引进新品种、使用新化肥、推广农业新技术等方面改变了"服从接受"为"自主自愿",对提高粮食产量、增加农民收入作用显著。在分配上,生产队在完成国家征购粮留足种子后,以"按劳分配兼照顾""劳需对半分""劳需三七分"等方式分配粮食,1966年后改为以人定粮分配。经济分配方式是:提留一定比例的积累后,先归还土肥投资,再按劳动工分分配的原则,编造现金方案,组织兑现。1968年秋,在"左"的思潮影响下,社会上掀起一股"并队升级"风,搞大队核算,生产队的积累及财产无偿合并。记工办法用"日头工",部分大队还有"政治分",不再"包工",也无"责任制",挫伤了农民的生产积极性,1972年,全部恢复生产队核算。1980年,中央农村政策放宽,多数生产队一分二组,年终以组核算。冬种时部分土地分配到户,后由中共诸暨县委直抓收归集体。1983年,人民公社体制终止。

4. 农村双层经营体制

1981年5月,湄池公社下畈大队的2个生产队的已栽种早稻承包到户。是年,晚稻承包到户的生产队近半。1982年,除店口新一大队外,粮田全部承包到户。农户与生产队签订承包合同,生产队的农具、种子、资金、粮食、晒场、仓库也落实到户。国家征购粮由户交,水利、电排等公益事业费由户支付。生产大队所属的桑园、茶园、农机、养鱼塘、队办厂等也以各种方式进行承包,即产生了各类专业户,根据合约,向集体缴纳承包金后,收益归私。1983年,恢复了乡政府建制,改大队管委会为村民委员会,同时设立村经济联合社,村级组织制定政策,主持发包,收取承包款,实施那些单家独户难以完成的项目,架设农用电网、修筑道路、建造村级市场和村级集体用房等。由于农业生产责任制调动了农民的种粮积极性,连续3年增产。1985年,始于1954年的粮食交售任务,改为农户自报限购,农业税征收数量不变。农民为提高经济效益,自发调整产业结构,连片农田养鱼、养蚌、种菜、种植花卉苗木,又产生了一批专业户,转让农田的人而务工,或搞工业,农业劳动力成批转移。1995年秋,在湄池镇试点后,全市推行"建立土地使用权流转机制,推进粮田适度规模经营"工作,农田使用权收归村经济合作社;按人口确定口粮田落实到户,其余农田,额定国家粮食定购数和承包金,依据适度规模经营原则,由村经济合作社发包于有耕种能力的农民承包,废止生产队体制,设立行政小组。2008年,20亩以上种粮大户有136户,承包农田计6 342.95亩。自建立土地流转机制,推行粮田适度规模经营以来,脱离农田,转向工业或三产的农民增加,效益农业的农田扩大。2008年,有养蚌田3 500亩,花卉苗木4 735亩(包括山地),蔬菜瓜果3 271亩。统分结合的农村双层经营体制确立。2009年,7个农机大户组建"诸北农机股份合作社",注册资金186.1万元,为农户提供水稻耕作、机插、收割服务,解决务农劳力不足问题。2012年,侠父、朱家站等村14个种粮大户承包粮田1 850亩。

4.1.3.4 店口镇工业发展概况[1]

店口镇古代就有造鹿鸣纸、烧石灰、砖瓦、酒浆等手工业作坊,且具有相当规模。民国二十六年(1937)前后,全镇有鹿鸣纸205槽,石灰窑10只,砖瓦窑18只,酒浆业5家,碾米厂9家,黄沙场2个。民国二十九年(1940),日本侵略军入侵店口,企业萧条倒闭。1945年9月至1949年有所恢复,但因物价飞涨,社会秩序紊乱,发展缓慢。1956年人民政府对私营工商业进行社会主义改造。1958年,掀起大办工业高潮,本着"围绕农业办工业,办好工业促农业"的方针,办起一批小化肥、小农药、制茶、服装、针织等社办企业。20世纪60年代,开展"四清"运动、"文化大革命",农民办工业被认为"不务正业""以钱为纲"而受到限制,使初出现短暂高潮的农村工业受压制。由于人多地少,生产内容单调,连年自然灾害的侵袭,人民温饱不足,店口的干部群众,寻求发展经济。改革开放后,走上了经商办企业的致富路。

店口的工业发展大致经历的四个阶段。

第一阶段是20世纪70年代前后至80年代中期的创业期。冒着风险,顶住压力,冲破社队企业应"就地取材,就地加工,就地销售"三就地的封闭式办厂的模式,走上面向市场要求开放式办厂路子,走出了办工厂、开店的第一步。1985年,店口出现了1 000多名供销员,成为店口乡镇企业融入全国产品与市场的桥梁。

第二阶段是20世纪80年代中期到90年代初的成长期。"骨干企业挑重担,千家万户促翻番,四个轮子一起转,十个层次一齐上"的蓬勃发展期,到80年代末,店口个体私营企业2 000余家,从业人员10 000余人。

---

[1] 《店口镇志》编纂委员会:《店口镇志》,2017年版,第214—248页。

第三阶段是20世纪90年代初到21世纪初的腾飞期。随着中国南方五金城的建成,店口五金业进入快速发展的快车道,1993年,店口镇综合经济实力跃居诸暨市第一位。

第四阶段是从21世纪开始的提升期。店口与湄池合并实现了资源的有效整合。拓展区域发展空间,迸发了巨大的发展活力,城镇化良性互动的加速推进期,由镇向城过渡的新阶段。

店口镇历届党委、政府始终坚持工业主镇,工业强镇战略不动摇,把发展工业作为强镇富民,推动新型城市和新农村建设的主要动力,走出一条特色经济发展之路。2008年,全镇拥有工业企业3 925家,产值686亿元。其中五金机械2 053家,产值46.046 51亿元,占67.1%;管道业1 541家,产值27.643 33亿元,占31.5%;轻纺175家,产值4.608 7亿元;建材18家,产值0.414 5亿元;其他138家,产值4.238 7亿元。形成了以龙头企业为核心,中小企业为骨干,千家万户为基础的庞大企业群体。初步构筑以铜加工、制冷配件、中央空调、汽车部配件、新型管材管件、绢纺纺织等为主导的多元化产业格局。年销售额500万元以上企业116家,其中:超亿元企业21家,超10亿元企业2家,超80亿元企业2家,上市企业2家,海亮集团和盾安集团分别进入中国企业500强和制造业500强,海亮集团的铜加工业是世界第五大企业,万安集团进入全国百家最佳汽车零部件供应商行,全国最大汽车研发生产基地。枫叶集团是中国建设部PE管定点生产单位,浙江露笑集团是中国高等级品牌,漆包线生产企业的排头兵,虹绢集团是中国最大绢纺绸生产基地之一,有116家企业分别在北京、上海、杭州等大城市设立办事处或公司。全镇拥有国家高新技术企业10家、省级高新技术企业21家、省级高新技术企业研发中心和省级技术中心6个,国家级和省级检测中心3个,博士后工作站2个。拥有中国名牌产品4只,省级名牌产品12只,国家级发明专利27项,省著名商标10只,国家级实用新型专利251项,国家级外观设计专利77项,取得日本、美国、韩国、泰国4项国外专利,15家企业先后独家起草或参与起草行业标准 65 个,国家火炬计划 16 项,国家星火计划 8 项,135 家企业与国内 50 多家高等院校建立长期合作关系。

2014 年,店口镇加速高新区产业集聚,把省级高新区建设作为提振小城市发展实力的第一平台,围绕"千亿产业区、高新集聚区、品质功能区"的功能定位,打造集研发、制造、服务于一体的特色园区,完成解放湖园区发展规划编制,已入驻高新项目 13 只,计划总投资超过 25 亿元。

(一) 经营体制

1. 个体企业

店口镇的个体企业始于传统的手工业。山区的造纸业,畈区的石灰业和砖瓦业,水稻地区的碾米业、榨油业等,还有泥水、木匠、铁匠等手工业也都是单家独户个体分散经营的行业。1950 年后,人民政府对传统的手工业采取措施予以保护和支持。1956 年,农业和手工业走上集体化道路,办起了各种行业、手工业合作社。当时,个体经济受国家政策限制没有发展。1979 年后,店口的个体企业冲破传统农业束缚,在国家政策允许下,纷纷自筹资金,创办个体企业,如紫东白沥畈村办起生物化工厂。20 世纪 80 年代,农村实行家庭联产承包责任制后,开始全面推行各种经济承包制,解放了农村生产力,在一些能人的带动下,农户自筹资金,添置设备,个人办起家庭工业或联户合作企业。1980 年,店口公社六村村民陈学昌、陈昌灿、叶迪虎、孙国治、叶志浩、叶仲连、叶纪安等创办了全镇最早的 10 家户办家庭五金厂,生产各种汽配零件。1985 年,店口镇有个体五金企业 369 家,职工 3 902 人,产值 1 136.26 万元。1988 年,湄池镇户办企业 84 家,职工 323 人,产值 549 万元。1990 年,紫西乡在 4 个乡办企业的牵头下,发展外加工个体企业地毯厂 25 家,职工 228 人,年产值达 265 万元。1992 年始,店口镇在坚持"多种经济成分与多种经营方式并存"的方针下,正确对待和扶植个体私营工业的发展,使个体私营工业成为店口经济的新的增长点。1994 年,店口镇政府建立了"南方五金城",通过"前店后厂"的形式,把家庭作坊聚集到工业园区,这一举措解决了家庭工厂分散、要素集聚度不高、环境持续恶化的问题,加快了个体企业的发展速度。1994 年后,店口镇为了加大企业的改革力度,在维护集体资产保值增值的前提下,对镇办村办的企业采取多种形式的转制工作。至 2008 年,全镇已有个私民营企业 3 925 家,企业人员 72 435 人,年产值达 6 861 603 万元,其中年产值在 500 万元以上的民营企业有 116 家。

2. 集体企业

1958 年,党的八届六中全会作出人民公社必须大办工业的决定,店口掀起大办工业的高潮,土法上马,利用祠堂、庙宇、旧房、仓库作为厂房,办起磷肥厂、土农药厂、耐火砖厂、草绳厂、草包厂、红茶厂和农副产品加工厂,至 1960 年初,由于企业设备简陋,资金短缺、技术落后,产品质量不过关,社队企业一度衰落。1970 年,国家提出加速农业机械化,要求"小修不出厂,中修不出社,大修不出县"。新一大队以 8 000 元卖柴款为资金,创办全公社第一家"农机修理厂",有 4 台老式仪表车床。1972 年,办起 11 家五金厂,产值 235 929 元。1976 年,社队企业扩大到 43 家,职工 1 561 人,产值达 322.694 1 万元。1974 年,店口公社有社队企业 103 家(其中社办 22 家,队办 81 家),职工 3 225 人,产值达 584 万元。1979 年 7 月,国务院颁发《关于发展社队企业若干问题的决定》,同年 9 月,中共中央又明确提出社队企业要有一个大发展。店口公社根据上级精神,制定了一系列扶持社队企业发展的优惠政策,对新办工业企业可减免税收,对引进设备、原材料者要进行奖励,安排独生子女、复退军人优先进入社办企业等。并在 1979 年、1980 年连续两年春节期间举行大型茶话会,凡是在外地工作回乡过春节的干部、教师、职工都请到公社里来,参加茶话会,由公社领导汇报店口发展情况,感谢外出人员对家乡发展工业作贡献,请他们参观店口五金工业,并希望他们一如既往力所能及帮助家乡发展经济建设。1980 年,店口公社企业达 141 家,职工 3 831 人,工业产值 8 830 880 元。1984 年 3 月,中共中央、国务院发文号召开创社队企业新局面,并决定将社队企业改称为乡镇企业。1985 年,乡镇企业发展步子加快。这一年,中共诸暨县委五次深入店口镇调查乡镇工业发展情况,作出"四个轮子一起转,千家万户促翻番"的口号。店口乡党委、政府作出"社队企业立交桥式发展,各得其道"的具体部署。1988年,店口镇工业产值达到1.3467亿元,并有一大批较有影响的企业。如诸暨汽配厂、陶土制品厂、农机衬套厂、冶炼厂、诸暨地毯厂、工艺地毯厂、福利地毯厂、紫西砖瓦厂、湄池砖瓦厂、长澜砖瓦厂、紫东毛巾厂等。1992年,店口镇党委、政府兴建商业中心、生产基地于一体的"南方五金城"。年底,工业总产值达3.5亿元。1993年,中共中央发布《关于建立社会主义市场经济若干问题的决定》其中明确指出:"一般小型国有企业,有的可以实行承包经营、租赁经营,有的可以改组为股份合作制,也可以售给个人。"1994年,对镇办企业采取多种形式的转制工作,至1994年底,以"明晰企业产权,重组投资主体"为主要内容转制企业36家,其中转为股份制5家,转为私营16家,歇业13家,转给村办2家。

3. 国有企业

1956年,国家对私营工商业进行社会主义改造,潭头村6只私人砖瓦窑,都归集体经营,称为紫东区砖瓦生产合作社。1962年,由国营企业接收,由集体性质改为"地方国营诸暨砖瓦厂",有职工600多名,主要产品为土砖土瓦。1970年,因砖瓦畅销"九五砖",土砖瓦淘汰,地方国营诸暨砖瓦厂从潭头迁至诸暨外陈营业。1966年,诸暨酒厂到湄池建立车间,地点在潭头村浦阳江边,职工6名,专业生产黄酒,每年生产黄酒的原料大米达8万千克,于1992年湄池车间并入地方国营枫桥酒厂。

(二) 手工业

1. 手工业

店口镇传统的手工业,主要有造纸业、石灰业、砖瓦业、木器业、竹器业、纺织业、缝纫业等,民国时期又增加了碾米、酿造、榨油、弹花等。抗日战争期间,日本侵略军侵占店口,烧杀抢掠,各行各业凋敝,有的手工业主和从业人员远走他乡或改行。抗日战争胜利后,才有恢复。中华人民共和国成立后,人民政府对手工业采取措施予以支持,政府组织原材料供应,促使正常生产,满足人民群众生活和生产需要。1951年,湄池手工业工会成立。1954年,店口手工业者在白沥畈成立劳动者协会,店口当时以东阳会馆为主体,以泥、木匠为主组成手工业社。1956年,政府对私营工商业进行社会主义改造,紫东区成立手工业生产合作社,行政属区公所领导,业务属诸暨县手工业社领导,下设铁器社、木业社、竹器社、棕麻社、建筑社、砖瓦社。1958年,"大跃进"执行"重工业优先发展"和"中央与地方工业同时并举"等方针,工业结构大变动,在"大办地方工业"和"大炼钢铁"的影响下,传统手工业受到冲击。1961年,中共中央提出"调整,巩固,充实,提高"的八字方针,颁布《关于城乡手工业若干政策问题的规定》,手工业开始调整,并重抓小农具修造和日用小商品生产,竹木铁器业,恢复了铁业、木业、五金等合作组织。1965年,以公社为单位建立手工业生产综合社,店口公社成立了店口手工业综合社,分泥水组、木业组、竹器组、路基队,共100多名职工(铁器、理发业未并入);湄池公社手工业综合社下设建筑、路基、木器、锯板、煤球、服装等组;紫东公社手工业综合社有职工70多名,分木工、泥水、篾匠、缝纫等组;斗门公社手工业综合社有职工60多名,办了塑料厂。"文化大革命"期间,手工业管理机构受到冲击,生产秩序混乱。1978年后,手工业综合社进行调整改组,扩大了规模,改变了产品结构,生产方式由手工操作,半机械化转为机械化生产。1983年底,诸暨县二轻总公司成立,手工业归其管理。1985年,对各手工业综合社试行承包责任制,生产经营、人事管理、劳动管理和工奖分配等各方面的自主权归承包者,企业开展跨地区生产经营。20世纪90年代后期,手工企业开始转产、解体或转制经营。到1999年,手工业综合社全部解体。

2. 造纸业

店口镇的造纸生产主要分布在吴家塔、大山坞、小山坞、里市坞、琴坞、年坑等几个村,主要产品是鹿鸣纸,它是为锡箔裱褙的衬托纸张,品种有京放、段方、大鹿鸣、小鹿鸣、九八、宁洁、小八等。造纸用嫩毛竹做原料,削去外面的竹青,竹黄晒干,也称白竹,斩成小段后放在水池中浸半个月,取出后沤于石灰汁中发酵7天后,在特制的锁镬桶(锅)中连烧半月,稍冷却后取出放在水中漂尽石灰汁。再在镬桶中烧7天,取出后要在石臼中捣糊成浆,放入纸槽中,用纸帘撩之,一帘一张,烘干燥后打捆成块,每块纸2 610张,两块为一担,一担鹿鸣纸可兑取大米75千克。店口镇8个山村有纸槽205个,产鹿鸣纸29 512担,销售到绍兴、苏州纸花行。新中国成立后,锡箔业属于迷信品,受政府限制而逐渐消亡,鹿鸣纸也未打开其他用途,至1973年,全镇手工造纸业停产。1968年,创办勤寨造纸厂,厂址设在石灿头村,有职工118人,造纸用的机器是原诸暨造纸厂的设备。有2台14千瓦的铡草机,用稻草和麦草作为原料制造箱板纸。产品远销江苏苏州、上海松江、广东韶关等地,全年产值30万元。后来造纸厂又增添了瓦楞机、滚动机、箱钉等生产纸箱的设备,年产纸板3 000吨。1983年,勤寨造纸厂歇业。

造纸业情况表

村名	产品名称	纸槽数(个)	造纸户数(户)	年产纸量	销售地点	何年开始	何年结束
年坑	鹿鸣纸	14	13	2 013担	绍兴纸花行	明代	1957年
琴坞	鹿鸣纸	4	1	576担	绍兴纸花行	明代	1957年
冯家	鹿鸣纸	6	3	864担	绍兴纸花行	明代	1948年
里市坞	鹿鸣纸	22	12	3 168担	绍兴纸花行	明代	1957年
吴家塔	鹿鸣纸	68	43	9 792担	绍兴纸花行	明代	1973年
大山坞	鹿鸣纸	52	28	7 480担	绍兴纸花行	明代	1973年
四村	鹿鸣纸	1	1	144担	绍兴纸花行	明代	1973年
小山坞	鹿鸣纸	38	18	5 472担	绍兴纸花行	明代	1966年
勤寨造纸厂	箱板纸			3 000吨	苏州、上海、广东	1970年	1983年

3. 碾米业

白塔湖畔的朱家站、七里、浒山、黄家埠和浦阳江两岸的各个农村都是产稻地区,对稻谷加工,历来的传统方法,是用礲子、石捣臼、脚踏舂米的"踏碓"或用黄牛牵引的石碾具碾米,店口较大米行、米店,大批量稻谷加工粮食先用木砻,"出糙"后用"手碓"打米进行"舂白"。到 20 世纪 20 年代末,开始用机器碾米,有 15 家碾米厂,分布在店口老街有惠民、四走、慎利等 4 家,其余分布在朱家站、乌槎头、七里、斗门、黄家埠、湖西、湄池、长澜等村,其中湄池有一台船机,流动在浦阳江两岸,为农民加工粮食。民国二十九年(1940),日本侵略军侵占湄池、长澜、店口,加工厂关闭、转产。1953 年,诸暨县粮食局在斗门村设立国营稻谷加工振兴二厂,有职工 6 名,砻工 9 名,引擎 1 台 20.7 千瓦,砂砻 1 台,米车 2 台,仓容 126 吨,主要加工居民供应粮。1955 年,店口有 9 家碾米厂,从业人员 34 人,动力机械有 7 台,81.4 千瓦砂砻 3 台,米机 9 台。1956 年,政府对私营粮食加工厂实行公私合营,对各厂的生产设备作了必要的维修和增添。1958 年 4 月,诸暨粮食局为满足农民加工口粮、饲料需要,本着厂社自愿的原则,把 8 家碾米厂转给高级社经营。至 20 世纪 70 年代,大队都办起碾米厂。1963 年湄池粮管所在湄池火车站旁新建日产 80 吨大米车间一座,投资 12 万元,建筑面积 2 000 平方米。1975 年,湄池大米车间进行扩建,日产提高到 100 吨。至 1981 年,斗门加工厂撤销。2001 年,湄池大米车间转制给个人经营。

(三)五金机械制造业

民国初年,店口老街有兰火铁匠店、友东铁匠店、友来铁匠店,长澜有盛正兴铁匠店,都是手工操作,用的是炉子、风箱、榔头、墩头,制作锄头、铁耙、镰刀、斧头等小型农具家具。1971 年,在余姚工作的陈茂炯向新一村传递了余姚发展小五金赚钱的讯息,一是发展前途大,因汽车零部件具有易损性,所以销路广;二是汽车配件是铜作原料,有再生性,成本低,可以把生产过程中的废料、废品、边角料都回炉重熔再生使用;三是汽车零部件的加工设备简单,投资比较少;四是产品附加值高,高层次的技术精加工,可以几十倍上百倍地增值;五是小五金产品可分散经营,既可在厂经营,也可分散上门推销等。新一大队党支书听后第二天赶到余姚实地参观,大受启发。回来下决心办厂,发动全村社员上山砍柴5 000多担,卖的柴款8 000多元,就开始买仪表车床,收购旧铜,于当年9月上马办厂。从此店口就产生了五金厂,开始生产较简单的铜螺丝、罗帽、油嘴,逐步发展到生产油箱开关、衬套、喇叭开关等。1972年,该厂获利30 000元。办厂致富,小五金能发财这个振奋人心消息,迅速在店口各大队传开,而且辐射至邻近的兄弟公社。1972年,红山大队创办"红山农机厂",牛皋大队创办"兴无五金厂"。1973年,全公社有9个大队办五金厂。1976年,全公社20个大队办五金厂,其中杨雁大队办了2个五金厂。接着,诸暨店口衬套厂、冲压件厂、冶炼厂、第二汽配厂、第二农机厂都相继建立,公社各个单位也开始办厂,如店口信用社、店口水利会、店口学校、店口手工业社、中村水库等都办起五金厂。在店口兴起五金业时,湄池的湖西、祝家坞、胜利、横山,斗门的黄家埠、蒋家湾、虞家湾、大顾家,紫东的朱一、朱二、新蒋、白沥畈等大队都办起了五金厂。1979年,店口五金厂已有132家,产值有812万元。1995年,以五金为重点的乡镇企业,又有了新的发展。

  1988年,店口的五金业有1 136家,产值达到12 390万元。1999年,五金业发展到3 140家,产值达571 044万元,占总产值67.1%。由于个体工业的发展,民营企业的崛起,五金专业市场的促进,大企业的带动,五金块状经济仍然稳步健康发展。2008年,其产值超80亿元的有海亮、盾安2家,超10亿元的有万安、露笑2家;超亿元的有三峰、永成、灿根、全兴、中伟、永盛、企成、东大、艾默樱、学军等14家。海亮集团,铜管产业名列全球第三位;盾安集团中央空调制冷截止阀为亚洲最大生产基地;万安集团研发汽车制动拥有70多项技术专利,为国内汽车制动领域的最大生产厂家;露笑集团是全国高等品牌漆包线生产企业的排头兵;三峰集团的阀门、东大的水龙头名列全国同行前茅。2004年,店口五金工业园区建成,总占地面积166.67公顷,入园企业296家,其中国家级高新技术企业2家,省高新技术企业3家,省五个一批骨干重点企业4家,全年园区实现产值142.3亿元。

店口镇2001—2009年五金工业情况表

年份	五金厂家	职工(人)	产值(万元)	占全镇工业的百分比(%)
2001	2 914	29 481	854 331	85
2002	1 721	21 055	804 398	61.1
2003	1 731	21 644	1 114 168	62.1
2004	1 581	31 003	1 854 385	66.2
2005	1 582	31 066	2 647 506	64.29
2006	1 603	33 313	3 344 844	60.099
2007	1 605	35 740	4 073 823	66.2
2008	2 053	46 162	4 604 651	67.11
2009	1 674	38 055	3 121 019	77.35

(四)管道业

1993年,一个叫黄绍云的店口人外出,接到一张订单,为广东一家企业加工用于铝塑配套的铜接头合同(即水暖配件),开始管道业生产。20世纪90年代中期,有200余家水暖业。1996年6月,以无缝对焊铝塑管,主要产品有PP-R管件、铜管、橡塑管等综合系列产品。1998年,枫叶集团有限公司,引进德国巴顿菲尔公司19条全自动PE管材挤出生产线,建有12条高密度聚乙烯双塑波纹管的螺旋波纹生产线,年总生产能力达15万吨,至2008年,超亿元的企业有枫叶、中亿、铭仕、爱水宝、锦宇等,其中产值超500万元以上的管业公司有50家。2008年有1 541家,产值是216.433 3亿元,占总产值的31.5%。

2002年,店口新型管业特色工业园区总规划面积2 500亩,将199多家企业纳入园区。2012年9月,店口解放湖高新技术产业园区开工,用地面积4 100余亩,镇财政支出 1.1 亿元资金,扶持企业建设、园区建设。

2002—2008 年店口镇管道业情况表

年份	管道家数	职工人数	产值(亿元)	占工业总产值的百分比(%)
2002	633	8 929	34.682 6	26.4
2003	638	8 764	56.223 2	30
2004	1 102	16 313	85.147 0	30.4
2005	1 109	16 551	137.668 9	33.43
2006	1 119	17 118	161.472 0	31.9
2007	1 128	17 796	198.108 1	32.2
2008	1 541	19 921	216.433 3	31.54
2009	1 269	12 699	82.680 1	20.05

2009 年管业生产大企业情况表

单位:万元

企业名称	产值	利润	税金
枫叶集团	105 081	7 960	3 286
铭仕集团	23 929	659	1 219
中亿	10 603	1 045	273
爱水宝	27 630	823	39
锦宇	17 556	1 122	341
奇爱	14 260	1 146	46
东大	14 579	1 321	448
伟丰	17 386	1 238	1 391

(五)建材业 建筑业

1. 建材业

砖瓦业

店口镇生产砖瓦的历史悠久,而且有许多村曾生产砖瓦。在民国烧窑兴盛时,潭头村有13只砖瓦窑。新中国成立前,长澜、雁力坞、五村、琴坞、年坑等村都相继建造私人土砖窑。20世纪70年代,店口镇有多村办起砖瓦厂,店口公社雁力坞、上一、新二、三村、六村、琴坞、冯家、屠家、五村大队,湄池公社长澜、渔村、郑应、潭头、联塘、联坞、姚家墩、陈姜、祝家坞大队,紫东公社下畈、西何、盛厚、凉西、乌槎头、白沥畈大队,紫西公社七上、七中、虞家湾、大顾家、黄家埠等大队,共计30只砖瓦窑,生产的是土砖土瓦。1952年2月,紫东区砖瓦生产合作社建立,1962年改称地方国营诸暨砖瓦厂,于1970年迁到外陈。1956年后,国家对私营工商业进行社会主义改造,所有砖瓦厂都属农业社办集体企业。1969年开始生产碳化砖,长澜大队日产碳化砖1 000块,年产值16万元;湄池公社石灰窑日产1 100块,年产值18万元。1978年湄池公社办砖瓦厂,发展成为湄池公社骨干企业。1984年后,土窑改建轮窑,以煤炭作燃料,生产"九五砖""多孔砖"。2006年,店口镇有6只轮窑(紫东砖瓦厂,兴旺建材厂,渔村建材厂,大顾家砖瓦厂,七上建材厂,长澜建材厂)计140门。大顾家砖瓦厂区坐落在大顾家下宅朱家坞,于1983年创办,占地面积13 200平方米,建筑面积3 900平方米,职工60人。属村办企业,承包给个人经营,有24门,厂内有制砖机、电动机等设备,年用煤量1 000吨,年产砖1 500万块,年产值420万元。紫东砖瓦厂坐落在乌槎头村,于1984年创办,占地面积23 100平方米,建筑面积6 600平方米,职工65人。属村办集体企业,承包给个人经营,有24门,厂内有制砖机、电动机等设备,年产砖2 000万块,年产值564万元。

2006年店口镇6家轮窑砖瓦厂情况

厂名	厂址	体制	创办时间	职工人数	产品名称	年产量(万块)	年产值(万元)	有几门轮窑	年用煤量(吨)
紫东砖瓦厂	乌槎头	集体	1984年	100	九五砖	2 300	600	24门	1 000
大顾家砖瓦厂	下宅朱家坞	集体	1984年	60	九五砖	2 000	500	22门	1 000
长澜建材厂	长澜村口	集体	1986年	60	九五砖	1 900	475	22门	1 000

续表

厂名	厂址	体制	创办时间	职工人数	产品名称	年产量（万块）	年产值（万元）	有几门轮窑	年用煤量（吨）
渔村建材厂	渔村	集体	1993年	50	九五砖	1 600	400	24门	700
兴旺建材厂	老丁家	集体	1995年	60	九五砖	1 500	345	24门	700
七上建材厂	山后	集体	1996年	60	九五砖	2 000	500	24门	1 000

石灰业

店口镇内有丰富的石灰资源，明嘉靖年间，冯家村就始烧石灰。民国时期，上畈的冯家、王家、屠家3村有9只石灰窑。1965年锁金大队共有石灰窑9只，每只窑年产石灰100万千克，除供应店口附近地区外，还远销宁波、余姚、绍兴等地。1963年，祝家坞村办石灰厂，石灰石取于村内的甑底山，开始是用煤作燃料，烧出来的石灰质量好、产量高，后来因煤供应紧张，以致亏本而停办。1965—1980年，长澜村办过石灰厂。1973—1988年，湄池公社也办过石灰厂。

石料业

店口镇多山，石料资源丰富，明末清初，金浦桥、姚家墩、小山坞、长澜、联塘、斗门、蒋家湾、虞家湾、三村牛全湾、白沥畈、吴家塔、乌槎头等村有43家石料厂和石作坊。金浦桥村的石料作坊，有职工70多人，制作石凳、石柱、石条等产品，曾为杭州灵隐寺制作石龙、石凤，为净寺铺设石料踏步。新中国成立前夕停办。姚家村有手工石作铺，造牌坊、作石柱、石墩、砌石坎、造墓等，店口三村牛全湾石塘的青蛙石，质地好，清初时就开发，是建民房、公用建筑、铺路造桥的优质材料。2007年，关闭41只，保留张家坞大洋山和斗门鑫星2家石料厂。

水泥

店口镇湄池水泥厂1985年创办。年产值达1.1亿元，有800多名职工。该厂坐落在湄池集镇中心，固定资产9 752万元，流动资产2 900万元，年生产普通硅酸盐水泥21万吨，是国家中型企业，生产的425#普通硅酸水泥，于1991年和

1992年连续2年获浙江省水泥质量银奖,1995年获中国国际技术博览会金奖。1996年,销售收入达8 300万元,实现利税858万元。2003年关厂停产。

预制构件

20世纪70年代以后,先后创办的水泥预制构件厂有白沥畈苗圃预制厂、潭头预制厂、联塘预制厂(2家)、长澜预制厂、祝家坞预制厂(2家)、乌槎头预制厂等11家。有屋架、屋面槽板、桁条、多孔板、大瓦等产品。

黄沙

浦阳江流入店口镇,境内黄沙资源丰富,1951年湄池即有捞卸黄沙的专用码头,黄沙销往杭州等地。1971年,斗门公社黄沙场建立,有捞沙船32只,水泥轮船1只,每只船可载黄沙10吨以上,船队每日到埠1次、沙场有职工68人。1982年歇业。湄池区、姚江区在湄池火车站旁建有联合黄沙场。2007年,店口镇有5个沙场,分别在潭头村(2个)、张家坞村(2个)、黄家埠村(1个),沙场面积约3 500平方米,拥有挖机船5只、输送带5条、轧石机2台、铲车5辆等设备,沙源来自富阳、桐庐等地,5个沙场年产量12.5万吨。

2. 建筑业

店口镇历史上从事建筑业的砖、泥、木匠为数不多,搞建筑的工人大多来自东阳,在店口老街建有"东阳会馆",后来不少人在店口农村安家落户。这些手工业者各有所长,以技艺建立信誉,1956年后,他们参加了手工业生产合作社,多以"放作场"的形式收徒授艺,泥木石匠也都单打独干经营,经营范围仅限于本地,承揽小型基建工程或零星修建业务,建筑设备简陋,施工全凭手工,主要工具是斧、锯、刨、砖刀、灰桶等。20世纪80年代,店口出现了现代建筑业,到2008年上规模的建筑业有3家。浙江枫叶建设有限公司成立于2003年2月。公司有员工700余人,固定资产达到3 600余万元,注册资本2 080万元。公司拥有各类专业技术人员150余名,其中高级工程师2人,工程师39人,一、二级建造师30余人。公司拥有各类施工机械和质量检测设备400余台。年施工产值达到 2.8 亿元。具有市政公用工程施工总承包一级资质,房屋建筑施工总承包三级资质,装修装饰工程、钢结构工程专业承包三级资质。浙江振越建设集团有限公司成立于 1998 年,坐落在店口镇中央路 237 号。公司具有房屋建筑工程施工总承包三级资质,建筑装修装饰工程专业承包三级资质,园林古建筑工程专业承包三级资质和钢结构工程专业承包三级资质,还有市政、拆房工程承接施工资质等。公司注册资本 7 675 万元,净资产 2 851 万元,在职职工 560 余人,有各类工程技术、管理人员 162 人,其中工程类高级职称 3 人,中级职称 91 人,有三级以上注册人员 30 人,其中一级注册建筑师 3 人,二级注册建造师 11 人,三级项目经理(建造员)16 人。浙江广大建设有限公司店口分公司成立于 2004 年,坐落在店口镇华佳路 121 号,职工 450 人,固定资产 250 万元,注册资本 100 万元。公司专业技术人员 50 名,其中高级工程师 2 人,工程师 13 人。公司年产值 9 000 万元,是集建筑施工、市政工程、设备安装工程、装潢工程于一体的国家一级建筑企业。

(六)轻纺业

历史上,有土纺土织棉布、绵绸的传统,产量极少。1985 年,店口公社办起社办袜厂,兼产腈纶线衫,厂址在石灿头水库,后转到店口老街猪市弄口,再迁到宝福寺,有 80 多名职工,50 多台手摇织袜机,20 多台横机。20 世纪 70 年代,斗门公社办起了诸暨市针织地毯厂、工艺地毯厂、福利地毯厂、紫西床毯厂,在斗门、金家、七里、黄家埠、蒋家湾、大顾家、小顾家等 11 个村办起 50 多家轻纺厂,产品有织布、地毯、床毯、丝织等;紫东公社办起紫东地毯厂、棉毛织造厂、福利布厂、毛巾厂、纺织厂,朱一、朱二、朱三、浒山、新蒋、盛厚、西何等村办起针织厂和织布厂;湄池公社水利会办起针织厂,长澜、金浦桥、张家坞、联塘、联坞等村也纷纷办起轻纺针织厂;店口公社与上海第四羊毛衫厂联办诸暨羊毛衫厂,有 160 多名职工,120 台横机,4 台自动进口圆筒机,年产值达 300 多万元。诸暨丝织地毯厂等 25 家个体地毯厂,1985 年生产地毯 22 808 米,产品全部外销,产值达839 000元;1988年,诸暨地毯厂等8家企业出口工艺地毯达1 023万元,占全镇出口总额的48%。斗门的提花床毯厂,生产涤纶华达呢18 000米,销售收入136 000元;第二针织厂,生产针织衫30 800件,产值217 680元;湄池美术地毯厂,有80名工人,产值达35万元。90年代,斗门村的华子龙布厂有涤纶布机10台,其中检杆织机6台,并有牵经机、验丝机,并对外扩大为其加工就有织机100多台。2000年,手套厂兴起,斗门一个村有11家手套厂,有手套机146台,每台机器每天可生产手套360双。虹绢丝绸厂从国外引进176套喷气无梭织机、82套史陶比尔电子提花机和配套设备,生产绢纺绸、真丝绸、绢丝。2007年生产各类品种绢纺绸2 000万米,优质绢丝1 000多吨,产值超7亿元,上交国家税收1 900多万元。虹绢商标被认定为"中国驰名商标""浙江省名牌产品",连续8年被中国丝绸协会定为全国丝绸行业生产规模最大的集团企业。

店口轻纺业2001—2009年情况表

年份	轻纺家数	职工人数	产值(万元)	占当年总产值的百分比(%)
2001	240	2 879	87 509	8.7
2002	327	2 960	86 881	6.6
2003	331	3 154	95 925	5.2
2004	171	2 557	52 929	2.17
2005	171	2 557	56 605	1.38
2006	172	2 546	62 531	1.23
2007	173	2 395	56 629	0.9
2008	175	2 136	46 087	0.67
2009	162	1 395	42 513	

(七) 造船业

1958年,湄池三联造船厂成立,后更名湄池造船厂,隶属诸暨二轻工业总公司,20多名职工,以修理木质农船为主,后来逐步扩大,能制造大小农用木船、水泥船及50吨以下的小型轮船。于1958年至1971年曾生产大小木船1500余艘,小型轮船1艘。1972年后,增设算盘、注塑、塑料彩印、钢塑复合5条生产流水线。1977年,与斗门综合塑料厂合并,改称"湄池造船塑料厂",在朱家站村和七里村设点专门修理和制造农船。1981年1月,珠峰801-A型电子算盘获轻工业部重大科技成果四等奖。1984年1月,珠峰牌1号菱珠算盘获轻工业部优质产品证书和省优质产品奖。1987年,企业改名为诸暨塑料总厂,占地面积1.39万平方米,建筑面积8600平方米,职工305人,其中专业技术人员1人,年末固定资产原值174.2万元,净值120.9万元。年产塑料包装袋407万只,其他塑料制品67万件,水泥农船378艘/2988吨,算盘14.91万架,军用保温壶6.09万只,钢塑复合管3614米,产值424.8万元,利税58.1万元。

(八)工业园区

南方五金城、华东汽配水暖城先后建成,推动了建筑新材料新产品成功开发,形成以产业兴市场、以市场促产业的循环格局,五金机械管材管件业迅猛发展,至2001年12月全镇有五金机械、铜加工、水暖配件管材管件等各类企业2915家,拥有各类机械设备12300台(套),从业人员近3万人,生产各类汽车、农机、水暖等各类配件约5.8亿件,产值79.8亿元,销售收入76.8亿元,实现利润9.3亿元,产品销售到全国各地及东南亚各国。涌现了海亮、盾安、万安、露笑、枫叶、虹绢等一批龙头骨干企业,开发面积扩大到2平方千米。

2001年1月,店口、湄池合并为一镇,土地资源得到整合,为集镇的规划建设、工业园区的开发,提供了新的机遇和空间。8月,浙江省经济贸易委员会等9个部门联合印发《浙江省第一批省级乡镇工业专业区命名名单》,店口五金工业专业区名列其中。还被农业部列为全国乡镇企业科技园区及创名牌重点企业。12月,浙江省发改委批准在03省道东复线枫叶路两侧规划建设年产铝塑管、铜塑管、PE-X管、PVC管材3000万米、管件2万吨,规划用地518.28亩的特色管业园区。在下塘畈建立店口新材料特色园区(管业园区第2期),用地面积1500

亩,年产新型管材5 100万米,管件2.6万吨。

2002年,店口镇委托南京大学城市规划设计院编制《店口镇2003—2020年总体发展规划》,以五金产业为主导,五金市场为特色,发展高科技产业和外向型经济为重点,打造中国著名特色五金管业先进制造业基地。中长期规划解放湖为工业园区。

至2012年已先后开发8个工业集聚区和2个专业厂区。五金工业专业区占地266.7公顷,新型管业特色区占地35.3公顷,下塘畈环保新材料产业区占地100公顷,三新(新青年、新农民、新店口人)科技创业园占地10公顷,民营工业集聚区占地13.3公顷,张姜坞工业集聚区占地10公顷,白沥畈工业集聚区占地13.3公顷,虹绢丝绸集团专业厂区占地20公顷,全兴精工集团专业厂区占地3.3公顷。2011年跨江开发解放湖高新技术园区,占地3.21平方千米。6月,解放湖决堤,政府按50年一遇水利标准,投资5 767万元建好堤埂,改造三江电排站,完成1纵6横道路填筑。10家企业11个高科技项目入驻。

2012年,园区创工业销售收入580亿元,占全镇工业销售收入721.8亿元的88%,其中铜加工业完成239.58亿元,汽配制冷业200.08亿元,管材管件业166.75亿元,五金机械业109.34亿元。园区内集聚销售收入2 000万元以上的规模企业116家。其中高新技术企业23家,中外合资企业26家,注册资本54 289万美元,自营出口企业163家,出口总额47 991.3万美元。小微企业2 800余家(全镇3 528家),国家级技术研发中心3家,院士工作站4家,省级研究院9家。

2013年4月,浙江省科技厅、省发改委下发《关于同意创建诸暨现代环保装备高新技术产业园区批复的函》,同意"在店口镇工业区域整合提升基础上,创建现代环保装备高新技术产业园区,定名为诸暨现代环保装备高新技术产业园区,实行省级高新技术产业园区政策",规划面积10.06平方千米,下辖店口、湄池、解放湖3个片区;店口片区2.95平方千米,东以中里村西侧,西以中锐路,南以诸湄公路,北以店口老镇南侧为界;湄池片区 3.9 平方千米,东以华东汽配城西侧,西以江东路,南以诸湄公路,北以金浦桥为界;解放湖片区占地面积 3.21 平方千米,东以枫桥江,西以浦阳江西江,北以枫桥江与浦阳西江交汇区、南以鲁家村为界。

4.2 商业发展调查报告辑录

4.2.1 关于枫桥区治安情况的调查报告(第二、三产业)[1]

新设一批个体特种行业没有及时登记管理,给违法犯罪分子留下了空隙。枫桥镇近年来发展起来没有经过登记批准的特种行业有 17 家,其中私人小客栈 5 家,修理无线电器材店 2 家,修理钟表店 3 家,修理自行车铺 4 家,修理钥匙 1 家,刻字摊 2 家。对这些个体特业,由于具体政策规定不明确,处于自流失管状态。两个刻字的都反映有人要求私刻公章的情况。浣纱区有个拉石灰的人要求刻一颗公社管委会的章,并说:"刻好印一次就还给你,钞票由你说。"由于没有管起来,这些情况也就未向派出所报告。

针对经济政策放宽以后出现的新情况,摸索和加强治安行政管理工作,配合工商行政管理部门做好对个体客栈、刻字、修理业的整顿和登记管理工作。凡社会需要,群众欢迎,具备开业条件的,经审查予以登记发证,按照特种行业加以管理。未经批准,进行违法活动的,予以取缔。

4.2.2 关于大桥乡乡村企业多次发生伤亡事故的情况调查[2]

根据全国政法工作会议和全国检察会议精神。最近我院法纪科为了保护、

---

1 《关于枫桥区治安情况的调查报告(第二、三产业)》,1981 年。
2 《关于大桥乡乡村企业多次发生伤亡事故的情况调查》,1985 年,诸暨市人民检察院藏,档案 J086-W1985-1-0003-122。

促进农村企事业的蓬勃发展。针对当前山区烧石灰、开采石煤中不断发生重大事故的状况。对本县大桥乡做了安全生产方面的专题调查,现将情况报告如下:

一、基本情况

大桥乡属半山区,和萧山县交界,全乡有二十二个村,三千五百五十户。一万三千九百四十四人。有水田九千四百六十五亩。地一千零二十三亩,山二万四千亩。在党中央关于对外开放对内搞活经济的方针指引下,在当地政府的积极领导支持下,最近几年来,小型企业如同雨后春笋飞速发展。目前全乡有乡办企业十一个,村、联户、个体开采小煤窑二十九个,石灰窑二十五座。随着小煤窑的发展,交通运输业更为兴旺。全乡有手扶拖拉机二百四十辆、中型拖拉机一辆、汽车四辆。一九八四年度全乡产石煤十万多吨,产石灰七万多吨。企业总产值达三百八十余万元,从业人数达两千余人,广大群众欢欣鼓舞,一致赞扬党的富民政策好,实现小康水平有希望。

二、存在的问题及其原因

1. 组织不严,乱采滥挖的情况严重。

2. 部分乡、村干部、村民思想麻痹,技术安全知识差。

3. 少数村干部执行上级指示不坚决,只顾要钱。

4. 少数单位炸药、雷管保管制度不严。

三、我们的几点意见

1. 乡、村领导要严格执行国务院颁发的《矿山安全条例》《小煤矿的安全规程》和浙政发〔1984〕107号文件。

2. 严格按照"县乡镇小煤矿整顿领导小组"的规定。验收合格的矿井凭"开采和爆破使用证"开采小煤矿。

3. 在比较集中的乡镇小煤矿必须聘请专职技术人员进行技术安全指导。

4. 乡、村领导要加强对炸药、雷管的保管、发放。健全管理制度,坚决杜绝用炸药、雷管做交易或黑市买卖活动。

5. 有关部门要经常不断地对乡镇小煤矿进行安全检查,对从业人员要普遍进行安全教育。

4.2.3 加强领导统一思想把"经打"工作深下去[1]

为贯彻省、市"经打"工作会议精神,8月14日县委召开了县"经打"工作会议。县"经打"联席会议成员,县级机关部、委、局办和全县各区城关镇,各大系统经打负责同志及公安、检察等有关人员共五十四人参加了会议。会议由检察长杨信苗同志主持,县委政法委书记俞锡文同志传达了省委常委、省委政法委书记袁芳烈同志在省"经打"工作会议上的讲话,县委常委董观昌同志就我县当前进一步开展"经打"斗争讲了话,县长徐再生同志就"经打"工作作了四点指示。

徐县长指出:一是要正确认识"经打"与改革建设的关系,明确打击经济犯罪的目的是保护经济建设和改革、开放、搞活的顺利进行。有的同志一提"经打"就担心经济搞不活了,这种担心是完全不必要的。改革、开放、搞活使我们把经济搞上去了,但是,如果对破坏改革、开放、搞活的经济犯罪不是旗帜鲜明地进行打击,那么我们的改革、开放、搞活就进行不下去,无法成功地进行社会主义四化建设。一个企业,如果发生贪污、盗窃、诈骗,企业是难以生存的,非垮不可!因此,只有严厉打击经济犯罪活动,才能保障改革、开放、搞活的顺利进行。二是打击经济犯罪的态度要积极、慎重。积极就是:我们每个党员都要从党性原则出发,从人民的利益出发,哪里有经济犯罪,就要积极地查处,发现犯罪线索要一查到底。慎重就是:我们所办的案子一定要重证据,重调查研究。定罪要以事实为根据,以法律为准绳,实事求是,是什么问题就是什么问题,做到定性正确,定案要经得起历史的检验。三是对乡镇企业明显的经济犯罪一定

---

[1] 《加强领导统一思想把"经打"工作深下去》,1987年,诸暨市人民检察院藏,档案J086-W1987-2-0005-231。

要打击。乡镇企业不是"经打"的禁区。打击的目的是促进企业的进一步发展,对那些对企业发展确有贡献、认罪态度又好的,要依法从轻处理,让他们戴罪立功。四是打击经济犯罪活动要做到打、防结合。发现犯罪要打击。抓了人,判了刑,目的是教育大多数人,提高广大干部群众拒腐蚀能力。

董观昌同志在讲话中回顾总结了我县自去年以来"经打"工作开展的情况;分析了当前"经打"工作的形势,并对当前我县"经打"工作作出了部署。他说:一年以来,我县在县委、县政府的领导下在各有关部门的共同配合努力下,"经打"斗争取得了很大的成绩。查处案件数量多、质量好,万元以上的经济犯罪大案有10件。办案的社会效果比较显著。但是,应当看到当前经济犯罪仍然严重,"经打"工作面临的任务是相当艰巨的。一方面发生在高峰期(1984年6月—1985年6月)的经济犯罪案件尚未全部查清。另一方面社会上的少数不法分子钻改革、开放、搞活的空子,新的犯罪不断发生。而且作案的手段越来越狡猾、隐蔽,严重的破坏改革,建设的顺利进行。因此,要求各级领导必须进一步加强对"经打"工作的领导,统一思想,采取切实有效的措施,分析本地区、本部门"经打"形势,摸排经济违法犯罪案件线索,抓住重点,开展清查工作。特别要抓紧八、九两个月时间,把"经打"斗争深下去,推动"经打"工作向纵深发展,使"经打"工作有力地保障改革、建设的顺利进行。

一九八七年八月十八日

4.2.4 我市乡镇企业管理中值得引起重视的问题[1]

根据阮市镇政府的要求和市人大代表的议案,我院自1990年10月以来,先后查处了诸暨金丝绒厂厂长阮某某、诸暨丝绸印染联合厂厂长何某某、诸暨福

---

[1]《我市乡镇企业管理中值得引起重视的问题》,1991年,诸暨市人民检察院藏,档案J086-W1991-2-0010-080。

利地毯厂厂长华某某三起乡镇企业重大经济违法犯罪案件。在查处工作中,发现导致这三家乡镇企业的倒闭、停产的原因是多方面的,教训极为深刻。

共同存在的问题:

1. 公私不分,浑水摸鱼。

2. 多头立户,资金失散。

3. 挪用公款,损公肥私。

4. 财务管理失去监督制约。

5. 厂长素质差。

6. 主管部门管理放任。

几点建议:

综观以上三起经济罪案中存在的问题和原因,为此提出以下建议:

1. 加强和改善基层党委、政府对乡镇企业的领导,党委的决策、政府的管理要名副其实,重大问题必须经集体讨论,不能个人拍板,特别是厂长的任命和会计等管理人员的稳定,都要认真过问把关,要掌握领导企业的主动权。

2. 加强财务管理。相关部门要加强会计核算和年度利润审计,防止虚报。

3. 落实企业经营管理责任制。从厂长管理人员同车班组,要权责利分明,层层落实承包责任制。以调动积极性,加强责任性。经济承包合同要有"三者"利益的可行性,要依法确定,切实执行。

4.2.5 开展企业调查积极为经济建设服务[1]

本着了解改革,熟悉经济,积极主动为经济建设服务的指导思想,我院由正副检察长带队自2月17日至21日,先后派出32人(次)深入全市11个区(镇)和16家市重点骨干企业开展调查,了解企业发展情况,征求他们对检察工作的

---

1 《开展企业调查积极为经济建设服务》,1992年,诸暨市人民检察院藏,档案J086-W1992-2-0010-065。

意见和要求。

通过走访、座谈,大家一致反映1991年的企业效益有了较大幅度回升,不少亏损企业扭亏转盈,实现了市政府年初确定的"亏损减半、效益增半"的目标。三都区1990年8家企业亏损22万元,1991年全部扭亏转盈。即使像起步迟、发展慢的陈蔡区,经过一年的努力,已由1990年的9家企业亏损计24.23万元,降为6家亏损计11.6万元,当年产值效益增长83%。各区反映工业生产形势得以好转的主要原因:一是市、区、乡各级都确定了重点企业,作为主攻方向;二是重视技改投入,促企业上等级,产品上档次;三是找依靠搞联营,增加竞争的能力;四是完善内部管理,责任落实,奖罚分明,调动了干部职工的积极性。

从了解中发现,目前仍有某些企业存在不少问题。其表现:

一是经营管理混乱。璜山"城乡建筑公司"1987年账面亏损25万元,去年下半年聘请一名所谓会计师而实际根本不懂财务的人当会计,开支大手大脚,公司依赖不正之风拉业务,造成资金被骗;盲目开设"西亚商行",结果又新增10万元亏损。经理许某某以经营建材名义借款20万元,资金进出账目不清。

二是供销队伍素质差。有的供销员"身在曹营心在汉",假公济私,一心做私人生意,中饱私囊。大似啤酒厂14个供销员,拖应收货款165万元。

三是责任心不强。干部兼营公私企业。乐山福利纺织厂,设备买进卖出无人监督,产品款22 300余元至今下落不明,账面亏损仍达41万元。齐东纺织厂,厂委7人,有6人私人办厂,生产经营与集体厂的同类产品,产供销渠道混淆,集体经济受损失。市丝织印染厂,车间短缺白厂丝、涤纶丝各6吨,计值150万元,其原因也未得到认真追究。

对此,我们根据各区的要求,对上述问题将做进一步的深入调查,以协助基层搞清问题,改善企业管理,促进生产。

4.2.6 关于浙江省诸暨市"枫桥经验"的调查报告(第二、三产业)[1]

第二、三产业的快速发展,使枫桥4.5万余名农业富余劳动力就地转移,还吸纳了一大批外地务工、经商人员。在枫桥"人人有工做、个个能致富",农民的思想和注意力全部集中在发展经济上。经济实力增强,人民生活水平提高,大量因经济利益而引发的矛盾得到缓解。农民富裕起来后,更加珍惜来之不易的安定局面,人心思定,为社会长治久安打下了坚实的基础。

4.3 "枫桥经验"与商业发展材料辑录

4.3.1 枫桥经验与综合治理[2]

本着"谁主管、谁负责"的原则,各部门、各单位各司其职、各负其责,真正做到了"管好自己的人,看好自己的门,办好自己的事"。主要表现在以下三点:

1. 有社会治安综合治理负责制和党领导人目标责任制等规范,枫桥的供销、粮食、金融及数十家较大的企业都签订了社会治安综合治理责任书,或含有治安保卫内容的领导任期目标责任制。

2. 各部门和企业单位普遍建立了治安保卫组织,建立健全安全保卫制度,对内部安全做到常抓不懈,对内部发生的矛盾纠纷做到及时调处,不轻易上交,一直以来没有发生内部矛盾激化而酿成影响社会稳定的事件。

3. 对内部的个别失足人员不轻易推向社会,千方百计地进行挽救和帮教,涌现出了枫桥粮管所和征天综合开发公司等一批认真负责做好内部失足人员

---

1 《关于浙江省诸暨市"枫桥经验"的调查报告(第二、三产业)》,1998年。
2 《枫桥经验与综合治理》,1993年。

帮教工作的先进典型。

依靠群众,加强公复场所的治安管理。商品经济的发展,枫桥的经济和治安环境发生了很大的变化,社会由封闭走向开放,静态走向动态。他们按照专业化、系统化的原则,加强了农村集镇市场、娱乐场所、车站等公复场所的管理;加强值班巡逻,严密社会面的控制。

依靠群众,加强内部安全防范工作。建立企业保卫组织,村办企业、个体联户企业由村治保会干部进行企业兼并,与企业共抓治安工作。派出所把年产值50万元以上的企业列入重点保卫单位。同时,在企业内部,从上到下建立了明确的治安保卫责任制。坚持预防为主,及时堵塞各种漏洞,防患于未然。

4.3.2 企业"枫桥经验"的探索实践及创新举措(步森集团)(1994—2015年)

早在1994年,当很多民营企业正筹划做大做强时,步森集团却做了一件当时让他们费解的事情——成立党组织。从那时到现在,无论是创建劳动关系和谐企业,还是积极推动企业的改革发展,步森集团的党组织都在关键时刻、关键阶段发挥了不可替代的重要作用。

2009年[1]

从源头化解矛盾的经验,也普及到了外来人口。

"我们这样几千人的企业,能连续多年没有大事故和矛盾纠纷,不光靠治,还和企业努力营造良好的环境,把矛盾遏制在源头有关系。"步森集团董事长陈能恩说。步森的员工一进企业,就依法签订劳动合同,并缴纳"五险"。合同到期后,续签率达80%以上。

---

1 《乡村和谐看枫桥》,2009年。

2013 年

步森集团还一直积极开展劳动争议预防调解工作,创新劳动争议预防调解模式。公司专门设立劳动关系协调小组、治安管理领导小组、综治工作站、劳动争议调解委员会等机构,制定专门工作制度,实行网格化管理和人性化服务。多年来,公司没有一起劳动争议案件上交,员工之间的矛盾也能及时化解。2013年,步森集团被确定为全国劳动争议预防调解示范企业,浙江省仅有两家非公有制企业和一家商会入选。

2015 年

2015年后,步森集团创新发展"枫桥经验",依托四方协商机制,聘请外来务工人员为联络员,调解矛盾纠纷。公司每年专门召开外来务工人员联络员会议,通报企业发展情况,听取员工意见建议。不仅如此,公司所有生产车间都设立了调解小组,由车间主任或班组长任调解小组组长,各调解小组下面,又根据实际情况设立纠纷信息员。依靠企业、班组长、纠纷信息员的信息预报和调解,该公司实现了"小事不出班组,一般纠纷不出车间,矛盾不上交",矛盾纠纷调解成功率达100%。步森集团还是最早建立综治工作站的民营企业之一,是"综治进民企"的积极探索者。

4.3.3 企业"枫桥经验"的创新举措(2018 年)

(一)加强党建引领,发挥思想政治工作的独特作用

步森集因在加强党建引领方面,首先强调党委核心化。党委要充分发挥引领、保证、服务、监督作用,紧紧围绕企业生产经营,积极参与公司重大问题决策,加强思想政治工作,发动党员、职工在破解生产经营难题、完成急难险重工作、落实生产任务中发挥先锋作用,维护职工的正当权益,推进和谐企业建设,

促进科学发展。其次,推行党群一体化。实行党、工、团、妇组织计划共订、职位互兼、遇事共商、活动联办,对党群工作者实施职务补贴,提高党群工作者工作积极性;开展党建带工建、党建带团建、党建带妇建活动,加强企业群团组织建设。再次,推动组织规范化。大力推进企业党建工作创新,调整完善组织设置,保障党员主体地位和民主权利。探索流动党员管理的有效途径和方式,不断提高流动党员管理水平。丰富党组织活动载体,以党建工作创新促进企业管理创新、技术创新,增强企业核心竞争力。最后,实现党员示范化。推进党员人才工程,加强经营管理者、技术人才、党员和职工队伍建设,培育"四优党员"(政治素质优、岗位技能优、工作业绩优、群众评价优),为企业科学发展提供组织和人才保证;建设一支政治强、业务精、作风好、肯奉献的党务工作者队伍,为企业党建工作健康有序开展提供保障。

(二)充分保障职工权益,完善相关实施机制

步森集团充分尊重和依靠职工群众,关心职工群众疾苦,维护职工群众合法权益,为职工群众办实事做好事,增强其对企业的归属感和责任感;创新发展"枫桥经验",健全信访调处机制,开展扶贫帮困活动,创建劳动关系和谐企业。因为外来员工人数较多,步森集团重视对外来员工的管理服务,创新外来员工管理模式,出台专门制度,探索出一条有特色的外来员工管理之路,即从外来员工一进公司,就坚持做到"四个一"(签订一份劳动合同、办理一份员工保险、发放一本员工手册、办理一本暂住证)。

(三)建立企业综治平台,化解各类涉企矛盾纠纷

步森集团制定出台了《步森集团内部纠纷调解处理规定》,要求建立四个层次的调解网络,并明确了在本公司区域内发生的员工纠纷的处理原则与程序。根据该规定,对于在本公司区域内(含车间、宿舍)发生的员工纠纷,应遵循自下而上、直接调解处理的原则,即员工纠纷先由纠纷当事人所在车间(部门)主管

进行调解,调解不成的移送保卫科调解,分公司保卫科调解不成的送集团保安部调解。对于公司区域外发生的本公司员工之间的纠纷,参照上述原则调处。因工作原因与外单位人员发生的纠纷,应及时与集团保安部联系并报当地公安司法机关处理。步森集团还成立职工调解工作站,聘请外来务工人员为联络员,参与调解矛盾纠纷。近年来,步森集团的矛盾纠纷调解成功率达100%。

4.3.4 枫桥镇深化发展"枫桥经验"三年规划(1999—2001年)[1]

抓好经济建设,实现二次创业。重组优势,调整结构,积极推进块状经济升级。着力创新,加大衬衫块状经济升级力度,并稳步发展轻纺、工艺玩具、矿山、建材、机械等传统产业,更好地发挥效益。

4.3.5 与时俱进发展"枫桥经验"全面建设浙东"小康城镇"[2]

枫桥镇先后荣获了全国社会治安综合治理先进单位、全国创建文明村镇工作先进单位,2002年被中国纺织工业协会命名为"中国衬衫名镇"。

注重经济社会发展,夯实维护稳定之"基"

优化发展环境,培育两大产业。镇党委、政府根据经济社会发展的实际,着力营造良好的发展氛围,优化发展环境,积极培育服饰、轻纺两大产业,奠定稳定基础。大张旗鼓地表彰那些艰苦创业、有强烈事业心和社会责任感的优秀企业家,在全镇上下掀起"合力兴工""二次创业"的热潮。经过几年的发展,全镇现有服饰企业37家,其中市级规模企业4家,从业人员10 500人。2002年,全镇服饰行业实现销售产值59.9亿元。步森集团的"步森"商标被评为"中国驰名商标",步森产品被评为"中国名牌"。"枫桥衬衫"犹如一颗璀璨的明珠,在全国服装界放出夺目的光彩,成为诸暨市最具有活力、最具有实力、最具有潜

---

[1] 《枫桥镇深化发展"枫桥经验"三年规划(1999—2001年)》,1999年。
[2] 《与时俱进发展"枫桥经验"全面建设浙东"小康城镇"》,2003年。

力的五大块状经济之一。

在下大力气壮大衬衫企业的同时,镇党委、政府又根据枫桥群众千家万户从事纺织业的实际,创办了枫桥镇轻纺业创业小区,吸引群众加大投入、加快发展,使轻纺业真正成了枫桥镇的"百姓经济"。2002年,枫桥纺织业已拥有织机2万余台,吸纳农村劳动力3万余人,年生产各类织物7亿米。经济的迅速发展,极大地加快了全镇城镇化和工业化进程,使我镇跻身省级中心镇、省综合实力百强镇行列。经济的发展,把人民群众的注意力牢牢集中在发展经济上,形成了"家家抓发展,人人保平安,齐心奔小康"的良好局面。

统筹发展资源,推进镇村联动。在加快经济发展的同时,镇党委、政府清醒地看到,要解决农民问题,就是要围绕农民增收、提高农民生活质量和农村综合竞争力这一中心,统筹各种资源,以工业化推进城市化,以城市化促进城乡一体化进程。为此,制定了《枫桥镇1999—2020年城镇建设总体规划》,确保城镇有序发展。同时,积极实施园区带动战略,拓展城镇空间。规划建设了占地1000亩的省级服装特色工业园区,首期264亩,总投资1.996亿元,已有入园企业23家;规划了面积达500亩的轻纺创业园区,促进中小纺织企业向园区集聚。通过园区的建设、工业的集聚,枫谷线、枫湄线等跨境公路的改建,以及城镇绿化、亮化、美化等工程的实施,基本构建了诸东小城市的总体框架,至2002年,城镇建成区面积已达4平方公里。在强化城镇建设的同时,我们还以中心村建设为重点,全面实施以道路硬化、村部规范化、村庄美化等为主要内容的新农村建设。5年中,全镇农村的道路硬化率达到85%以上,全镇所有村都建有篮球场、老年协会活动室等公共娱乐场所,根据新农村建设规划,加强对农民群众建房的指导、加大拆旧力度,至2002年7月,全镇共拆旧421户,共计29 646.16平方米。

营造发展氛围,力倡文化建设。为了给经济发展创造一个良好的发展氛围,枫桥找准开展群众文化活动的切入点,运用各种途径和手段,开展健康有益的群众文化活动。开办企业职工文化培训学校。枫桥的企业家有一个独特的企业经营理念,就是"只有好的人品才能有好的产品"。为此,以海魄为代表的枫桥企业都开办职工文化培训学校,定期不定期地开展职工培训,进一步提高职工素质。

4.3.6 以人为本和谐至美——新时期"枫桥经验"启示之二[1]

只有关爱群众,才能让社会更和谐

"创业有平台、居住有公寓、子女有书读、生活有保障,外来员工自然也就会把企业当成自己的家,安心住在枫桥这个第二故乡。"

这些年来,总部设在枫桥的步森集团,经济效益稳步快速上升,外来员工也逐年剧增,如今已有外来员工1 200多名,但企业从未发生过一起劳资纠纷。集团公司工会副主席何汉祥认为,其中的原因,主要在于他们不仅十分重视外来员工的生活条件改善和合法利益保障,还特别注意给外来员工营造良好的个人发展环境。

近3年来,枫桥全镇已有200多名外来人员实现自主创业。

枫桥立勤纺织厂投资300多万元,专门为外来员工建造厂房、购置设备,以"自我管理、股份经营、产品包销"的生产模式,鼓励外来员工自主创业。对外界一些人的担心,厂长杨易解释说:"这样做,使这些外来员工从打工族,变成了创业族。人安,心也安。他们劳动自主性和积极性只会大大提高,完全可以实现双赢。"

4.3.7 关于深入开展创新"枫桥经验"、创建"平安枫桥"活动的实施意见(第二、三产业)[2]

经济秩序平稳。市场秩序良好,有力打击各类破坏市场经济秩序犯罪;不

---

[1] 《以人为本和谐至美——新时期"枫桥经验"启示之二》,2008年。
[2] 《关于深入开展创新"枫桥经验"、创建"平安枫桥"活动的实施意见(第二、三产业)》,2009年。

发生重特大环境污染与破坏事件;不发生重大生产、销售伪劣食品、药品案件;加大行政执法监督力度,全社会的依法办事意识增强,行政机关的依法行政水平提高,形成民主、公正、健康的法治环境。

严格安全管理。建立健全安全生产规章制度,进一步提高安全生产管理水平。集中整治火险隐患突出的公共聚集场所、娱乐服务场所、轻纺行业、消防重点单位和"三合一"企业,消除火险隐患,防止重特大火灾事故的发生。

参考文献

一、党政文件

最高人民法院:《最高人民法院印发〈关于为推进农村改革发展提供司法保障和法律服务的若干意见〉的通知》,2008年12月3日印发,法发〔2008〕36号文件。

中共诸暨市纪委、农办、审计局、公管办:《关于印发镇乡(街道)"三资"管理、村级公务"零招待"、村级工程监管考核细则的通知》,2013年印发。

中共诸暨市委、诸暨市人民政府:《关于实施农民素质培训工程的意见》,2004年印发,市委〔2004〕21号文件。

中共诸暨市委办公室、诸暨市人民政府办公室:《关于加强农村集体资金资产资源管理的实施意见》,2010年6月8日印发,市委办〔2010〕72号文件。

中共诸暨市委办公室、诸暨市人民政府办公室:《关于建立村干部报酬基本保障制度的意见》,2008年8月28日印发,市委办〔2008〕100号文件。

中共诸暨市委办公室、诸暨市人民政府办公室:《关于发展壮大村级集体经济的若干意见》,2009年12月28日印发,市委办〔2009〕110号文件。

中共诸暨市委、诸暨市人民政府:《关于2008年度推进社会主义新农村建设的政策意见》,2008年2月3日印发,市委〔2008〕17号文件。

中共诸暨市委组织部:《关于建立村级班子动态评估制度的通知》,2006年7月

12 日印发,诸组〔2007〕19 号文件。

中共诸暨市委组织部:《关于做好"经济薄弱村、矛盾突出村"集中整转工作的通知》,2007 年印发,诸组通〔2007〕18 号文件。

中共诸暨市委组织部、诸暨市司法局:《关于在全市开展"远程法律援助进农家"活动的通知》,2010 年 9 月 21 日印发,诸组通〔2010〕26 号文件。

诸暨市人民政府:《2018 年度实施农业产业振兴战略的若干政策意见》,2018 年 4 月 26 日印发,诸政发〔2018〕18 号文件。

诸暨市人民政府:《关于推进全市农贸市场改造提升工作的实施意见》,2017 年 7 月 24 日印发,诸政办发〔2017〕60 号文件。

二、档案与报刊

《关于县级机关、企业、团体相互索取与供应计划资料的暂行办法》,1955 年,诸暨市人民政府藏,档案 J086-W1955-2-0012-038。

《县委关于加强当前农村治安工作的指示》,1955 年,诸暨市人民政府藏,档案 J086-W1955-2-0013-001。

《八九月份的司法工作意见》,1962 年,诸暨市人民法院藏,档案 087-013-001-028。

《对当前生产纠纷情况和处理意见的报告》,1962 年,诸暨市人民法院藏,档案 087-013-001-031。

《关于阶级敌人破坏集体经济情况和我们的意见报告》,1963 年,诸暨市人民检察院藏,档案 J086-W1963-1-0002-017。

《关于春耕生产期间的司法工作安排》,1963 年,诸暨市人民法院藏,档案 087-014-002-004。

《关于一九六二年以来处理土地纠纷的情况报告》,1963 年,诸暨市人民法院藏,档案087-014-002-006。

《关于抓紧时机清理积案,以更好地保卫两大运动的工作意见》,1963年,诸暨市人民法院藏,档案087-014-002-010。

《关于枫桥地区在社会主义教育运动中有关民事案件的发生和处理情况的报告》,1963年,诸暨市人民法院藏,档案087-014-002-013。

《关于第三季度的工作情况和第四季度的工作意见》,1963年,诸暨市人民法院藏,档案087-014-002-014。

《关于处理水利纠纷的总结报告》,1963年,诸暨市人民法院藏,档案087-014-002-015。

《关于调解工作的基本总结和今后任务的报告》,1963年,诸暨市人民法院藏,档案087-014-002-018。

《枫桥法庭在社教运动前后的收案情况》,1965年,诸暨市人民法院藏,档案087-016-001-019。

《枫桥法庭是怎样贯彻群众路线,争取工作主动的》,1965年,诸暨市人民法院藏,档案087-016-001-033。

《保安公社全党动手,依靠群众做好民间调解工作的总结报告》,1965年,诸暨市人民法院藏,档案087-016-001-036。

《东和公社全党办实现农业发展纲要服务》,1965年,诸暨市档案馆藏,档案087-016-001-037。

《关于盗窃情况的通报》,1971年,诸暨市人民政府藏,档案087-021-001-002。

《认真学习中央〔84〕1号文件主动纠正经济错案》,1984年,诸暨市人民法院藏,档案087-034-005-019。

《认清形势解放思想 我院经济庭八月以来成绩显著》,1984年,诸暨市人民法院藏,档案087-034-005-021。

《最高人民法院关于〈城市私有房屋管理条例〉公布前机关、团体、部队、企业、事业单位购买或租用私有房屋是否有效问题的答复》,1984 年,诸暨市人民法院藏,档案 087-034-004-022。

《关于大桥乡乡村企业多次发生伤亡事故的情况调查》,1985 年,诸暨市人民检察院藏,档案 J086-W1985-1-0003-122。

《关于打击严重经济犯罪活动情况的汇报——一九八六年五月十四日》,1986 年,诸暨市人民法院藏,档案 087-036-003-001。

《我们是怎样争取多办案、办好案的？——诸暨县草塔人民法庭》,1986 年,诸暨市人民法院藏,档案 087-036-003-004。

《草塔法庭半年工作成绩显著 民事、经济、刑事审判工作同步前进》,1986 年,诸暨市人民法院藏,档案 087-036-003-023。

《牌头法庭审理农村承包合同纠纷的做法》,1986 年,诸暨市人民法院藏,档案 087-036-003-026。

《给县乡镇企业局的检察建议书(何、陈贪污一案)》,1987 年,诸暨市人民检察院藏,档案 J086-W1987-2-0004-183。

《依法保护能人促进乡镇企业发展》,1987 年,诸暨市人民检察院藏,档案 J086-W1987-2-0005-001。

《我院已建立七个乡镇企业联系点》,1987 年,诸暨市人民检察院藏,档案 J086-W1987-2-0005-060。

《熟悉经济开辟聚源充分发挥调查研究的先导作用》,1987 年,诸暨市人民检察院藏,档案 J086-W1987-2-0005-109。

《加强领导统一思想把"经打"工作深下去》,1987 年,诸暨市人民检察院藏,档案 J086-W1987-2-0005-231。

《正确审理刑事案件促进乡镇企业发展》,1987 年,诸暨市人民法院藏,档案 087-037-002-016。

《关于陈善某、陈福某非法占地问题和陈奇某被殴打致伤,请求赔偿问题》,1988

年,诸暨市人民法院藏,档案087-038-004-010。

《关于在经济纠纷案件执行过程中,当事人自愿达成和解协议后,一方当事人不履行,可按原生效法律文书执行的批复》,1989年,诸暨市人民法院藏,档案087-039-007-011。

《我们是怎样为乡镇企业排忧解难的》,1989年,诸暨市人民检察院藏,档案J086-W1989-2-0007-026。

《统一思想惩治腐败保护和发展乡镇企业》,1989年,诸暨市人民检察院藏,档案J086-W1989-2-0008-073。

《检察机关必须为基层服务》,1989年,诸暨市人民检察院藏,档案J086-W1989-2-0008-117。

《充分发挥检察职能为振兴经济尽职尽力》,1990年,诸暨市人民检察院藏,档案J086-W1990-1-0006-104。

《扶正压邪稳定局势》,1990年,诸暨市人民检察院藏,档案J086-W1990-2-0009-040。

《关于当前经济检察的工作思路》,1990年,诸暨市人民检察院藏,档案J086-W1990-2-0009-061。

《坚持着重调解搞好经济审判》,1990年,诸暨市人民法院藏,档案087-040-002-005。

《关于表彰农村基本路线教育先进工作组和优秀工作队员的决定》,1991年,诸暨市人民政府藏,档案J086-W1991-1-0002-128。

《深入基层为农村工作服务》,1991年,诸暨市人民检察院藏,档案J086-W1991-2-0006-08。

《乡级罚没款管理不严土管员经济犯罪突出》,1991年,诸暨市人民法院藏,档案J086-W1991-2-0010-071。

《我市乡镇企业管理中值得引起重视的问题》,1991年,诸暨市人民检察院藏,档案 J086-W1991-2-0010-080。

《明确任务努力为经济建设服务》,1992 年,诸暨市人民检察院藏,档案 J086-W1992-2-0006-078。

《开展企业调查积极为经济建设服务》,1992 年,诸暨市人民检察院藏,档案 J086-W1992-2-0010-065。

《认真贯彻全会精神切实维护农村稳定》,1998 年,诸暨市人民法院藏,档案 J086-W1998-2-0010-190。

《发挥检察技术职能促进社会经济发展》,2000 年,诸暨市人民检察院藏,档案 J086-W2000-3-0014-077。

《扎扎实实做好下派工作为村级经济发展服务》,2000 年,诸暨市人民检察院藏,档案 J086-W2000-3-0014-094。

《关于积极参加农村"三个代表"重要思想学习教育活动的通知》,2001 年,诸暨市人民检察院藏,档案 J086-W2001-3-0042-145。

《农村干部经济违法犯罪的成因、特点及对策》,2002 年,诸暨市人民检察院藏,档案 J086-W2002-2-00045。

《再谈农村干部职务犯罪的预防》,2006 年,诸暨市人民政府藏,档案 J086-W2006-3-00301。

《农村小型水利工程职务犯罪频发需引起重视》,2014 年,诸暨市人民检察院藏,档案 J086-W2014-4-00144。

《农村小型水利工程领域职务犯罪的现状与预防对策》,2014 年,诸暨市人民检察院藏,档案 J086-W2014-4-00215。

《本院严查村干部职务犯罪力促农村基层社会稳定》,2015 年,诸暨市人民检察院藏,档案 J086-W2015-4-00116。

《本院融合"枫桥经验"精髓"四个坚持"服务保障非公企业健康发展》,2018 年,诸暨市人民检察院藏,档案 J086-W2018-4-00110。

三、内部资料

《诸暨公安志》编纂委员会编:《诸暨公安志》,内部资料,2008年。

诸暨市商业局编:《诸暨商业志》,内部资料,1992年。

《诸暨行政管理志》编纂委员会编:《诸暨行政管理志》,内部资料,1992年。

诸暨市总工会编:《诸暨市工会志》,内部资料,1995年。

四、公开出版的著作

陈炳荣:《枫桥史志》,方志出版社1998年版。

黄宗智:《清代的法律、社会与文化:民法的表达与实践》,上海书店出版社2001年版。

于建嵘:《岳村政治:转型时期中国乡村政治结构的变迁》,商务印书馆2001年版。

《诸暨民政志》编纂委员会编:《诸暨民政志》,中华书局2002年版。

赵晓耕:《中国法律思想史》,北京交通大学出版社2014年版。

《诸暨市工商行政管理志》编纂委员会编:《诸暨市工商行政管理志(1988—2013)》,方志出版社2019年版。

诸暨县供销合作联合社编:《诸暨县供销合作社志》,浙江人民出版社1991年版。

浙江征天集团有限公司编:《征天水库·集团志(1988—2020)》,方志出版社2020年版。

五、论文

徐勇:《现代化中的乡土重建——毛泽东、梁漱溟、费孝通的探索及其比较》,《天津社会科学》1996年第5期。

金伯中:《论"枫桥经验"的文化底蕴》,《公安学刊》2004年第3期。

周长海:《诸暨市水利会——农村小型水利工程管理模式探讨》,《中国水利》2006年第11期。

于语和、雷园园:《村民自治视域下的乡村德治论纲》,《山东大学学报》(哲学社会科学版)2020年第1期。

余钊飞、罗爱军:《"枫桥经验"形成渊源考》,《浙江工业大学学报》(社会科学版)2023年第2期。

编写说明

《"枫桥经验"农村经济社会发展史料与研究》的编写工作从2021年底开始展开。本书本着尊重史实的原则,经过编写组全员的不懈努力,历时近2年,完成了对诸暨市人民法院、诸暨市人民检察院、诸暨市图书馆、诸暨市档案馆、枫桥水利会、枫桥治保会、店口镇政府、岭北镇政府等地的实际调研走访与资料收集,以及对诸暨市图书馆和诸暨市档案馆的文史档案的检索、收集、汇总、分类,并且参考《"枫桥经验"档案资料选编》《枫桥经验与法治新农村建设》《枫桥史志》《企业"枫桥经验"研究》《征天水库·集团志(1988—2020)》《"枫桥经验"实录》等书关于"枫桥经验"农村经济社会发展的内容进行编排和整理,根据参与农村经济社会发展的主体类别进行主题选材,形成以党委政府、法检两院、自治组织、商业主体为四大主体的引领、服务、参与、带动诸暨市农村经济社会发展的篇章内容,共计二十余万字,成为《"枫桥经验"史料整理与研究》丛书中富有农村经济社会特色的主题书稿。

本书编写组成员完成了对诸暨市人民法院档案室所存的关于"枫桥经验"农村经济社会发展档案的扫描工作,将照片档案、统计表和文字材料分类整理、审阅筛选。编写组成员对诸暨市人民检察院档案中1986—2015年的600多份档案进行筛选,从中筛选出关于检察机关服务农村经济社会发展的档案,进行内容上的精简。关于诸暨市档案馆档案,本书编写组成员对1951—2010年的

567份档案进行了关于农村经济社会发展主题的筛选。

  在此,要特别感谢西北政法大学汪世荣教授对于本书资料收集的帮助以及结构编排的指导,以及参与书稿讨论的专家学者。还要特别感谢书稿编写组成员浙江大学光华法学院博士研究生林昕洁、杭州师范大学沈钧儒法学院硕士研究生劳逸波、李香凝、张肯等同学的全力协助。本书资料筛选、内容提取、结构编排、框架调整、格式体例等一系列精细的步骤离不开书稿编写组成员的辛勤付出与努力。本书较为全面地展现了诸暨人民在农村经济社会发展史的生动面貌。本书所录史实,具有重要的参考价值和借鉴意义。鉴古观今,彰往昭来,希望能够对有志于研究和发展诸暨农村经济社会发展的学者有所裨益。

本书编写组

2023年7月30日

图书在版编目(CIP)数据

"枫桥经验"农村经济社会发展史料与研究 / 余钊飞编著. -- 北京：商务印书馆，2025
("枫桥经验"史料整理与研究)
ISBN 978-7-100-23061-2

Ⅰ.①枫… Ⅱ.①余… Ⅲ.①农村经济发展—史料—研究—诸暨 Ⅳ.① F329.554

中国国家版本馆 CIP 数据核字（2023）第 181561 号

权利保留，侵权必究。

"枫桥经验"史料整理与研究
第四卷
"枫桥经验"农村经济社会发展史料与研究
余钊飞　编著

商务印书馆出版
（北京王府井大街36号　邮政编码100710）
商务印书馆发行
南京爱德印刷有限公司印刷
ISBN 978-7-100-23061-2

2025年8月第1版　　开本 720×1000 1/16
2025年8月第1次印刷　印张 21¼
定价：118.00元